BKC 강해 주석 17
아모스·오바댜·요나·미가·나훔

The Bible Knowledge Commentary

Copyright © 1985 by SP Publications, Inc.
Originally published in English under the title: Bible Knowledge Commentary OT and NT
David C. Cook, 4050 Lee Vance View, Colorado Springs, Colorado 80918 U.S.A.
All rights reserved.

This Korean edition copyright © 1988, 2016 by Duranno Ministry
38, Seobinggo-ro 65-gil, Yongsan-gu, Seoul, Republic of Korea

This edition is published by arrangement with David C. Cook.

본 저작물의 한국어판 저작권은 David C. Cook과 독점 계약한 두란노서원이 소유합니다.
신 저작권법에 의거하여 한국 내에서 보호받는 저작물이므로 무단 전재와 무단 복제를 금합니다.

BKC 강해 주석 17

아모스·오바댜·요나·미가·나훔

지은이 | 도날드 수누키얀 외 4인   옮긴이 | 김영헌
개정2판 1쇄 발행 | 2016. 7. 25

등록번호 | 제1988-000080호
등록된 곳 | 서울특별시 용산구 서빙고로 65길 38
발행처 | 사단법인 두란노서원
영업부 | 2078-3352   FAX 080-749-3705
출판부 | 2078-3331

▌책값은 뒤표지에 있습니다.
ISBN 978-89-531-2594-0 04230
(set) 978-89-531-2540-7 04230

▌독자의 의견을 기다립니다.
tpress@duranno.com   http://www.Duranno.com

▌이 책의 성경 본문은 개역개정판을 사용했습니다.

두란노서원은 바울 사도가 3차 전도여행 때 에베소에서 성령 받은 제자들을 따로 세워 하나님의 말씀으로 양육하던 장소입니다. 사도행전 19장 8~20절의 정신에 따라 첫째 목회자를 돕는 사역과 평신도를 훈련시키는 사역, 둘째 세계선교(TIM)와 문서선교(단행본·잡지) 사역, 셋째 예수문화 및 경배와 찬양 사역, 그리고 가정·상담 사역 등을 감당하고 있습니다. 1980년 12월 22일에 창립된 두란노서원은 주님 오실 때까지 이 사역들을 계속할 것입니다.

BKC 강해 주석 17

아모스·오바댜·요나· 미가·나훔

도널드 수누키얀 외 4인 지음 | 김영헌 옮김

두란노

CONTENTS

아모스

서론 · 12
개요 · 16
주해 · 22

Ⅰ. 서언(1:1~2) · 22

   A. 저자와 연대(1:1) · 22
   B. 주제(1:2) · 23

Ⅱ. 맹렬한 심판(1:3~2:16) · 26

   A. 나라들에 대한 심판(1:3~2:5) · 27
   B. 이스라엘에 대한 심판(2:6~16) · 36

Ⅲ. 심판에 대한 이유(3~6장) ········· 41

A. 첫 번째 메시지(3장) ········· 41
B. 두 번째 메시지(4장) ········· 50
C. 세 번째 메시지(5:1~17) ········· 58
D. 네 번째 메시지(5:18~27) ········· 68
E. 다섯 번째 메시지(6장) ········· 73

Ⅳ. 심판의 결과(7:1~9:10) ········· 79

A. 우글거리는 메뚜기(7:1~3) ········· 80
B. 집어삼키는 불(7:4~6) ········· 82
C. 시험하는 다림줄(7:7~17) ········· 83
D. 최후의 열매(8장) ········· 89
E. 갚으시는 주님(9:1~10) ········· 95

Ⅴ. 심판 후의 회복(9:11~15) ········· 101

A. 정책적인 갱생(9:11) ········· 101
B. 국가적인 목적(9:12) ········· 102
C. 번영, 평화 그리고 영구성(9:13~15) ········· 104

• 아모스 주석 집필: Donald R. SunuKjian

오바댜

서론 ··· 110
개요 ··· 118
주해 ··· 122

I. 에돔의 멸망(1~9절) ··· 122

A. 에돔을 멸망시키기 위해서 나라들에게 전해진 소명(1절) ····· 122
B. 에돔의 멸망에 대한 예언(2~9절) ································· 123

II. 에돔의 죄악들(10~14절) ··· 128

A. 잘못된 태도로 인해 범죄함(10~12절) ····························· 128
B. 잘못된 행동으로 인해 범죄함(13~14절) ·························· 129

III. 이스라엘의 적들에 임하는 하나님의 심판(15~16절) ········ 131

IV. 이스라엘 백성들에 임하는 하나님의 축복(17~21절) ········ 133

A. 이스라엘의 구원(17~18절) ·· 133
B. 이스라엘 지경에 대한 묘사(19~20절) ···························· 134
C. 주님의 왕국을 세우심(21절) ······································· 135

요나

서론	140
개요	152
주해	156

I. 요나의 불순종(1~2장) ······· 156

A. 예언자의 임무(1:1~2) ······· 156
B. 예언자의 불순종(1:3) ······· 159
C. 예언자의 불순종에 대한 결과(1:4~2:10) ······· 160

II. 요나의 순종(3~4장) ······· 172

A. 예언자가 다시 임무를 부여받음(3:1~2) ······· 172
B. 예언자의 순종(3:3~4) ······· 173
C. 니느웨의 회개(3:5~10) ······· 174
D. 예언자의 슬픔(4장) ······· 178

- 오바댜 주석 집필: Walter L. Baker
- 요나 주석 집필: John D. Hannah

미가

서론 ·· 192
개요 ·· 196
주해 ·· 200

I. 첫 번째 메시지 : 심판이 임할 것이다(1~2장) ············· 200

A. 서문(1:1) ·· 202
B. 다가올 심판에 대한 예언(1:2~7) ································· 203
C. 백성들에 대한 애통(1:8~16) ······································· 207
D. 유다의 죄(2:1~11) ·· 211
E. 다시 모이게 될 미래에 대한 예언(2:12~13) ················ 215

II. 두 번째 메시지 : 심판 후에 축복이 따라올 것이다(3~5장) ·· 218

A. 국가의 지도자들에게 내려질 심판(3장) ······················· 219
B. 국가를 위한 하나님 나라의 축복들(4~5장) ·················· 224

III. 세 번째 메시지 : 죄의 고발과 축복의 약속(6~7장) ············ 241

A. 주님에 의한 고발(6:1~5) ·· 241
B. 국가를 위한 미가의 응답(6:6~8) ································· 243
C. 죄로 인한 주님의 심판(6:9~16) ·································· 246
D. 주님께 간청하는 미가의 탄원(7장) ····························· 248

나훔

서론	260
개요	272
주해	276

Ⅰ. 제목(1:1) ······ 276

Ⅱ. 니느웨에 대한 하나님의 심판의 확실성(1:2~15) ······ 276

Ⅲ. 니느웨에 대한 하나님의 심판의 묘사(2장) ······ 287

Ⅳ. 하나님이 니느웨를 심판하신 이유(3장) ······ 295

- 미가 주석 집필: John A. Martin
- 나훔 주석 집필: Eliott E. Johnson

דִּבְרֵי עָמוֹס אֲשֶׁר־הָיָה
יִתֵּן קוֹלוֹ וְאָבְלוּ נְאוֹת הָרֹעִים וְיָבֵשׁ רֹאשׁ הַכַּרְמֶל פ
וַיֹּאמַר יְהוָה מִצִּיּוֹן יִשְׁאָג וּמִירוּשָׁלַ͏ִם
־אַרְבָּעָה לֹא אֲשִׁיבֶנּוּ עַל־דּוּשָׁם בַּחֲרֻצוֹת הַבַּרְזֶל אֶת־הַגִּלְעָד
כֹּה אָמַר יְהוָה עַל־שְׁלֹשָׁה פִּשְׁעֵי דַמֶּשֶׂק וְעַל

The Bible Knowledge Commentary 17

Amos
서론

서론

저자

아모스는 예언하기 이전, 예루살렘 남쪽 약 10마일 변방에 위치한 유다의 한 산골 성읍이었던 드고아에서 양을 치는 목자들 중 한 사람이었다. 1장 1절에 '목자'라고 사용된 단어는 히브리어에서 통상 쓰이고 있는 로에(רֹעֶה)가 아니고 이것과는 다른 뜻을 나타내며 좀처럼 사용되는 일이 없는 노케드(נֹקֵד) 즉, '양을 치는 사람'이라는 뜻이다. 노케드는 구약성경에서 다른 한 군데인 열왕기하 3장 4절에서도 쓰였다. 열왕기하 3장 4절에 보면 모압 왕 메사가 큰 규모로 양을 치고 있었다. 메사 왕이 이스라엘 왕에게 어린 양 십만 양털과 숫양 십만의 양털을 바칠 수 있게 되었다고 기록되어 있다. 분명히 아모스는 큰 무리의 양떼나 혹은 염소 떼를 치는 사람이었고 다른 목자들을 감독하는 사람이었다.

또한 아모스는 7장 14절에서는 스스로에 대하여 선지자가 아니라 '목자요 뽕나무를 재배하는 자'라고 묘사하고 있다. 여기에서 '목자'는 히브리어로 보케르(בּוֹקֵר)인데 구약에서는 여기에 딱 한 번 쓰이고 있을 뿐이며, 그 뜻은 '소치는 사람' 혹은 '짐승 치는 사람들'이다.

아모스는 가축을 두루 살피는 일이 주된 일이었으며 뽕나무를 기르는

일은 일종의 부업이었을 것이다. 뽕나무는 두께가 두껍고 굵은 나무로써 25~50피트의 높이로 자라며 무화과나무와 비슷한 열매를 일 년에 서너 차례 맺는다. 뽕나무는 드고아의 고산지에서는 자랄 수 없었고, 요르단 계곡이나 사해 근처의 비옥한 오아시스 지방 같은 따뜻한 저지대에서만 자랐다. 이런 지역들은 아모스가 나무 돌보는 일을 감독하는 데 충분할 정도로 가까운 곳에 위치하고 있었다(7:14). 나무를 돌본다는 용어는 기술적인 단어로써 열매를 칼로 찢거나 긁어내어서 즙이 흘러나오게 하며, 아직 달려 있는 나머지 열매들이 더 성숙하고 달콤하게 자라 먹음직한 열매가 될 수 있도록 하는 것을 뜻한다.

이 세 용어는 모두 아모스가 목자로서, 목장을 감독하는 자로서, 또 농장주로서 유복했으며 그가 몸담고 있는 공동체 안에서 존경받는 사람이었음을 나타내 주고 있다.

저작 시기

아모스는 물질적으로 풍요로운 시대에 살았다. 유다 왕 웃시야(BC 790~739년)와 이스라엘 왕 여로보암 2세(BC 793~753년)가 오랫동안 통치하면서 유다와 이스라엘은 정치적으로 안정되고 경제적으로는 풍요로웠으며 세력이 확장되었다.

북 왕국은 서쪽으로는 블레셋(참조, 1:6; 6:2의 주해)을, 동쪽으로는 암몬을, 남쪽으로는 아람을 정복했다. 웃시야의 정치적인 영향력은 애굽에까지 미쳤다(참조, 대하 26:1~15).

북 왕국은 그 세력이 절정에 달해 있었다. 아람은 앗수르의 아닷니라리 3세(BC 811-783년)에게 BC 802년에 패배한 이래 아직 회복되지 못하고 있었다. 그러나 앗수르는 더 이상 유리한 고지를 점령할 수가 없었다. 앗수르 북방에 위치한 우랄 산맥 부근에 거하는 자들이 티그랏 필레셀 3세가 BC 745년에 즉위할 때까지는 앗수르가 더 이상 뻗어나가지 못하도록 만들었다. 그러므로 여로보암 2세는 좀더 과감하게 북쪽으로 아람 영역까지 영토를 확장할 수가 있었으며 요단을 가로질러서 이스라엘 영토를 회복할 수 있었다(참조, 왕하 14:23~29; 암 6:14).

이로 인해서 이스라엘의 교역로가 확장되었고 이스라엘의 성읍들은 부를 축적하게 되었다. 무역이 번창했고(8:5), 상류계층이 등장하게 되었으며(4:1~3), 값비싸고 화려한 가옥들이 건립되었다(3:15; 5:11; 6:4, 11). 가난한 자들이 법적으로, 또 경제적으로 착취를 당하는 반면에(2:6~7; 5:7, 10~13; 6:12; 8:4~6) 부자들은 방종과 방탕에 탐닉하고 있었다(6:1~6). 가난한 자들은 늘어나는 빚 때문에 종살이를 해야만 하는 일이 허다했다(2:6; 8:6). 도덕적인 판단은 이미 땅에 떨어지고 말았다(2:7).

반면에 종교는 번성하고 있었다. 사람들은 연중행사로 성전에 가득 모였고(4:4; 5:5, 8:3, 10), 제물을 바쳤다(4:5; 5:21~23). 그들은 그들의 하나님이 그들과 함께 계시며, 자신들은 재앙과는 아무런 상관이 없다고 확신하고 있었다(5:14, 18~20; 6:1~3; 9:10).

연대

아마도 아모스는 일 년 이상 북 왕국에서 하나님의 말씀을 전했을 것이다. 그의 사역은 잘 알려진 대로 지진이 일어나기 전 2년 동안에 행해졌다(1:1. 참조, 슥 14:5). 요세푸스는 이 지진을 역대하 26장 16~20절의 사건과 연관시키고 있다(*Antiquities of the Jews* 9.10.4). 하솔과 사마리아에서 있었던 고고학적 발굴의 결과, 이스라엘에서 BC 760년경에 큰 지진이 일어났음이 명백히 밝혀졌다.

메시지

유다 사람 아모스는 이스라엘에 예언하라는 소명을 받았다. 이것은 아마도 BC 762년경이 맞을 듯싶다(연대 부분에 있는 설명 참조). 하나님이 그에게 주신 말씀은 처음에는 심판의 말씀이었으며, 그 심판을 거쳐서 희망의 말씀으로 끝을 맺고 있다.

전능하신 주 하나님, 즉 우주의 통치자이신 하나님은 주님의 권위에 불복종하여 항거하는 나라들을 심판하시는 분으로서 오실 것이다. 특별히 이스라엘은 주님을 배반하고 계명을 어긴 대가로 벌을 받게 될 것이다.

비록 북 왕국은 멸망하게 될 것이나, 하나님은 그 사람들 가운데서 회개하는 '남은 자'들을 보존하실 것이다. 언젠가는 이 '남은 자'들이 놀라운 섭리 안에서 다시 세우심을 받으며, 약속된 축복을 누릴 것이다. 그런 이후에 하나님은 그들을 통하여 모든 나라들을 주님의 이름 앞으로 인도하실 것이다.

개요

I. 서언(1:1~2)

    A. 저자와 연대(1:1)
    B. 주제(1:2)

II. 맹렬한 심판(1:3~2:16)

    A. 나라들에 대한 심판(1:3~2:5)
        1. 다메섹에 대한 심판(1:3~5)
        2. 가사에 대한 심판(1:6~8)
        3. 두로에 대한 심판(1:9~10)
        4. 에돔에 대한 심판(1:11~12)
        5. 암몬에 대한 심판(1:13~15)
        6. 모압에 대한 심판(2:1~3)
        7. 유다에 대한 심판(2:4~5)

    B. 이스라엘에 대한 심판(2:6~16)
        1. 깨어진 계약(2:6~8)
        2. 거절당한 은혜(2:9~12)
        3. 피할 수 없는 심판(2:13~16)

III. 심판에 대한 이유(3~6장)

A. 첫 번째 메시지(3장)

1. 독특한 관계(3:1~2)
2. 피할 수 없는 심판(3:3~8)
3. 혹독한 압제(3:9~10)
4. 다가올 재앙(3:11~15)

B. 두 번째 메시지(4장)

1. 경제적인 착취(4:1~3)
2. 종교적인 위선(4:4~5)
3. 회개하기를 거부함(4:6~13)

C. 세 번째 메시지(5:1~17)

1. 확실한 심판에 대한 묘사(5:1~3)
2. 개인적인 회개를 촉구함(5:4~6)
3. 법적인 불의에 대한 고발(5:7)
4. 통치하시는 하나님에 대한 묘사(5:8~9)
5. 법적인 불의에 대한 고발(5:10~13)
6. 개인적인 회개를 촉구함(5:14~15)
7. 확실한 심판에 대한 묘사(5:16~17)

D. 네 번째 메시지(5:18~27)

　1. 확실한 심판에 대한 묘사(5:18~20)
　2. 종교적인 위선에 대한 고발(5:21~22)
　3. 개인적인 회개를 촉구함(5:23~24)
　4. 종교적인 위선에 대한 고발(5:25~26)
　5. 확실한 심판에 대한 묘사(5:27)

E. 다섯 번째 메시지(6장)

　1. 그들이 자랑하는 자기 만족(6:1~3)
　2. 방종 속에서 누리는 사치(6:4~7)
　3. 완전한 황폐(6:8~14)

Ⅳ. 심판의 결과(7:1~9:10)

A. 우글거리는 메뚜기(7:1~3)

B. 집어삼키는 불(7:4~6)

C. 시험하는 다림줄(7:7~17)

　1. 환상(7:7~9)
　2. 사건(7:10~17)

　　D. 최후의 열매(8장)

　　　　1. 환상(8:1~3)
　　　　2. 결과(8:4~14)

　　E. 갚으시는 주님(9:1~10)

　　　　1. 피할 수 없는 칼(9:1~4)
　　　　2. 우주적인 통치(9:5~6)
　　　　3. 공정한 처치(9:7~10)

V. 심판 후의 회복(9:11~15)

　　A. 정책적인 갱생(9:11)

　　B. 국가적인 목적(9:12)

　　C. 번영, 평화 그리고 영구성(9:13~15)

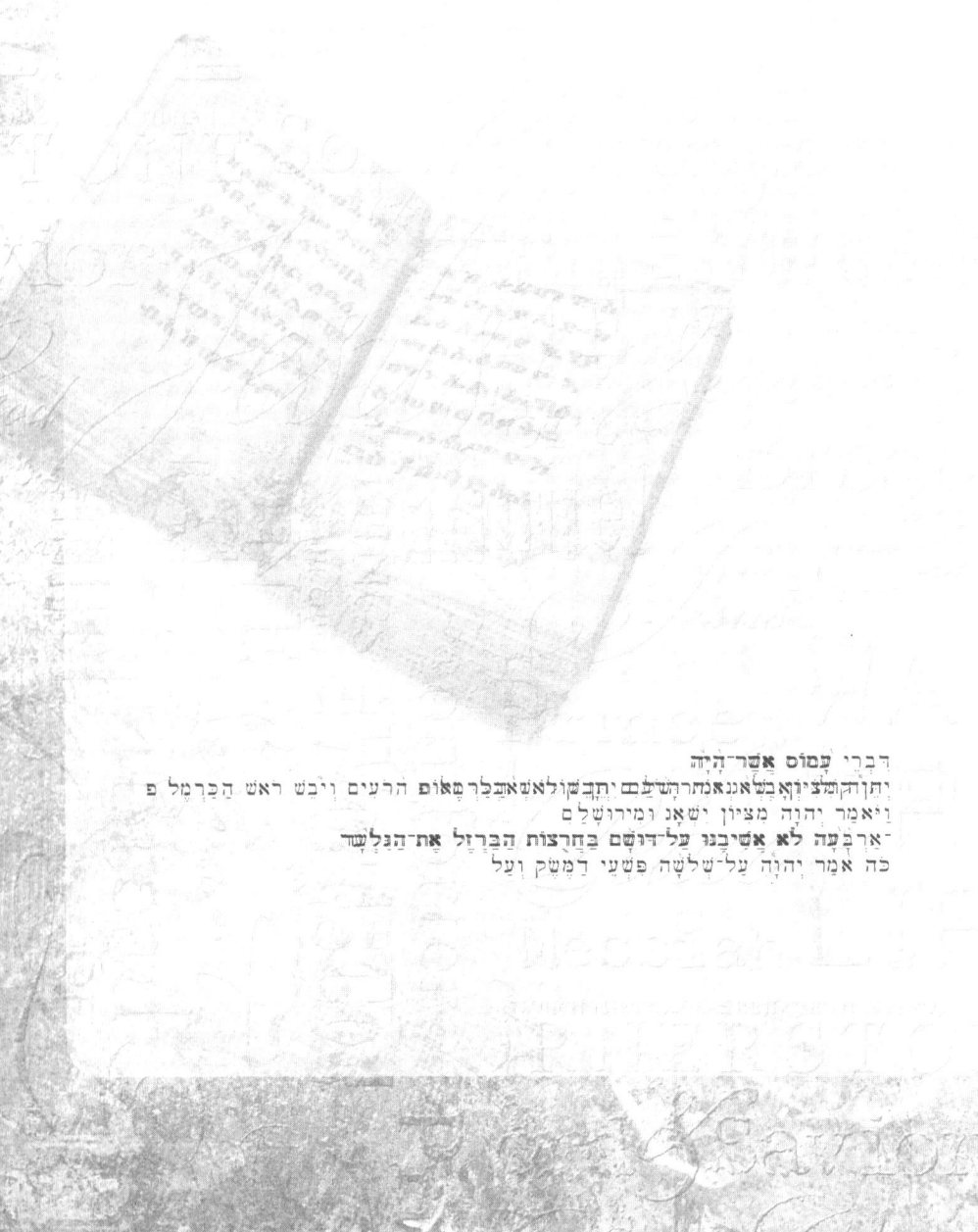

דִּבְרֵי עָמוֹס אֲשֶׁר־הָיָה
יִתֵּן וְהֵקוֹל וּמִצִּיּוֹן אַבְלוּ אֲנָה וּמִיךְ הָרֹעִים יִתְאַבְּלוּ נְאוֹת הָרֹעִים וְיָבֵשׁ רֹאשׁ הַכַּרְמֶל פ
וַיֹּאמַר יְהוָה מִצִּיּוֹן יִשְׁאָג וּמִירוּשָׁלִַם
־אַרְבָּעָה לֹא אֲשִׁיבֶנּוּ עַל־דּוּשָׁם בַּחֲרֻצוֹת הַבַּרְזֶל אֶת־הַגִּלְעָד
כֹּה אָמַר יְהוָה עַל־שְׁלֹשָׁה פִּשְׁעֵי דַמֶּשֶׂק וְעַל

The Bible Knowledge
Commentary 17

Amos
주해

The Bible Knowledge Commentary

주해

Ⅰ. 서언(1:1~2)

A. 저자와 연대(1:1)

1:1 "드고아 목자 중 아모스가 이스라엘에 대하여 이상으로 받은 말씀이라." 드고아라는 성읍은 예루살렘의 정남쪽에 위치한 곳이다. 이 말씀들과 메시지들은 '그가 이스라엘에 대하여 본 것'(그의 환상들, 7:12의 주해 참조)으로부터 온 것이다. 그것들은 유다 왕 웃시야와 이스라엘 왕 여로보암이 통치하던 시기에, 지진이 일어나기 전 2년 동안 북 왕국에 전해진 말씀이었다(예언자, 연대, 웃시야 왕과 여로보암 왕에 대해서는 서론 부분 참조).

B. 주제(1:2)

1:2 아모스서의 주제는 이스라엘과 이웃의 나라들이 그들의 죄 때문에 맹렬한 심판을 곧 받게 되리라는 것이다. 그는 주님을 사납게 포효하며 공격을 개시하려는 사자로 묘사하고 있다(참조, 3:4, 8; 렘 25:30; 호 5:14; 11:10; 13:7). 사자의 포효는 사자 앞에 맞닥뜨린 먹이감들에게 두렵고 무서워서 절망하며 온 전신을 굳어버리게 만든다. 그런 후에 갑자기 달려들어 찢고 물어뜯기 때문에 사자 앞에 선 짐승은 죽음이 불가피해지는 것이다.

하나님의 진노도 비슷하다. 온 몸이 마비되며 모든 기운이 빠져버리게 될 것이다. 그 울려퍼지는 소리는 시온, 즉 예루살렘에서(참조, 6:1; 스가랴 주석 8:3의 주해 참조) 시작되어 나라들에게까지 이를 것이며, 그 소리는 땅을 움츠러들게 하고 또 온통 불살라 버릴 것이다. 남쪽으로는 무서운 포효가 유다를 통해서 지나가고, 가사(1:6~8)로, 에돔(11~12절)으로 그리고 모압(2:1~3)으로 지나갈 때 베들레헴 가까이에 있는 초장은 말라붙어 시들어버릴 것이다. 북쪽으로는 하나님의 진노의 불이 다메섹 (1:3~5)과 두로(9~10절)와 암몬(13~15절)을 삼키기 위해 지나갈 때 이스라엘에서 기름진 농장으로 손꼽히는 남쪽 부분의 비옥한 땅과 갈멜 산의 서부 경사지(참조, 사 35:1~2; 33:9; 나 1:4)는 시들어 소멸될 것이다. 그 소리가 지나가는 곳이면 어디든지 땅의 물기는 증발해 버릴 것이요, 그 땅은 황토 빛으로 변하며 한발로 인해 땅이 바짝 마르며 쩍쩍 갈라져 버릴 것이다. 초장은 손실을 당할 것이다. 농작물이 시들어 버림으로써 농부들은 심각한 곤궁에 처하게 될 것이다.

한발에 대한 묘사는 나라들이 하나님과 세운 계약을 어긴 데 대한 하나님의 진노임을 암시해 주고 있다. 고대 근동사회에서는 영주와 그 아래 백성들 간에 계약이나 협정을 맺는 것은 지극히 당연한 일이다. 영주가 안전을 확보해 주고 필요한 물품들을 공급해 주는 대신에 백성들은 충성과 복종을 맹세했다. 조목조목 잘 살펴보고 난 후 상호간의 동의에 의해서 성립되는 계약이라는 단어는 양측을 모두 속박하고 있었던 것이다.

백성들이 계약을 이행하지 못할 경우에는 조약문서에 명기된 바대로 엄한 처벌을 받아야만 했다. 한발의 저주는 계약에 불복종한 대가로써 종종 등장하고 있다(참조, 신 28:20~24에 있는 모세의 계약에서: 이외의 다른 고대 조약들에 대해서 알기 원한다면 다음의 서적을 참조하라. James B. Pritchard, ed, *Ancient Near Eastern Texts Relating to the Old Testament*. 3rd ed. Princeton : Princeton University Press. 1969. p. 539, 660).

아모스의 말씀을 듣는 사람들은 우주를 통치하시는 하나님이 그들이 계약을 깨뜨린데 대해 심판하신다는 사실을 깨달을 수 있었을 것이다(주변의 이방 국가들과 하나님 사이의 계약관계에 대한 의문점에 대해서는 암 1:3의 주해 참조). 북쪽의 이스라엘은 하나님의 진노가 그들이 반역하기 시작한 중심 성소인 시온에서 일어난다는 말씀을 들었을 때, 이 계약 반역죄에 대한 책임을 그들이 져야만 했다(시온의 의미에 대해서 알려면 예레미야애가 주석 1:4과 스가랴 주석 8:3의 주해 참조).

II. 맹렬한 심판(1:3~2:16)

하나님의 진노는 먼저 이스라엘을 둘러싸고 있는 일곱 국가들에 임했고, 이후 이스라엘에게 임했다. 아모스의 말씀을 경청하는 이들이 역사적으로 이스라엘의 몹쓸 적대국들인 아람(참조, 1:3~5)과 팔레스타인의 국가들(참조, 1:6~8) 가운데 심한 재앙이 임한다는 소리를 들었을 때 아마도 그들은 과연 그럴까라고 의심하면서 술렁거렸을 것이다. 그러나 초점이 때로는 동맹국이었던(참조, 왕상 5장) 두로(1:9~10)와 에돔(참조, 1:11~12)으로, 암몬(13~15절)으로 그리고 이스라엘과 피를 나눈 친족들(참조, 창 19:36~38; 25:29~30)인 모압(2:1~3)에게로 맞추어지게 되었을 때, 그들을 둘러싼 기운은 '그들의 목을 조여드는 올가미의 심판'처럼 느껴졌을 것이다(J. A. Motyer, *The Day of the Lion*, p. 50). 마지막으로 이스라엘 자신의 형제인 유다(2:4~5)에 대해 언급함으로써 하나님의 심판은 공평하다는 결론이 분명해졌다.

각 나라에 내려지는 재앙에 대한 선고는 다음과 같은 형태로 따라오고 있다. (a) 항거할 수 없는 심판에 대한 일반적인 선포, (b) 심판을 부르게 된 반역에 대한 상세한 설명, (c) 하나님이 내리시는 직접적이고 전적인 처벌에 대한 묘사.

A. 나라들에 대한 심판(1:3~2:5)

1. 다메섹에 대한 심판(1:3~5)

1:3 피할 수 없는 심판에 대한 일반적인 선포가 반복하여 나타나고 있다. "서너 가지 죄로 말미암아 내가 그 벌을 돌이키지 아니하리니"(참조, 1:6, 9, 11, 13; 2:1, 4, 6). 그 앞에 쓴 숫자에 더한 숫자를 다음에 쓰는 일은 구약성경에 자주 나온다(참조, 욥 5:19; 시 62:11~12; 잠 30:15~16, 18~19, 21~23, 29~31). 일반적으로 더 큰 숫자는 마지막 항목에 특별한 강조점을 두면서 세부적으로 조목조목 헤아리게 된다. 아모스는 결국 하나님의 인내하심을 지나쳐 버린 최후의 죄악에 대해서만 외치고 있다.

여기에 대해서 메이어 바이스(Meir Weiss)는 '서너 가지 죄악들'이라는 구절은 "세 가지 죄악에 대해서…네 가지 죄악에서조차도…"로 해석되어야만 한다고 말하고 있다. 일곱이라는 숫자는 시적인 방법으로 완전을 상징하고 있는 숫자이기 때문이라고 설명하고 있다("The Pattern of Numerical Sequence in Amos 1~2, A Reexamination," *Journal of Biblical Literature* 86, 1967: 418). 만약 이것이 정확한 것이라면, 이 구절은 그들의 (가득 채워지고 완전해진) 죄 때문에 피할 수 없는 하나님의 심판이 각 나라들에게 선고되었다는 것을 의미한다. 이스라엘 주변 국가들에게는 최종적이고 절정에 달한 죄악만이 지적되었다. 그러나 이스라엘에 있어서는 일곱에 대한 온전한 조항들이 모두 주어졌다(참조, 2:6~8, 12; 6절에 하나, 7절에 둘, 8절에 둘, 12절에 둘). 하나님이 그들을 심판하실 때 이스라엘이 당할 고통은 아마 7배나 더할 것이다(참조, 2:14~16).

각 나라에 심판이 임하는 이유는 그들이 계약을 어긴 것, 즉 그들의 '죄' 때문이다. '죄'를 나타내는 히브리어 페사(פֶּשַׁע)는 '반항' 혹은 '항거'라는 뜻이다. 이것은 세속적인 조약에 사용되는 용어로써 백성들이 계약에 불복종하는 경우에 썼다(참조, 왕상 12:19; 왕하 1:1; 3:5, 7; 8:22; 잠 28:2). 구약성경의 예언자들 역시 페사(פֶּשַׁע)라는 말과 동사형 파사(פָּשַׁע)라는 단어를 이스라엘이 하나님과의 계약을 어겼을 경우에 사용하고 있다(참조, 사 1:2, 28; 46:8; 66:24; 렘 2:8; 호 7:13; 8:1; 미 1:5, 13). 아모스는 모세의 계약을 파기한 것으로써 유다(참조, 2:4~5)와 이스라엘(2:6~16. 참조, 3:14; 4:4; 5:12)의 죄를 꿰뚫어 보고 있다. 유다와 이스라엘은 하나님의 법을 지키는 일에 실패했다.

그러나 이스라엘만이 하나님과의 계약을 파기하고 죄를 범한 것은 아니다. 이방 국가들 역시 하나님이 세우시고 우주적으로 받아들여서 동의한 법을 거역한 페사(פֶּשַׁע)에 해당하는 죄를 범한 것이다. 아모스는 노아 시대 때 인간과 더불어 세우신 하나님의 우주적인 계약을 그들이 파기했다는 사실을 마음 깊이 간직하고 있었다(참조, 창 9:5~17). 하나님은 다시는 땅을 홍수로 멸망시키지 않겠다고 약속하셨다(참조, 창 9:11). 대신에 인간들은 피를 흘리는 일을 삼가야만 했다. 왜냐하면 인간의 생명을 경시하는 것은 곧 사람 안에 하나님의 형상에 대하여 공격하는 것이기 때문이다(참조, 창 9:5~6). 인간의 생명은 파괴되거나 줄어들지 않고 땅 위에 증가하고 번창하였다(참조, 창 9:7). 하나님은 땅을 보존하시고 또 인간은 사람의 생명을 존중히 여기고 번성케 한다는 상호간의 조약을 '영원한 언약'이라 불렀다(참조, 창 9:16).

아모스 선지자가 이방 나라들이 이 '영원한 언약'을 범했다고 꾸짖었던 것이다. 이방 나라들은 포악을 저지르고(참조, 1:3), 종이 된 자들을 한꺼번에 다른 나라로 쫓아내 버리고(참조, 6, 9절), 본성을 잃고 맹렬히 미워하며(11절), 잔혹한 행위를 서슴지 않고 행하며(13절), 죽은 자들에 대한 모독을 감행했다(참조, 2:1). 또한 이와 같은 비인간적인 행위를 금하는 계약을 파기했던 것이다. 이러한 죄 때문에 땅을 통치하시는 주님이 다음과 같이 선포하시는 것이다. "내가 그 벌을 돌이키지 아니하리니."

이와 비슷하게 선지자 이사야도 다음과 같이 말한 바 있다(참조, 사 24:4~6; 26:20~21). 사람들이 피를 흘림으로써 "영원한 언약을 깨뜨렸음이라…그 중에 사는 자들이 정죄함을 당하였고." 신약성경이 증언하는 바와 같이 이방인들이 하나님의 법에 대해 전해 들은 바도 없고, 또 기록된 법조문을 받은 적도 없지만, 그런데도 인간 존중에 대한 요구는 그들에게도 이미 알려져 있었다. 그들이 하나님의 표준을 범하게 될 때 자기 스스로를 고발하는 양심이 있다. 즉, 이방인들은 하나님의 법이 아니라 자신 안의 양심이 죄에 대해 그들에게 말해주는 것이다(참조, 롬 2:14~15).

아람의 수도였던 다메섹의 극에 달한 죄악은(1:13에도 언급한 바와 같이) 이스라엘에서 요단을 가로질러 있는 길르앗을 쇠가 박힌 채찍으로 타작을 한 것이다. 타작(잘라내어서 쭉정이로부터 알곡을 갈라내는 일)은 곡식을 무거운 막대기로 때리면서 타작 마당에서 행하는 일이었다. 그 막대기는 울퉁불퉁한 두 쪽의 나무로 만들어졌는데, 앞쪽에서 보면 위로 휘어져 있으며 갈퀴나 칼날 같은 것들이 박혀 있었다. 죄수들을 고문하는 것을 묘사하면서, 여기에 있는 언급들은 거의 문자적인 표현에 불과한 정도다. 이것 역시 다메섹이 얼마나 혹독하게 행했는가를 알 수 있다. 또한 그들은 이스라엘을 완전히 짓밟아 버리는 것을 나타내는 것이다(참조, 사

41:15; 미 4:13; 합 3:12). 아람 군대는 길르앗을 마치 타작 마당 위에 있는 것처럼 토막을 내고 짓이기면서 휩쓸어 버렸다. 요단 동쪽에 있는 이 이스라엘의 영토 구역은 특별히 하사엘(BC 841~801년)과 그의 자리를 계승한 아들 벤하닷 3세가 통치하는 동안(참조, 1:4. 왕하 8:7~12; 10:32~33; 13:3~7; 열왕기하 주석 13:7에 나와 있는 '타작'을 참조하라) 아람 사람들과 끊임없는 전투가 벌어져서 많은 고통을 당했다.

1:4~5 먼저 일곱 국가들을 처벌하는 일에 있어서 하나님은 반란을 일으킨 백성들에게 군대를 파견하는 영주로서 묘사되고 있다. 영주의 공격은 불을 지르는 일로 시작되어서 결국에는 성읍의 방벽과 요새를 모두 불태워 버리고 그을린 흔적들만 남겨놓았다(참조, 1:4, 7, 10, 12, 14; 2:2, 5). 다메섹을 벌하는 일에 있어서 하나님은 성읍 문을 닫고 있던 빗장을 부수어버리고, 성읍을 방비하던 모든 것을 벗겨버림으로써 폐허로 만들어버리겠다고 선포하셨다. 하나님은 사악하고 자고한 나라들을 통치하던 반역한 왕들을 쳐서 없애겠다고 하셨다. 아웬 골짜기와 벧에덴은 아람과 바알벡과 빗아디니 등의 다른 지역과 연관이 있는 듯하다. 이 단어들은 '사악의 계곡' 혹은 '쾌락의 집'을 의미하면서 다메섹의 지역이나 장소에 대하여 모욕하는 말로 쓰였다. 하사엘의 집(왕조)은 사로잡혀 가고, 아람 사람들은 키르(kir)라고 불리는 그들의 본향인 메소포타미아 지방으로 다시 도망쳐 돌아갈 것이다(참조, 1:15). 본질적으로 이 처벌은 아람의 자고한 역사에 대한 완전한 역전이다. 그들을 원래 키르에서 불러내셨던 하나님이 (9:7) 그들의 모든 업적들을 지워버린 후에 다시 되돌려 보내시려는 것이다. 이 심판은 BC 732년에 앗수르 왕 티글랏 빌레셀 3세가 이끄는 군대에 의해 실행되었다(참조, 왕하 16:7~9).

2. 가사에 대한 심판(1:6~8)

1:6 6~8절 안에 블레셋의 5대 도시 가운데 네 개의 도시가 언급되고 있다. 가사, 아스돗, 아스글론, 그리고 에그론이다. 다섯 번째 도시인 갓이 빠져 있는 이유는 BC 815년의 하사엘 전투와 BC 760년에 있었던 웃시야 전투로 인해 아모스 당시에 폐허가 되어 버렸기 때문이다(참조, 왕하 12:17; 대하 26:6; 암 6:2). 블레셋이 자행한 인간성에 역행하는 범죄는 그들의 사회 깊숙이 노예 제도가 성행하게 했으며, 상업적인 목적으로 사람들을 팔아넘기게 되었다. 방어할 능력이 없는 사람들은 물건처럼 취급당했고 에돔에 있는 노예 시장에서 거래되었으며 그곳에서 세상의 다른 곳으로 배에 실려 옮겨졌다(참조, 욜 3:4~8).

1:7~8 이 죄 때문에 블레셋의 도시들은 건물들, 왕, 백성들 할 것 없이 모두가 완전하게 멸절 당하게 되었다. 하나님은 블레셋의 마지막 한 사람이 죽을 때까지 그들에게서 심판의 손을 떼지 않으실 것이다. 이 심판은 그 후 BC 8세기에 블레셋이 앗수르에 종속됨으로 부분적으로 행해졌으며, 더욱 완전하게는 마카비 시대에 행해졌다(BC 168~134년). '통치하시는 주님'(아도나이[אֲדֹנָי] 야훼[יהוה])이라는 말은 아모스서에 19번 쓰였으나 소선지서를 통틀어 아모스서 이외의 다른 곳에서는 다섯 번 밖에 나타나지 않고 있다(참조, 옵 1장; 미 1:2; 합 3:19; 습 1:7; 슥 9:14). 그 칭호는 하나님의 주님 되심과 하나님과 그의 백성들과의 계약관계를 강조하고 있다.

3. 두로에 대한 심판(1:9~10)

1:9 베니게의 수도인 두로의 죄악은 가사보다 더욱 관영했다. 두로는 사로잡은 모든 포로들을 에돔으로 팔아넘겼을 뿐만 아니라(6절), 양쪽 모두가 지켜야 할 '형제애의 조약'(a treaty of brotherhood)도 파기해 버렸다. 만약 이스라엘에게 피해를 입힌 것이라면 아마도 그 언급은 솔로몬과 히람 간의 협정(참조, 왕상 5장)이거나 혹은 그 후에 아합과 이세벨의 결혼을 통해서 이루어진 관계들을 말하는 것이다(참조, 왕상 16:29~31).

1:10 두로에 내려지는 심판은 7절에 묘사된 것과 유사하다. 알렉산더 대제가 7개월간 두로를 포위한 후 BC 332년에 그 도시를 함락시켰다. 6천 명이 공공연하게 죽어갔고, 2천 명이 처형되었으며 3만 명이 노예로 팔려갔다. 포로가 된 이스라엘 사람들을 에돔에 팔아 넘겼던 두로 사람들이 이제는 자신들이 포로가 되었다.

4. 에돔에 대한 심판(1:11~12)

1:11 에돔의 죄악은 계속적이고 무감각하게 형제들에 대한 적대 행위를 자행하는 것이었다. '형제'란 말은 잘 알려지지 않은 조약을 체결하는 데 있어 상대방을 뜻하는 의미로 쓰여질 수 있었다(9절). 그러나 구약성경에서 에돔과 이스라엘 사이에 '형제'라는 언급을 자주하고 있는 것은 에서와 야곱 사이에 시작된 두 나라 사이의 혈연관계와 연관이 있음을 암시해 주고 있다(참조, 창 25:29~30; 민 20:14; 신 2:4; 23:7). 이스라엘 역사의 어떤 부분에서는 에돔이 무자비하게 '칼을 빼어들고' 패배한 형제를 추격하

는 것으로 묘사하고 있다(참조, 옵 10절). 에돔은 본래 인간들이 지니고 있는 동정심마저도 짓밟아 버리고 마치 탈취한 먹이를 찢고 있는 맹수와도 같이 끊임없이 분노를 발하고 있었다. 절제하지 못하는 분노가 맹렬히 불타오르고 에돔은 그 분노 위에 피를 뿌렸던 것이다.

1:12 무자비하고 복수심에 가득 찬 미움으로 인해서 하나님은 데만과 보스라 위에 불을 내리실 것이다. 데만은 남쪽 지경에서 가장 큰 성읍이었고 보스라는 북쪽 지경의 강한 요새였다. 두 도시는 하나님의 진노 아래 있는 전체 국가를 대표하고 있다. 어떤 학자들은 데만은 보스라 가까이에 있는 북쪽의 성읍이었다고 말한다. 두 도시는 에돔의 주요 도시임에 틀림없다(참조, 데만에 대한 언급이 다음에 나와 있으니 참조하기 바람. 렘 49:7, 20; 겔 25:13; 옵 9절; 합 3:3). 에돔은 BC 8세기에 앗수르에 정복당했고 BC 5세기에 이르러서는 황폐하게 버려진 땅이 되고 말았다(말 1:3). 그리고 BC 400~300년경에는 아라비아 종족들 가운데 하나인 나밧 족속이 에돔을 덮쳐 버렸다.

5. 암몬에 대한 심판(1:13~15)

1:13 암몬이 저지른 가공할 만한 무자비함은 "길르앗의 아이 밴 여인의 배를 가른 일이다"(참조, 3절에 있는 '길르앗'). 이런 극악무도한 일은 때때로 고대의 전쟁에서 볼 수 있었던 것으로써(참조, 왕하 8:12; 15:16; 호 13:16) 적들의 간담을 서늘하게 만들었다. 암몬 사람들은 자신들을 보전하기 위해서가 아니라 단순히 그들의 영토를 확장하기 위해서 방어할 힘도 없는 부녀자들과 태어나지 않은 아기들에게 무자비한 가혹 행위를 가

했던 것이다.

1:14~15 이러한 무자비함으로 말미암아 하나님은 암몬의 수도였던 랍바성에 불을 내리려고 하셨다(참조, 7, 10절). 삼키는 불꽃 가운데서 거주민들은 마치 먹이를 덮치는 것 같은 침략자들의 고함 소리를 들을 것이다(참조, 2:2). 휘몰아치는 바람은 하나님의 무서운 힘을 상징하면서(참조, 시 83:15; 렘 23:19; 30:23) 암몬의 도시를 강타할 것이다. 그리고 적군들은 왕과 백성들을 붙잡아(참조, 암 2:3) 데려갈 것이다(참조, 1:5). 이 심판은 BC 734년 디글랏 빌레셀 3세의 지휘 하에 진행된 앗수르의 정복을 통해서 행해졌다.

6. 모압에 대한 심판(2:1~3)

2:1 고대 근동에서는 죽은 자를 매장할 때 죽은 자의 시체가 가족들이 묻히게 될 자리에 평화롭게 매장되어 조상들과 더불어 무덤에서 조용히 안식하게 되는 것을 매우 중요하게 생각했다. 무덤을 파헤쳐 도굴한다거나, 흐트러뜨리거나, 묘를 훼손시키는 행위는 최고로 고귀한 질서를 깨뜨리는 것이었다. 현존하는 무덤비에 새겨진 비문에는 이러한 짓을 범한 자에게 내리는 가혹한 저주가 기록되어 있다(G. A. Cooke, *A textbook of North-Semitic Inscriptions*. Oxford: At the Clarendon Press, 1903, p. 26~27, 30~32; Pritchard, *Ancient Near Eastern Texts Relating to the Old Testament*, p. 327). 모압은 에돔과의 전쟁에서(아마 이 사건과 관련된 참조 자료는 왕하 3:26~27이 타당할 것이다) 적대자들을 자기들의 영토로 끌고 갔으며 왕의 무덤을 파헤치고 '마치 사지에 불을 붙이는' 것과 같이 에돔 왕의 뼈를

모두 태워 없애 버렸다. 이러한 신성한 지역을 더럽히는 행위는 너무나 완벽하게 이뤄졌는데 뼈를 태운 재 가루가 분필을 갈아놓은 것처럼 희고 미세했다.

2:2~3 비록 이것이 이스라엘에 대한 죄는 아니라 할지라도, 이것은 온 우주를 통치하시는 주님께 대한 반역죄(페사[פשע]: 1:3의 주해 참조), 즉 인간 안에 있는 하나님의 형상에 대한 모독인 것이다. 이런 모욕과 신성모독으로 인해서 하나님은 모압을 군사적으로 멸절시키실 것이다. 불은 그리욧을 삼켜버릴 것이었는데, 그리욧은 아마도 모압의 수도 아르를 다르게 부른 명칭일 것이다(참조, 민 21:28; 사 15:1). 전쟁의 혼란 가운데서, 들려오는 고함 소리(참조, 암 1:14)와 모압의 '불운을 알리는' 나팔 소리와 더불어 모압은 몰락할 것이다. 여기에는 백성들과 통치자들 그리고 모든 범법자들이 포함되는 것이다(참조, 1:15). 암몬과 마찬가지로 모압은 앗수르 왕 티글랏 빌레셀 3세에게 망하고 말았다.

7. 유다에 대한 심판(2:4~5)

2:4 이방 국가들은 하나님과 그들이 노아시대 때 세운 '영원한 언약'을 깨뜨려버렸다(참조, 창 9:5~17). 그러나 유다의 죄(페사[פשע])는 모세의 계약에 대한 것이었다. 그들은 주님의 법을 거절했다. 하나님이 그들과 맺은 독특한 법령 혹은 계약을 지키지 않았다. 하나님의 객관적인 진리를 준수하는 대신에 그들은 그들의 조상들을 기만해 왔던 그릇된 신들을 섬기며 자신들을 방치시켜 헤매도록 내버려 두었다. 그릇된 신을 나타내는 말로 카잡(כזב)이 쓰이고 있는데 이것은 '거짓 혹은 속이는 어떤 것'이란 뜻이

다. 우상들은 백성들을 도울 수 없기에 그들을 속이는 것이다. 신명기에서 하나님은 이스라엘 족속들로 하여금 그릇된 신들을 따라가지 말 것을 경고하셨다(참조, 신 6:14; 7:16; 8:19; 11:16, 28 등).

2:5 이러한 불신앙에 대한 처벌은 BC 586년 느부갓네살 왕이 침공함으로 이들에게 내려졌다. 느부갓네살 왕은 오랫동안 성을 포위한 후에 왕족들을 살해했다. 신전과 성 그리고 도시에 있는 모든 집들을 불태웠으며 거의 모든 주민들을 바벨론으로 끌고 갔다(참조, 왕하 25:1~21).

B. 이스라엘에 대한 심판(2:6~16)

주님은 우주 전체를 통치하시며 또한 주님께 반역하는 모든 나라들을 감찰하신다는 것을 보여 주면서, 아모스는 지금 북 이스라엘에 대하여 말하고 있다. 그의 메시지는 하나님은 그들을 위하여 은혜를 베푸셨지만 그들이 주님의 계약을 깨뜨려 버렸기 때문에 하나님은 이스라엘에게도 역시 심판을 내리실 것을 선포했다.

1. 깨어진 계약(2:6~8)

이스라엘은 사회적 불의(6절하), 법률의 파기(7절상), 성적인 죄악(7절하), 담보의 남용(8절상) 그리고 우상숭배(8절하) 등과 같은 죄를 포함하는 모세의 계약을 여러 방법으로 범하고 말았다.

2:6 먼저 그들에게 책임을 묻는 것은 그들이 부채를 갚을 수 없는 사람들을 무정하게 노예로 팔아넘겨 버린 데 대한 것이다(참조, 왕하 4:1~7). 돈을 갚을 능력이 없는 정직한(의로운) 사람들은 그들이 빚진 은값으로 팔려 갔다. 아주 빈궁한 자들은 '신 한 켤레 값으로' 노예 신세가 되어버리고 말았다(참조, 8:6). 신은 저당 잡히는 행위 혹은 땅을 법적으로 이전할 때 신을 주고받는 관습과 연관되어 있다(참조, 룻 4:7). 그러므로 '신 한 켤레 값으로'의 의미는 같은 민족인 가난한 자들을 돈이나 땅을 주고받으며 팔아넘겼다는 것을 뜻한다. 이런 인신매매 행위는 이방 나라들에게 행한 것이 아니라 이스라엘 자신의 백성들에게 행한 비정한 행위였다. 이것은 가난한 자들에게 관대함과 열린 마음을 가질 것을 요구하시는 하나님의 계약을 파기하는 것이다(참조, 신 15:7~11).

2:7상 아모스의 두 번째 고발 내용은 법적인 절차가 왜곡되었기 때문에 가난한 자들이 착취당하고 있다는 것이다. 하나님이 명령하신 계약과는 정반대로(참조, 출 23:6; 신 16:19) 법정은 힘 있고 돈 많은 자들과 공모하여 '압제당하는 자들에게 의롭게 판단해야 할' 바른 일들을 부인하고 있었다. 이러한 압제는 너무 끔찍하고 비참하며 고통스러운 것이어서 마치 그들의 '머리'를 짓밟는 것과 같았다.

2:7하 세 번째 죄악은 아버지와 아들이 같은 여자를 대상으로 성관계를 가지는 것이었는데 이러한 상대 여자들은 성전에서 봉사하는 창기들이나 내연의 처로 취한 여종들이었다(참조, 출 21:7~9; 레 18:8, 15). 이러한 난잡한 성행위로 인해서 사람들은 계약의 하나님을 저버렸고 하나님의 거룩한 이름을 모독하고 있었다(예를 들어 이런 일들을 평범한 일로 간주한

것 등). 하나님의 명칭(출애굽기 주석 3:13~15의 주해를 보라)은 하나님의 성품과 하나님이 이스라엘에게 내리신 독특한 명령에 대해서 말해주고 있다. 하나님의 명령을 공공연하게 업신여기는 것은 하나님의 인격을 모독하는 것이며 그들의 삶 가운데 역사하기 위해 존재하시는 하나님을 조롱하는 행위였던 것이다.

2:8상 네 번째로 하나님의 법은 저당 잡는 물품들의 항목을 제한하고 있다. 맷돌 같은 것은 곡식을 갈아 먹는데 필요하고 목숨을 부지하는데 없어서는 안 될 필수품이기 때문에 탈취할 수 없는 품목이었다(참조, 신 24:6). 가난한 자들의 외투는 밤을 지내는 동안 담보로 잡아둘 수가 없다(참조, 출 22:26~27; 신 24:10~13; 욥 22:6). 과부의 옷은 전혀 담보로 잡을 수 없는 것이다(참조, 신 24:17). 그러나 사람들은 파렴치하게, 또 공공연하게 금지된 품목들을 취하고 더 나아가서는 법을 조롱하면서 희생제물을 드리는 축제 때마다 모든 제단 곁에 담보로 잡아 둘 수 없는 물품들을 펼쳐 두었던 것이다(참조, 삼상 9:12~13).

2:8하 다섯 번째로 이스라엘은 모든 계약 규정 가운데 가장 근본이 되는 것을 범했다. 그들은 다른 신들을 섬겼던 것이다(참조, 2:4: 유다가 그렇게 했듯이). 가난한 자들에게 '벌금으로 얻은 포도주'는 이방신을 높이기 위해 바쳐졌다.

2. 거절당한 은혜(2:9~12)

2:9 하나님은 죄에 대해 지적하신 후 즉시 처벌을 선포하시지 않고, 다

른 일곱 나라들에게 하신 것처럼 이스라엘을 향하신 하나님의 사랑을 거부한 그들의 반역을 밝히 드러내셨다. 이스라엘이 한 나라로서 존재할 수 있었던 이유는 오직 하나님의 중재 때문이다. 이스라엘 혼자서는 가나안 족속들을 결코 정복할 수가 없었다. 아모리 족속(참조, 10절; 창세기 주석 14:13~16의 주해 참조)은 가장 창대한 족속으로서 가나안 정복 당시 그 지경에 있는 모든 나라들을 대표하는 족속이었다(참조, 창 15:16~21; 수 24:8~15). 그 땅의 거주민들은 사람들 가운데 가장 커서 '그 키는 백향목 높이와 같고 강하기는 상수리나무 같았다'(참조, 민 13:28~33; 신 1:26~28). 그러나 하나님은 친히 그들을 뿌리째 뽑으시고, '그 위의 열매와 아래의 뿌리까지' 완전히 멸절시켜 버리셨다.

2:10 애굽에서 불러내시고 광야 사십 년 동안 이스라엘을 보존하신 것은 이스라엘을 향하신 하나님의 선하심과 인자하심의 증거였다(아모리 족속에 대해서는 9절에 언급되어 있다).

2:11 하나님은 이스라엘을 위해 영적인 지도자를 세우셨다. 그들의 후손에서 배출된 예언자들이다. 그들은 하나님의 말씀을 백성들에게 전했고, 정한 기간 동안 맹세하고 성별된 생활을 했던 나실인(참조, 민 6:1~21)들은 모든 이스라엘이 나누어야 할 위탁의 말씀을 드러내 보여 주었다.

2:12 은혜의 역사에도 불구하고 이스라엘은 그들의 죄악 가운데 두 가지를 더하게 되었다. 그들은 나실인들(참조, 2:11)에게 겁을 주어 맹약을 깨뜨리게 하고 술 취하게 만들었으며 선지자들에게 예언하지 말도록 종용했던 것이다(참조, 7:10~16). 그러므로 이스라엘은 하나님의 말씀에 순종하

는 힘이 부족하고 하나님의 말씀을 들으려 하지 않는다는 사실을 여실히 드러내고 말았다.

3. 피할 수 없는 심판(2:13~16)

2:13~16 이러한 죄 때문에 하나님은 진노를 돌이키지 않으셨다(6절). 하나님은 이스라엘을 마치 '곡식 단을 가득히 실은 수레가 흙을 누름 같이 누르실' 것이다. 전투가 벌어지는 심판의 날에 그들에게 모든 희망은 사라질 것이다. 모든 군사들 가운데 (a) 날쌘 자, (b) 강한 자, (c) 장수, (d) 궁예, (e) 걸음 빠른 군인, (f) 마병 … 그들 중에 자신의 생명을 구할 수 있는 자는 아무도 없을 것이다. 강대한 세력이 그들을 쳐부수기 때문에 (g) 가장 용감한 장수조차도 도망치려는 쓸데없는 일을 시도하다가 그들의 무기와 외투를 떨어뜨려 버릴 것이다. 이스라엘의 죄가 일곱 가지나 되었던 것처럼 이 전쟁 때문에 당하는 고통도 일곱 갑절에 이를 것이다(2:6하~8, 12).

북쪽 왕국의 역사는 수십 년 후 BC 722년 앗수르의 침공을 받고 포로로 잡혀감으로써 그 종말을 맞이했다(왕하 17:1~23). 심판하는 맹렬한 고함 소리는 멈췄다. 온 우주의 땅을 통치하시는 주님께서 말씀하셨다. 주님은 힘 있는 장수로서 올 것이라고 말씀하셨다. 주님은 이스라엘을 둘러싸고 있는 나라들이 하나님의 권위에 반역한 죄를 짓는 일을 심판하실 것이라고 하셨다. 하나님은 이스라엘이 그들을 향하신 하나님의 은혜를 저버리고 주님의 계약을 파기했기 때문에 이스라엘도 역시 심판하겠다고 말씀하셨다.

Ⅲ. 심판에 대한 이유(3~6장)

 북 왕국에 내려질 심판을 선고한 후에 아모스는 하나님이 심판을 내리시는 이유를 모두 설명하기 위해서 연속되는 다섯 개의 메시지를 부여하고 있다. 처음의 세 메시지는 "이 말씀을 들으라"는 구절로 표시되고 있다(참조, 3:1; 4:1; 5:1). 마지막 두 메시지는 "화 있을진저"로 시작하고 있다(참조, 5:18; 6:1). 각 메시지는 하나님의 진노를 불러오게 한 종교적, 법적, 정치적 그리고 사회적 반역에 대해 더욱 상세하게 묘사하고 있다. 메시지들 속에는 회개를 촉구하는 내용과 다가오는 재앙을 어떻게 개별적으로 피할 수 있을 것인가에 대한 내용을 담고 있다.

A. 첫 번째 메시지(3장)

 이 메시지 속에서 아모스는 이스라엘이 하나님과의 유일하고 독특한 관계성 때문에 처벌을 받아야 할 것임을 선포하고 있다. 이스라엘은 백성들을 말할 수 없이 압제했기 때문에 심판을 피할 수가 없었다. 그 메시지는 먼저 이스라엘과 유다 두 나라에 전해졌다(1~2절). 그러나 그 두 나라 중에서도 우선적으로 북 왕국에 먼저 선포되었다(참조, 9, 12절).

1. 독특한 관계(3:1~2)

3:1~2 하나님이 애굽으로부터 건져내신 이스라엘과 유다에 대해서 말

씀하시는 이유는 그들이 '땅의 모든 족속들 가운데 택함을 입었기' 때문이다. '택함을 입다'(Chosen, '알다'라는 뜻을 가진 야다[יָדַע]로부터 유래되었다)라는 말은 고대의 통치자가 백성에게 특별한 계약을 맺으면서 명령할 때 사용되었다(Herfert B. Huttmon, "The Treaty Background of Hebrew Yada" *Bulletin of the American Schools of Oriental Research* 181, February 1966, p. 31~37). 그들만이 하나님의 백성들이요, 감찰하시고 돌보시려고 진정으로 택하신 하나님의 유일한 나라였다.

그러기에 하나님은 그들의 죄악을 벌하시는 것이다. 하나님이 그들을 택하셨기에 그들에게 자신을 친밀하게 계시해 주셨고 군주가 백성에게 내리는 가장 위대한 계약의 축복을 유효하게 하셨던 것이다(참조, 출 19:3~6; 신 28:1~14). 그들은 다시 돌이켜서 하나님을 알기 원하며, 그를 기쁘시게 해야만 했는데 그렇지 못했다. 하나님의 특별한 명령 때문에 그들의 사악함은 더욱 무서운 심판을 받아야만 했다.

하나님이 일방적으로 택하시고 베푸신 은혜는 우리들의 삶과 행위에 깊이 영향을 미치는 것을 의미한다. 하나님의 특별한 위탁과 축복은 종종 자신을 쳐서 훈련하고 정결케 해야 되는데 이는 특별한 성결을 포함하고 있다(참조, 눅 12:47~48; 고전 11:27~32; 히 12:4~11; 벧전 1:7~9; 4:17). 하나님의 사랑이 이처럼 크시기에 하나님의 백성들은 거룩해야만 하는 것이다.

2. 피할 수 없는 심판(3:3~8)

이스라엘의 심판이 불가피했다는 사실을 보여 주고 있다. 우리들의 일상생활 가운데서 종종 두 가지 사건이 불가피하게 연관되어 발생하는 경우가 있다. 이처럼 하나님의 계시가 아모스에게 임한 일과 피할 수 없는 심판이 임하는 것과는 밀접하게 연관되어 있었다.

3:3 연속적으로 이어지는 일곱 가지의 수사학적인 질문들을 통해서(참조, 3~6절) 아모스는 어떤 사건들은 불가피하게 서로 연결되어 있음을 듣는 자들에게 상기시키고 있다(참조, 아모스의 또 다른 일곱 사건들은 2:6하~8, 11~12, 14~16 안에 있다). 첫 번째의 필요한 사건이 먼저 일어나지 않는다면 두 번째 사건은 일어나지 않을 것이다. 즉 첫 번째의 사건이 발생해야 그 다음으로 두 번째 사건이 분명히 일어나게 될 것이다.
첫째, 만약 두 사람이 먼저 만나서, 대화를 나누고, 가는 길에 같이 동행하자고 동의하지 않는다면 두 사람은 함께 길을 가는 일은 없을 것이다.

3:4 둘째, 만약 사자가 먹이를 움키고 잡아야겠다는 생각을 결단하지 않는다면 사자는 정글 속에서 부르짖지 않을 것이다(참조, 삿 14:5). 사자가 한 순간에 먹이를 탈취하기 위해 맹렬히 달려들기 시작한다면 먹잇감은 온 몸이 마비 상태가 되고 결국 공포의 울음소리가 들리게 될 것이다(참조, 1:2의 주해). 셋째, 사자의 굴에서 만족스러워하는 으르렁대는 소리가 들려온다면 사자가 만족스러운 먹이를 잡았다는 사실을 알리는 것이다. 즉 사냥을 성공적으로 마쳤기에 만족스러운 포효를 하는 것이다.

3:5 넷째, 만일 올무에 미끼를 놓아 덫을 설치하지 않는다면 새는 그 올무에 걸리지 않을 것이다. 다섯째, 그 올무에 어떤 것이 잡혀서 당겨주지 않으면 올무는 땅에서부터 튀어 오를 리가 없다. 새나 야생동물이 잡혔다는 말은 올무를 사용했다는 것을 의미한다.

3:6 여섯째, 전쟁을 알리는 나팔 소리가 도시에 울려 퍼지지 않는다면 사람들은 결코 무서워 떨지 않을 것이다. 전쟁이 일어날 것이라는 경고의 나팔 소리는 사람들에게 공포와 두려움을 준다. 일곱째, 주님이 재앙을 일으키시지 않는다면 그 성읍에 재앙이 내릴 수가 없다(참조, 사 45:7). 하나님이 한번 결단하시면 그 결과는 피할 수 없다. 그 재앙이란 역병, 형편없는 수확 혹은 적들의 공격 등이 될 수 있다(참조, 4:6~11). 이런 일들은 하나님이 작정하시는 일이다. 백성들로 하여금 회개하게 하고, 그들의 생활 가운데 하나님이 주권적으로 통치하고 계신다는 사실을 깨닫게 해주며, 구원을 얻기 위해서 하나님을 신뢰할 것을 알게 해준다(참조, 욜 1장).

사건들과 관련된 일곱 가지 예들은 아무런 해가 없이 시작되었으나, 점차 나쁜 징조가 드러나기 시작했다. 처음의 예(3:3)에는 폭력이나 재앙의 요소가 전혀 없었다. 그 다음의 두 예(4절)는 한 동물이 다른 동물을 움켜쥐는 일과 연관되어 있으며, 그 다음의 두 예(5절)는 사람을 동물 먹이를 잡아들이는 정복자로 묘사하고 있다. 마지막의 두 예(6절)에서 사람들은 먼저 도구로 쓰이는 다른 사람들에 의해서, 그 다음으로는 하나님 자신에 의해 압도당하고 만다. 하나님 자신을 인간의 재앙을 주관하시는 분으로 묘사한다는 점에서 볼 때, 이런 불길한 진전은 아모스로 하여금 점층적인 언급을 하게 했다(7~8절).

3:7~8 다른 필요한 사건이 일어나지 않았다면 한 사건이 발생하지 않는 것과 같이, 통치하시는 하나님은 이스라엘 역사와 관련해서 하나님의 비밀을 그 종 선지자들에게 보이지 않고서는 결코 아무 일도 행치 아니하신다. 이러한 계시가 어느 순간 일어난다면, 바로 그때 사자의 포효하는 소리가 들리며 공격이 일어나는 것이다(참조, 1:2; 호 5:14; 11:10; 13:7). 바로

그때 이스라엘을 반드시 심판하신다고 하나님이 말씀하신다.

이스라엘의 역사를 이끌어 가는 주된 변화는 하나님의 계시에 의해서 나타난다. 하나님은 예언자를 통해서 먼저 경고하신다. 그 후 심판을 행하신다. 아히야는 솔로몬 왕국의 분열을 예언했다(참조, 왕상 11:29~39; 이것이 왕상 12:15~20에 성취되었다). 한 무명의 예언자가 요시야 왕의 개혁에 대하여 예언했다(참조, 왕상 13:1~2; 이것은 왕하 23:15~20에서 성취되었다). 아히야는 아비야의 죽음과 여로보암 1세가 세운 왕국의 종말에 대하여 예언했다(참조, 왕상 14:1~16; 이것은 왕상 14:17~18; 15:29에서 성취되었다). 엘리야는 또 아합과 이세벨의 죽음에 대해 예언했고 또 아합의 후손들이 멸절될 것에 대해서도 예언했다(이것은 왕상 21:17~24; 왕상 22:29~37; 왕하 9:30~10:11에서 성취되었다). 엘리야는 또 아하시야 왕의 죽음에 대하여 예언했다(참조, 왕하 1:2~4, 16; 이것은 왕하 1:17에서 성취되었다). 엘리사는 모압이 여호람과 여호사밧에 의하여 패배당할 것을 예언했다(참조, 왕하 3장). 엘리사는 엘리야가 예언했던 아합 왕조의 멸망에 대하여 반복해서 예언하고 있다(참조, 왕하 9:7~10). 여로보암 2세는 기록되지 않은 요나의 예언의 성취로 잃어버렸던 이스라엘 영토를 다시 회복했다(참조, 왕하 14:25).

이사야는 예루살렘을 침입하려던 앗수르가 멸망하게 될 것임을 예언했다(참조, 왕하 19:5~7, 20, 32~34; 이것은 왕하 19:35~37에서 성취되었다). 또한 히스기야 왕의 생명이 연장될 것에 대한 예언도 했다(참조, 왕하 20:1~11). 유다가 바벨론의 포로로 잡혀갈 것에 대해(이것은 왕하 24~25장에서 성취되었다), 이사야가 히스기야 왕에게(참조, 왕하 20:16~18), 무명의 예언자가 므낫세 왕에게(왕하 21:10~15), 여예언자 훌다가 요시야 왕에게(왕하 22:14~20) 예언하였다. 이사야는 고레스가 성전을 재건할 것을 명령하게 되리라고 예언하였다(참조, 사 44:28; 이것은 에스라 1장에서 성취되었다).

주님은 항상 주님의 경륜을 먼저 그의 종인 예언자들에게 나타내셨다. 예언이 수년 전 혹은 수세기 전에 먼저 있을 수 있었다. 하지만, 예언은 꼭 성취되었다. 주님이 당장에 사자의 울음소리와도 같은 진노를 발하시는데 어느 누구라도 그 결과에 대하여 두려워하지 않겠는가? 하나님이 자신의 계획을 아모스에게 나타내셨는데, 예언자 아모스 외에 하나님의 메시지를 전할 사람이 누가 있겠는가?

3. 혹독한 압제(3:9~10)

3:9~10 아스돗(블레셋 지경 안에 있는)과 애굽에서 온 밀사들을 초청하여 사마리아 산 위에 모으고 그 성읍이 무엇과 같은지를 살펴보라고 하는 가상의 전령이 떨어졌다. 불의한 행동들이 판을 치는 나라들로부터 온 고관들(참조, 1:6~8)은 아이러니하게도 이스라엘의 수도에서 무엇을 고찰하고 있는지에 대하여 놀라게 될 것이다. 큰 소요가 그 성읍 안에 있었다. 평화와 질서 대신에 고통과 법 질서를 무시하는 무서운 파괴가 성행하고 있었다. 정의 대신에 폭력과 압제가 판을 치고 있었다. 부자들은 위협과 착취로 개인적인 부를 축적했고, 가난한 자들로부터 탈취한 물건들을 집에 가득 쌓아두었다. 탈취, 전리 등의 단어는 인격이나 소유에 대한 폭행에 관련된 단어로서 '침입과 빼앗음'을 상징하는 것이다. 위협하는 것이 그들에게는 의례적인 것이므로 어떻게 행하는 것이 즉, 무엇이 바르고 정직하고 공평한 것이며, 옳은 일인가에 대하여 결코 알 수가 없었다.

초대장은 이웃 나라의 궁궐들(참조, 3:9)에게로 보내졌다. 궁궐이라는 것은 보통의 집들보다는 훨씬 높은 건물을 뜻하는 것이다. 이것은 여러 층의 건물로써 위험으로부터 방어하는 구실을 담당하며 이 건물 자체가 성읍의 방어 체제의 한 부분이 되기도 했다. 궁궐은 보통 방어하는 부분으로서의 요새를 그 안에 포함하고 있었다(참조, 왕상 16:18; 왕하 15:25에 나오는 '호위소'를 참조하라). 건축물들은 부자들과 지배 계급들이 주거하는 건물로 사용되기도 했다(참조, 렘 9:21). 주거 방벽들은 국가의 자랑(참조, 6:8)이요, 부와 세력의 상징이었기에 하나님의 진노를 발하시는데 있어 특별한 초점이 되기도 했다(참조, 1:4, 7, 10, 14; 2:2, 5).

아모스는 아스돗과 애굽의 궁궐로부터 온 고관들을 사마리아로 소환했다. 고관들로 하여금 이스라엘의 요새에 살고 있는 자들이 억압당한 자들을 착취하여 부를 축적하는 정도가 그들보다 더하다는 것을 목도하도록 했다. 아모스의 고소는 바울이 고린도전서 5장 1절에서 말하고 있는 것처럼 이교도들 사이에서조차 일어나지 않는 죄악들이 하나님의 백성들 사이에 자행된다는 것이다.

4. 다가올 재앙(3:11~15)

발전해 나가는 세 가지 선포 속에서 아모스는 이스라엘의 말할 수 없는 압제 때문에 다가올 재앙을 펼쳐 보여주고 있다(참조, 3:9~10).

3:11 통치하시는 주님께서 한 적군이 침입하여 나라의 방벽들을 내리 무너뜨려 버리면서 땅을 온통 짓밟아 버릴 것이라고 말씀하셨다. 약탈을 일삼던 궁궐들(참조, 3:10)이 약탈을 당할 것이다.

3:12 아모스의 말을 듣던 많은 사람들은 이스라엘 족속들은 건짐을 받을 것이라고 주장했다. 그들은 하나님의 말씀에 반대 의사를 명백히 드러냈다. '건져내다'라는 단어(이것은 NIV에서 보통 '구원하다' 혹은 '구조하다'로 번역하고 있다)는 하나님이 이스라엘을 구하고 지켜주시는 것을 묘사하는 것이다(참조, 출 3:8; 18:9~10; 시 54:7; 69:14; 렘 15:21; 미 4:10). 아모스의 말씀을 듣는 자들은 하나님이 그들을 재앙으로부터 구해 주실 것이라고 생각하는 잘못된 믿음을 가지고 있었다. 그들이 가지고 있는 그릇된 희망을 떨쳐버리도록 아모스는 주님이 하신 말씀을 재차 반복하였다.

즉 '구원받을' 이스라엘은 마치 목자가 사자 입에서 양의 두 다리나 귀 조각을 빼내어 건져내는 것과 같을 것이라는 말씀이다. '구원받은' 증거의 작은 조각들은 목자가 한 마리의 양을 잃어버리거나 팔아 넘겨 버리지 않았다는 것을 증명하는 것이 아니다. 맹수의 먹이로서 그야말로 갈기갈기 찢기워졌다는 것을 말하고 있는 것이다(참조, 출 22:10~13. 참조, 창 31:39). 구원함을 받은 정강이 뼈와 귀 조각은 구원이 늦어져서 그 동물이 사자에게 거의 먹혔음을 입증해 주는 것이다. 방탕하게 침상이나 자리에 누워서 빈둥거리는 사마리아의 이스라엘 족속들은, 구원을 반신반의하면서 아모스의 메시지를 놓쳐버리는 과오를 범하지 말아야만 했다. 이스라엘은 비참한 모습으로, 거의 대부분이 삼킴을 당할 것이다.

3:13~15 하나님은 그들 조상들에게 명하신 것을 상기시키기 위해서 족장의 이름을 사용하시면서 북 왕국을 야곱의 족속이라 부르고 계신다(참조, 6:8; 7:2, 5; 8:7; 9:8). 과거에 하나님은 그들 편에서 싸우신 장수였다. 그러나 이제 하나님은 그들의 죄를 벌하시기 위해서 다른 대적들을 이

끄실 것이다(계명을 범하는 것으로써의 '죄'(페사[פשע])에 관해서는 1:3의 주해를 참조). 전능하신 하나님(문자적으로 '만군의 하나님', '군대의 장')은 가장 무서운 용사로 불린다. 이스라엘의 범죄를 묘사하고 있는 이 장들에서 주님은 반역자를 벌하는데 있어 저항할 수 없는 힘을 지닌 절대 영주와 같은 존재로 거듭 묘사되고 있다(참조, 3:13; 4:13; 5:14~16, 27; 6:8, 14).

그들을 벌하는 데 있어서 하나님은 벧엘의 제단(참조, 9:1)을 부수어 버릴 것이었다. 벧엘은 여로보암 2세의 왕실 지성소였으며(참조, 7:10~13) 이스라엘에서 가장 유명한 종교적 장소였다(참조, 4:4; 5:5). 여로보암 1세에 의해서 황금 송아지가 세워졌던 장소 같이(참조, 왕상 12:26~30; 호 10:5) 그곳의 제단들은 이스라엘이 하나님을 끊임없이 반역하였다는 것을 상징하고 있었다. 이 제단들의 모퉁이에는 뿔들이 나와 있었다. 도망자들은 그들을 잡으러 오는 사람들에게 보호권을 주장하기 위해서 이 뿔들을 잡을 수 있었다(참조, 왕상 1:50; 2:28; 출 21:12~13). 살인자들은 보호를 받을 수 없었고 제단에서 잡아 내려져 죽임을 당했다(참조, 출 21:14). 이스라엘의 죄악이 너무나 컸기 때문에 그들이 보호권을 주장하는 수단을 제해 버릴 작정이셨다. 그들을 대적하여 침노하는 적으로부터 피신할 지성소는 아무 데도 없을 것이다.

하나님은 그들의 종교적인 중심지를 훼파하실 뿐만 아니라 상업적인 착취를 통해서 만들었던 화려한 가옥들도 산산조각으로 부수어 버리실 것이다. 한때는 왕만이 겨울 저택과 여름 저택을 가질 수가 있었다. 예를 들면 9세기에 아합은 사마리아에 있는 저택 이외에 이스르엘의 평원에 겨울왕궁을 가지고 있었다(참조, 왕상 21:1). 화려한 저택은 상아로 장식되었고 화려한 가구들로 치장하였다(참조, 6:4). 이러한 것은 왕들이나 할 수 있었다(참조, 왕상 22:39; 시 45:8). 그러나 부정부패(참조, 잠 10:2)로 재산을 모은 이스라엘의 상류계급도 이와 같은 저택을 지었다. 이 모든 것들은 이스라엘을 심판하시는 하나님의 날이 이를 때에는 전부 다 파괴되고 말 것이다.

B. 두 번째 메시지(4장)

두 번째 메시지에서 아모스는 하나님이 경제적인 착취를 일삼는 상류계층의 부녀자들이 포로로 잡혀가게 될 것임을 선포했다. 하나님의 계속적인 책망에도 불구하고 종교적인 위선을 일삼으며 완고하게 회개하기를 거부하는 나라를 심판하실 것을 선포했다.

1. 경제적인 착취(4:1~3)

4:1 상류계층의 부녀자들은 '바산의 암소'라고 불리었다. 요단 건너편 긴 네렛(갈릴리) 바다의 동쪽에 있는 바산은 풍부한 초장으로 유명하였으며(참조, 렘 50:19; 미 7:14), 잘 길러진 가축들로도 유명한 지역이었다(참조, 겔 39:18; 시 22:12). 아모스는 그들의 남편들이 부인들에게 독한 술을 주고 있다고 주장한다. 부인들도 똑같이 흥청거린다고 고발하고 있다. '가장'이라고 표현된 말은 히브리어로 일반적으로 가장을 뜻하는 말이 아니고, 좀처럼 쓰이지 않는 '주인' 혹은 '주님'을 뜻하는 말이다(참조, 창 18:12; 시 45:11). 아모스는 주인으로 추정되는 남편들을 꾸짖고 있는 것이 아니다.

종들처럼 순전히 아내들에게 복종하는 남편들에게 꾸지람하고 있는 것이다. 상류층의 부인들이 가진 고급스러운 입맛을 충족시키는 유일한 방법은 가난하고 궁핍한 자들을 착취하는 것이다(참조, 암 2:6~7; 5:11~12; 8:4~6. 또한 4:1에서 부녀자들이 압제를 가하고 있다고 말하고 있지만 사실은 그들이 남편을 지배하고 조종함으로써 그런 일을 자행하고 있는 것이다). '학대한다', '압제한다'라는 단어는 힘없는 사람들을 짜내기 위해서 위협하고, 물리적으로 폭행을 하여 직접적인 피해를 입히는 것을 묘사하고 있다.

4:2~3 하나님은 자신의 노가 얼마나 맹렬하며, 그들이 벌 받는 일이 얼마나 분명한가를 보여주시고자 했다. 상류사회의 부녀자들은 모두가 포로로 잡혀가든지 죽임을 당할 것에 대하여 하나님의 거룩하심을 두고 맹세하였다. 하나님의 선고는 절대 바뀔 수 없는 실재임을 맹세하셨다(참조, 6:8). 적군이 성읍을 아수라장으로 만들어 버리고 포로로 잡아갈 것이다. 완전히 파괴되어 버리고 벽들 가운데 무너진 곳이 많아서 상류층의 부녀자들은 다른 사람들과 더불어 비상문을 향하여 도망갈 수가 없을 것이다. 부녀자들은 성읍 밖으로 곧장 내버림을 당할 것이다. 바깥에서는 갈고리가 달린 줄로 결박을 당하여 앗수르의 포로로 끌려갈 것이다. 끌려가는 것을 방해하거나 거부하는 자는 고기작살에 찍혀서 시장으로 팔려가는 고기처럼 강제적으로 큰 작살에 찍혀 제거되어 버릴 것이다. 이렇게 수모를 당하다가 하르몬 가까이에 행군 소리가 가까이 들려오면 그들은 시체와 같이 버림을 당할 것이다(참조, 8:3; 왕상 13:24~25; 렘 14:16 '버림을 당하다'라는 표현은 죽은 시체를 처리하는 것을 묘사하는 것이다). '하르몬'은 앗수르로 가는 도상에 있는 바산 지역의 북쪽 첨단에 위치한 헤르

몸을 말하는 것일지도 모른다. 만약 그렇다면 무서운 아이러니가 그들의 운명을 덮치고 있는 것이다. '바산의 암소'(참조, 암 4:1)는 바산에서 죽은 고기로 끝장이 날 것이다.

2. 종교적인 위선(4:4~5)

4:4~5 4절은 제사장이 순례자들에게 권고하는 것을 비꼬아서 하는 말씀이다. 일반적인 초대는 "지성소에 가서 경배하는 것"이다(참조, 시 95:6; 96:8~9; 100:2~4). 아모스는 빈정대는 어투로 이스라엘로 하여금 죄를 더하기 위하여 벧엘과 길갈로 갈 것을 권고하고 있다(예컨대 그들이 하나님과 세운 계약을 깨뜨리기 위해서 말이다. '죄'에 관한 주해를 원하는 사람은 암 1:3을 참조하라). 벧엘은 북 왕국의 중심 성소였으며 그곳에서 왕이 예배를 드렸다(참조, 3:14의 주해). 길갈은 이스라엘이 약속의 땅에 먼저 들어간 일을 기념하는 돌들이 있는 곳이다(수 4장). 길갈은 기원전 BC 8세기에 순례와 희생제물을 드리는 중심지였다(참조, 5:5; 호 4:15; 9:15; 12:11).

아모스는 이스라엘 족속들에게 모든 희생제물을 이 성소로 가져와서 열심히 바치라고 명했다. 희생제물이란 짐승을 죽여서 바치는 것으로서 거룩한 음식의 한 부분으로 태워졌다(참조, 삼상 1:3~5). 수확물의 십일조는 가난한 자들을 돕기 위해서 매 3년마다 따로 떼어 두었다(참조, 신 14:28~29; 12:4~7; 14:22~27에 정규적인 십일조를 성소에 도착한 지 사흘 되는 날에 드리는 관습과 연관하여 암 4:4을 다르게 해석할 수도 있다). 감사제물을 드리는 목적은 축복을 내려 주시고 기도를 들어주신 데 대한 감사를 표현하기 위한 것이다(참조, 레 7:11~15). 자원하여 드리는 예물은 자발적이고 즐거운 마음에서 드리는 것으로 하나님께 드리는 참된 헌신의 표시다(참조, 레 7:16; 22:17~19).

아모스가 책망했던 이 모든 제사들은 진실성이 없는 위세로 변하고 말았다. 사람들이 행하는 모든 종교적인 행위는 다른 이들에게 보이기 위한 것이지 하나님과의 교제를 위한 것이 아니었다. 이스라엘 족속들은 그들의 헌신에 대하여 자랑했지만 일상의 행위들은 그들이 드리는 제사의 정신과는 위배되는 것이었다.

그들이 드리는 십일조의 일부는 훔친 땅에서 소출된 것들이었다. 그들이 드리는 짐승들은 부정하게 빼앗은 초장에서 풀을 먹고 자라 살이 찐 짐승들이었다. 그들의 경배는 위선적으로 하나님과의 계약을 파기하고 얻게 된 열매들로 드리는 것으로써 하나님의 뜻에 어긋나는 것이었다(참조, 사 1:10~20; 미 6:6~8).

3. 회개하기를 거부함(4:6~13)

하나님이 그들이 돌아오기를 여러 번 촉구하고 계셨음에도(6~11절) 백성들은 경제적인 착취 행위와 종교적인 위선 행위를 지속해 나갔다. 그들이 끝내 하나님께로 돌이키지 않았기 때문에 하나님은 최후의 심판을 내리기 위해서 그들에게로 오실 것이다. 그들은 그들의 하나님을 대면할 준비를 해야만 했고(12절) 하나님의 무서운 심판을 피할 수 없게 되었다(13절).

4:6 고대 근동의 계약들은 군주가 백성들이 충성치 아니하고 불복종한 데 대한 저주와 벌을 내리는 일에 대하여 상세히 기록하고 있다. 6~11절

은 하나님이 그의 백성들을 당신께로 돌이키시려고 모세의 율법의 징계 조항들을 백성들에게 어떻게 실행하셨는가를 기록하고 있다. 레위기 26장과 신명기 28~29장에서는 백성들이 계약을 위반한 대가로 하나님은 기근(참조, 암 4:6), 한발(4:7~8), 부실한 수확(4:9), 재앙(4:10), 전쟁에서 패배하는 일(4:10) 등을 사용하신다고 경고했다. 솔로몬 역시 하나님은 백성들을 죄악으로부터 돌아서게 하기 위하여 이러한 방법들을 사용하신다고 예언하고 있다(참조, 왕상 8:33~37). '징계 조항들'의 도표는 아모스 4장 6~11절에 등장하고 있는 징계의 내용과 레위기 26장, 신명기 28~29장 그리고 열왕기상 8장에 예언되어 있는 재앙들을 잘 비교해 주고 있다.

하나님은 이러한 재앙들을 통해서 백성들이 회개하고 돌아설 것을 바라고 계셨다. 그러나 이스라엘은 그것을 거부하였다.

약속된 징계 조항들				
징계	아모스	레위기	신명기	열왕기상
기근/굶주림	4:6	26:26, 29	28:17, 48	8:37
한발	4:7~8	26:19	28:22~24, 48	8:35
황충/깜부기	4:9	26:20	28:18, 22, 30, 39~40	8:37
메뚜기 재앙	4:9	-	28:38, 42	8:37
	4:10	26:16, 25	28:21~22, 27, 35, 59~61	8:37
전투에서의 패배	4:10	26:17, 25, 33, 36~39	28:25~26, 49~52	8:33
황폐	4:11	26:31~35	29:23, 28	-

다섯 번이나 거듭하여 하나님의 권고를 거부하는 일은—"그러나 너희가 내게로 돌아오지 아니하였느니라"(참조, 암 4:6, 8~11절)—백성들의 완고함을 강조하고 있다. 이렇게 계속적으로 하나님의 권고를 거부하다가

점차 쌓여서 무거운 죄악으로 변하고 말았다. 끝끝내 심판은 피할 수 없게 되었다.

하나님이 그들에게 텅 빈 배를 움켜쥐게 내버려 두셨다(문자적인 의미는 "이빨을 깨끗하게 하셨다"는 뜻이다. 즉 아무것도 씹지 못하게 되는 상태). 굶주림과 기근이 온 땅, 즉 모든 성읍과 도시들에 가득하여 백성들은 더욱더 고통을 겪었다. 그러나 그들은 하나님께로 돌아오지 않았다.

4:7~8 여름 농사에 꼭 필요한 것은 이른 봄비다. 하나님은 이른 비를 내려 주시지 않았다. 이로 인해 한발이 나타났다. 이 징계는 모든 지역에서 동시에 일어나는 것이 아니었다. 어떤 성읍에서는 비가 오지 않아도 또 다른 성읍에서는 비가 내렸다. 어떤 지역에서 비가 내릴지는 알 수 없었다. 또 다른 어떤 지역에서 샘들과 저수지들이 바싹 말라 버렸다. 사람들은 마실 물이 없어서 기진맥진하여 물을 찾아서 이 도시에서 저 도시로 옮겨 다녔다. 하나님이 그들에게 심판을 내리시는 반면에 다른 도시에는 은혜를 베푸시는 것을 보며 그들은 하나님의 역사하심에 대하여 깊이 생각하고 돌이켜야 했다. 그러나 그들의 마음은 완고하여서 하나님 앞으로 돌아가는 것을 거부하고 말았다.

4:9 하나님은 그들의 농토에서 자라나는 채소와 과실들을 강타하셨다. 포도밭의 포도 열매들을 내리치셨다. 농작물들은 해충이 들끓었고, 과실과 곡식이 열매를 맺기도 전에 죽고 시들어 버렸다. 하나님은 아라비아 사막에서 불어오는 열풍을 다스려 그들에게 내리치셨다(참조, 창 41:6, 23, 27; 왕하 19:26). 기생충과 깜부기가 생겨나게 해서 푸르던 잎사귀들이 노랗게 변하고 말았다. 팥중이가 무화과나무와 감람나무의 잎사귀를 모조

리 갉아먹어 버렸다(참조, 욜 1:1~7). 그러나 이 모든 일들을 보면서도 그들은 회개하려 하지 않았다.

4:10 전쟁은 온 나라에 재앙과 죽음을 몰고 왔다. 사람들은 안전하게 여기는 방벽을 쌓은 성읍에 모여들었다. 그곳에는 전염병들이 생겨났고 곧 퍼져 나갔다. 아모스서에서의 애굽에 대한 '재앙들에 대한 언급은 출애굽 당시와 비슷한 점이 많다. 출애굽 당시 애굽의 가축들을 치신 것과 유사하다는 사실을 상기시킨다(참조, 출 9:1~7). 아모스 4장 10절에 언급된 군사적인 장면과 '전염병'이라는 단어는 인간들 사이에 번져나가는 질병으로 생각하기 쉽다(참조, 출 5:3; 9:15; 레 26:25; 렘 14:12; 21:7, 9; 겔 5:17; 14:19). 여기에서 말하는 '전염병'은 쥐들이 벼룩을 통해서 인간에게 옮기는 선(腺)페스트일 가능성이 제일 크다. 애굽에 대한 언급은 애굽에서 일어났던 재앙들과 같은 것들로 해석하면 가장 좋을 것 같은데, 이것은 그 나라를 주기적으로 덮쳤던 악명 높은 질병에 대한 언급이다(참조, 신 7:15; 28:27, 60).

전투를 벌이는 동안에 하나님은 그들 가운데 젊은 용사들과 전투력을 발휘할 수 있는 용맹한 사람들을 죽이셨다(적으로 하여금 죽이도록 하심). 말들과 마병들은 사로잡혀 버렸다. 그들의 진영은 대학살로 말미암아 죽은 자들과 썩어가는 시체들이 풍기는 악취로 코를 찔렀다. 그러나 그때까지도 이스라엘은 하나님께로 돌이키지 않았다.

4:11 종국적으로, 하나님은 그들의 성읍들 가운데 소돔과 고모라를 멸망시킬 때처럼 모조리 불태워 버리셨다(참조, 창 19:23~29; 신 29:22~23). 군대들이 포위하여 너무나 철저하게 파괴시켜 버렸기 때문에 어떤 성읍

들은 그 흔적마저도 없이 불타 없어지고 말았다. 나라 전체가 존재조차도 사라질 절체절명의 순간을 맞이했다. 가까스로 불붙는 가운데서 빼낸 나무 조각과도 같이 위기를 모면하고 있을 뿐이었다. 그러나 이러한 일조차도 완고한 그들에게는 별 소용이 없는 일이었다.

4:12 이스라엘이 이처럼 하나님의 징계를 가볍게 여기고 죄를 지으며 반역을 계속했기에 하나님은 이스라엘의 심판을 선고하실 것이다. "내가 이와 같이 네게 행하리라"고 말씀하시는 것은 3장 11~15절에 예언했다. 하나님이 온 땅을 황폐하게 휩쓸어 버리시겠다는 것이다. 하나님은 그들로 하여금 이 무서운 순간을 맞이할 준비를 하도록 명령하셨다. "이스라엘아 네 하나님 만나기를 준비하라."

어떤 이들은 '준비하다'라는 단어를 재앙이 임하기 전에 회개하도록 촉구하는 것으로 이해하고 있다. 그러나 그 단어는 종종 전쟁을 준비하는 데 사용되고 있기 때문에(참조, 잠 21:31; 렘 46:14; 겔 38:7; 나 2:3, 5), "하나님 만나기를 준비하라"는 말은 치열하게 정면 대결을 하기 전에 군대를 잘 정비하라는 뜻으로 받아들이는 게 가장 합당할 듯하다. 이스라엘은 하나님의 최후의 심판에 직면하고 있었다.

4:13 아모스는 하나님이 무서운 심판을 내리기 위해 가까이 오시는 것을 폭풍우가 불어오며 점점 어둠이 더해가는 일에 비유하였다. 산들을 지으시고 바람을 창조하신 분께서 아침을 어둡게 하셨다. 어둠이 땅을 뒤덮기 위해서 몰려들자 이른 새벽은 무시무시한 어둠으로 되돌아가 버리고 말았다. 번개가 치고 하늘에서 번쩍이는 불빛이 나고 천둥소리가 진동하는 것은 하나님이 북쪽의 수도에 임하셨듯이 이 꼭대기에서 저 꼭대기를

'짓밟으시려는' 험악한 징조를 의미했다(참조, 미 1:3~5). 하나님은 그의 생각을 인간에게 계시하셨다. 즉 심판하시려는 뜻을 밝히 드러내셨다(참조, 암 3:7). 이제 하나님은 전능하신 주 하나님으로서(참조, 3:13의 주해), 하늘과 땅의 권세들을 주관하시는 분으로서 일을 시작하셨다. 그들에게 내려질 심판은 불가피한 것이다.

C. 세 번째 메시지(5:1~17)

아모스의 세 번째 메시지(5:1~17)와 네 번째 메시지(5:18~27)는 하나로 꿰뚫고 있는 진리를 조명하기 위해서 병렬적으로 배치되어 있다. 나라는 주권자이신 하나님으로부터 심판을 받을 지경이었으나 여전히 백성들은 돌이키지 않았다.

각 메시지는 대구적인 표현을 사용하고 있는데, 그 속에서 먼저 나온 구절의 주제가 다음에 나오는 구절 속에서 역순으로 반복되고 있다.

  a. 주제 1
    b. 주제 2
      c. 주제 3
      c′. 주제 3(반복)
    b′. 주제 2(반복)
  a′. 주제 1(반복)

때때로 중간 부분의 주제가 반복되지 않은 경우도 있다.

대구적인 구조 속에서는 두 번째 혹은 중간의 주제가 반복이 되든지 안 되든지 간에 그것들은 전체 메시지의 중심적인 초점으로 부각되고 있다. 아모스의 세 번째 메시지에 있어서 이 중심적인 초점은 능력으로 주관하시는 하나님께 맞추어져 있다.

  a. 확실한 심판에 대한 묘사(1~3절)
    b. 개인적인 회개를 촉구함(4~6절)
      c. 법적인 불의에 대한 고발(7절)
        d. 통치하시는 하나님에 대한 묘사(8~9절)
      c'. 법적인 불의에 대한 고발(10~13절)
    b'. 개인적인 회개를 촉구함(14~15절)
  a'. 확실한 심판에 대한 묘사(16~17절)·

네 번째 메시지의 중심적인 초점은 개인적인 회개를 촉구하는 것이다.

  a. 확실한 심판에 대한 묘사(18~20절)
    b. 종교적인 위선에 대한 고발(21~22절)
      c. 종교적인 회개를 촉구함(23~24절)
    b'. 종교적인 위선에 대한 고발(25~26절)
  a'. 확실한 심판에 대한 묘사(27절)

이 두 메시지는 모두 전체를 꿰뚫고 있는 하나의 진리를 드러내 주고 있다. 즉 능력으로 통치하시는 하나님이 법을 무시하고 불의를 행하고 종교적인 위선 행위를 계속하는 나라 전체를 심판하실 것이나 지금이라도 회개하고 하나님을 찾는 자는 개별적으로 생명을 주실 것이라는 것이다.

1. 확실한 심판에 대한 묘사(5:1~3)

5:1 아모스는 백성들로 하여금 그들의 죽음 때문에 애통해 하는 그의 애가를 들도록 권고하고 있다. '애가'는 통상 친척이나 친구, 지도자가 죽었을 때 장례를 치르면서 부르던 슬픈 곡조의 시였다(참조, 삼하 1:17~27; 3:33~34; 대하 35:25). 예언자들은 또한 성읍과 백성들과 나라가 죽음에 직면했을 때도 이 시적인 형태를 사용하였다(참조, 렘 7:29; 9:10~11, 17~22; 애; 겔 19; 26:17~18; 27:2, 32; 28:12; 32:2). 비록 이스라엘이 여로보암 2세의 영도 하에 번영을 누리고 있었지만 그들에게 내려질 심판이 너무도 명확했기 때문에 아모스는 마치 그 일이 일어난 것처럼 슬퍼하고 있는 것이다. 이것을 듣는 자들에게 아모스의 슬픈 통곡은 마치 신문 기사에서 자신의 사망 기사를 읽는 것처럼 귀에 거슬렸을 것이다.

5:2 "처녀 이스라엘이 엎드러졌음이여." 청춘의 원기로 만발했던 것으로 여겨졌던 이 나라가 죽음을 목전에 두고 엎어지고 말았다. 장례식에서 부르는 노래에 나오는 '엎드러지다'라는 단어는 '검으로 말미암아 엎드러짐'을 뜻한다(참조, 삼하 1:19, 25, 27; 3:34; 애 2:21). 이스라엘은 전투를 벌이다가 자신의 영토에서 죽임을 당했다. 시체들은 이리저리 뒹굴었고 하나님은 내버려 두셨다. '내버려두다'라는 단어는 종종 하나님이 그의 백성들을 방치해 두거나 포기하실 때 사용되었다(참조, 삿 6:13; 왕하 21:14; 사 2:6). 이스라엘을 일으켜 줄 사람은 아무도 없었고, 이스라엘에게 생명을

회복시켜 줄 자도 아무도 없었다(참조, 삼상 2:6; 호 6:2; 암 9:11. '일으켜 세우다'란 말은 하나님이 생명을 회복시키심을 묘사하는 것이다). 이스라엘에게 도움을 주실 수 있는 하나님인데 스스로 이스라엘을 단념하셨기 때문에 이스라엘은 엎드러졌고 결코 다시 일어설 수가 없었다.

5:3 이스라엘의 군사들은 형편없이 죽어 갔다. 천 명씩 혹은 백 명씩 군대를 파견했던 성읍들과 도시들은(참조, 삼상 17:18; 삼하 18:1, 4) 전쟁에 나갔다가 10%만 살아 돌아오는 것을 목격했을 뿐이었다. 군대가 만약 절반의 병사를 잃는다면 계속 버티며 싸움할 수가 있다(참조, 삼하 18:3). 하지만 90%에 달하는 병사가 전사했다면 그 나라는 이미 전쟁에서 사형 선고를 받은 것과 다름이 없다. 아모스는 이스라엘이 소멸되어 버릴 것에 대하여 비통해 하고 있었다.

2. 개인적인 회개를 촉구함(5:4~6)

5:4~5 나라에 심판이 내려질 것은 불을 보듯 뻔한 일이다. 개별적으로 하나님을 찾는 자는 구원을 얻어 살아날 수가 있었다(6절). 그러나 그들은 성소에서 하나님을 찾지 않았다. 왜냐하면 이 성소들도 이미 저주받은 운명이었기 때문이다(3장 14절과 4장 4절에 설명한 바 있는 벧엘과 길갈을 참조하라). 브엘세바는 유다 지경의 남쪽에 위치하고 있었다. 분명히 이스라엘 족속들은 부족들끼리 연합하여 이룬 성소에서 예배드리기 위해서 국경을 넘어왔다(참조, 창 21:31~33; 26:23~25; 46:1~4). 가나안 땅에 들어갈 때 기념비를 세운 바 있던 길갈(참조, 수 4장)이 이제는 나라를 두고 잡혀가는 상징으로 변하고 말았다. 그리고 '하나님의 집'인 벧엘은

'아무 것도 없는 집' 혹은 '정신이 빠져 나간 집'이란 뜻을 가진 벧아웬으로 변하고 말았다. 히브리어에 있어서 성읍들의 이름 가운데 마지막 부분에 '엘'이 붙으면 하나님을 의미하게 되는데 아모스는 이것을 '아웬'으로 바꾸어서 표현하고 있다(참조, 호 4:15; 5:8; 10:5). 이 말은 능력을 상실한 사악한 영을 묘사할 때 사용하는 단어로서(참조, 사 41:22~24, 28~29) '없음, 텅 비어 있음, 존재가 없음'이란 뜻을 가지고 있다. 이렇게 비꼬는 아모스의 말은 사람들의 마음을 찔렀을 것이다.

5:6 하나님이 찾으라고 명령하시는 것(참조, 4절)은 백성들이 의식적인 예배만 드릴 것이 아니라 선을 행하고 악을 미워함으로(참조, 14~15절) 하나님께로 돌아설 것을 의미하는 것이다. 그러면 살 수가 있다. 즉 침입자들의 꺼지지 않고 맹렬하게 타는 불이 요셉의 집(북 왕국)을 온통 휩쓸어 버릴 때, 하나님을 찾는 자들은 하나님의 긍휼 가운데 남은 자로서 구원 받을 수 있다는 것이다(15절).

3. 법적인 불의에 대한 고발(5:7)

5:7 7절은 문법적으로 10~13절과 연관되어 있으며 또 10~13절의 내용을 잘 반영해 주고 있다. 8~9절의 말씀은 심판하시는 하나님의 무서운 능력에 초점을 맞추고 있다. (참조, C. 세 번째 메시지[5:1~17] 부분의 주해)
　하나님이 심판을 내리시는 첫 번째 이유는 법정에 만연해 있는 부패성 때문이었다. 법정의 관리들은 정의를 쓴 쑥으로 바꾸어 공의를 땅에 던져 짓밟아 버렸다. 정의는 해당 사건에서 누가 옳은지, 무엇이 옳은 가를 판단하여 바르게 선포하도록 사법적인 절차를 수행할 수 있게 하는 것이다. 공의라고 하는 것은 이러한 목적을 지향하면서 그 사건에 관련된 사람에게 바르게 처리해주는 것을 뜻한다. 의인은 결백한 사람인데도 불구하고 그릇되게 고소를 당해, 고통당하는 사람을 기꺼이 변호해 주려고 했다. 정의(justice)라고 하는 것은 그러한 행위를 말하며 공의(righteousness)라고 하는 것은 의로 말미암아 생겨난 결과를 뜻하는 것이다.

궁핍한 자를 위하여 옳고 의로운 일을 행하는 것은 인간 행위에 있어서 보석과 같이 귀한 것이었으며(참조, 잠 1:3; 2:9; 8:20; 사 1:21; 5:7; 28:17), 그것은 하나님과의 특별한 관계임을 입증했다(참조, 창 18:19; 시 72편; 렘 22:15~17). 정의와 공의는 희생제물을 드리는 일이나 예배를 드리는 행위보다 꼭 있어야 하고 해야만 하는 것이다(참조, 잠 21:3; 암 5:23~24). 법정에서는 의와 정의의 기준이 결정적인 역할을 했던 것이다. 법정에서 사회의 소외된 약자들이나 돈 없고 권세 없는 자들이 압제당하는 일로부터 보호를 받고 법 아래서 공정한 재판을 받을 수 있었던 것이다.

이스라엘은 욕심을 채우는 일을 통해서 정의를 쓴 쑥으로 바꾸어 버렸다. 쓴 쑥은 매우 쓰며 유독성이 강하다(참조, 6:12; 신 29:18; 렘 9:15; 23:15). 그러니까 법적인 체제 자체가 잘못된 부분을 고쳐주지 못했다. 고통 당하는 부위를 회복시켜 주는 약용 식물처럼 기능하지 못했다. 대신에 나라 안에 독을 끼치는 치명적인 역할을 하게 되었던 것이다. 독성이 번져나가는 데 대한 묘사는 5장 10~13절에 계속 이어진다.

4. 통치하시는 하나님에 대한 묘사(5:8~9)

5:8~9 아모스는 인간들의 이러한 그릇됨을 고발하고 있다. 우주의 만물을 움직이시는 하나님이시며 인간의 온갖 불의를 뒤엎어 버리시는 분도 하나님이심을 묘사하고 있다.

묘성과 삼성을 만드신 분(참조, 욥 9:9; 38:31-해가 진후에 삼성이 떠오르는 것은 겨울이 시작됨을 알려 주는 반면에 동이 트기 전에 묘성이 떠오르는 것은 봄이 다시 돌아옴을 알리는 것이다), 사망의 그늘을 아침으로 바꾸시고 낮을 밤으로 바뀌게 하시면서 밤낮의 24시간을 주장하시는 분, 물을 증발케 하셔서 바다의 물을 다시 모아지게 하시고 그 물을 온 땅으로 나아가게 하시면서 자연의 현상들을 주관하시는 분-이 모든 우주 전역의 위대한 통치는 바로 이스라엘과 계약을 맺으신 하나님에 의해서 이루어지는 것이다. 그 이름은 여호와이시다. 그리고 그분께서는 이스라엘이 그 계약을 충실히 이행하는지에 대하여 심판을 내리실 것이다.

하늘에서 변함없이 통치하시는 이러한 하나님이 땅도 또한 통치하신다는 것은 당연한 일이다. 아무 것도 그분의 훼파하시는 역사를 가로막아 설 수가 없었다. 아무리 강한 성벽이라 할지라도, 아무리 요새화된 성읍이라 할지라도 이것을 피할 수 있는 것은 아무 것도 없었다.

5. 법적인 불의에 대한 고발(5:10~13)

5:10~13 10~13절은 7절에서 시작된 책망을 계속하고 있다. 1~17절의 대규모 교차 대구법(Chiasmus) 속에서 10~13절의 말씀은 다시 그 안에서 교차 대구법을 형성하고 있다.

a. 의로운 사람들을 협박함(10절)
      b. 가난한 자들을 짓밟음(11절상)
         c. 계약에 나타나 있는 죄악에 대한 심판(11절하~12절상)
      b′. 가난한 자들을 짓밟음(12절하)
   a′. 의로운 자들을 협박함(13절)

그들은 불법적인 것을 법정에서 행하는 열심이 지나쳤기 때문에 그들의 불의를 책망하는 어떠한 의로운 심판도 몹시 싫어했으며, 결백한 자를 변호하면서 진리를 증언하는 이에 대해서도 경멸했다(10절; 7절에 대한 주해 참조). 그들의 악독함과 협박이 너무 심했기 때문에 많은 사람들은 이러한 시기에는 침묵을 지키는 것이 오히려 유익한 것이라 생각하고 있었다(13절).

꾸짖거나 반대하는 세력들로부터 아무런 구애도 받지 못하게 된 압제자들은 뇌물을 취하거나 가난한 자들로부터 정의를 수탈하면서 그릇된 재판을 자행했던 것이다(12절하; 다음의 하나님이 주신 계약법과 비교해 보라. 출 23:8; 신 16:18~20. 참조, 삼상 12:3). 부유한 토지 소유자들은 법적인 절차들을 교묘히 이용해서 가난한 자들을 짓밟고 땅을 빼앗았으며 그들이 계속해서 그 땅의 소작농으로 남아있게 하려고 농작물에 높은 과세를 강제적으로 매겨 버렸다(참조, 암 5:11상; 이것도 출 23:2, 6. 참조, 암 2:6~7; 4:1; 사 10:1~2에 나온 하나님과 맺은 계약법과 위배되는 것이었다).

하나님은 얼마나 많은 사람들이 계약법을 범하는지를 알고 계셨다(페사 [פשע]: 계약의 법을 어기는 것; 암 1:3의 주해 참조). 하나님은 그들의 죄가 얼마나 무거운가를 알고 계셨다(문자적으로는, 그들의 행동이 하나님이 세우신 기준에서 얼마나 빗나가는가이다). 그러기에 그들이 왕들을 위하여 돌로 호화 주택을 짓고 이전에 가난한 자들의 소유였던 포도원을 빼앗아 포도나무를 무성하게 심었다 할지라도, 결코 그들이 그 집에서 살거나 포도주를 마시지 못할 것이다(참조, 암 5:11하~12상).

그들을 통치하시는 주님께서는 계약의 법에 불복종하는데 대해서 약속하신 벌을 내리실 것이다(참조, 신 28:30, 38~40. 참조, 미 6:14; 습 1:13; 암 1:2; 4:6의 주해 참조). 그들의 욕심은 시적으로 표현된 정의와 맞부딪치게 될 것이다. 즉 그들이 백성들을 헐벗게 했던 것과 꼭 같이 하나님도 그들을 헐벗게 하실 것이다.

6. 개인적인 회개를 촉구함(5:14~15)

5:14~15 각 개인들을 죄악이 관영한 그 나라로부터 구분해 낼 가능성은 아직 남아 있었다(참조, 4~6절). 백성들이 선한 것을 취하고 악을 버리게 된다면 그들은 살아날 수가 있었다. 그들이 만연해 있는 부패한 악에 반대할 수 있다면, 즉 의로운 자들의 목을 메어다는 대신 악을 미워하게 된다면(10절), 법정에서 정의를 짓밟는 대신에 정의를 세워나간다면(11~12절), 전능하신 주 하나님이(3:13의 주해 참조) 그들의 심판자가 아니라 그들의 보호자가 되실 것이다. 그들이 하나님의 동거하심을 원하고 있는 바 그대로 하나님은 정녕히 그들과 함께 계실 것이다.

"주님께서 우리와 함께 계신다"라고 하는 외침은 이스라엘이 싸움을 벌일 때 전능하신 하나님이 그들을 위해서 싸우시고(참조, 민 23:21; 신 20:4; 31:8; 삿6:12; 사 8:10; 습 3:15, 17) 그들이 역경 가운데 있을 때 하나님이 지켜 주신다고 하는(참조, 시 23:4; 46:7, 11) 확신에 찬 부르짖음이다. 그러나 여로보암 2세가 통치하던 그 당시 상황 속에서 이와 같은 외침은 한낱 하나의 공허한 슬로건에 불과했다. 아모스가 강조하기는 그들의 확신이 이제는 하나의 망상으로 되어 버렸다는 것이다. 하나님이 더 이상 그들과 함께 계시지 않았다. 죄악을 범한 나라들은 버림을 받게 되는 것이다(참조, 암 5:2). 그들의 외형적인 번영은 그들을 그릇되게 인도할 뿐이었다. 그것은 거짓된 평안을 낳을 뿐이었다(참조, 6:3; 9:10; 미 3:11). 실제로, 전능자께서 심판을 통해 모두 쓸어 버리시기 전의 짧막한 유예기간이 그들에게 주어져 있을 뿐이었다.

그러나 하나님의 동정을 구하는 마음으로 돌이켜서 주님을 찾았다면, 아마도 전능하신 주님께서는 여기에서 요셉이라고 불리는(이것의 성취에 대해서는 암 9:8~15의 주해 참조) 북 왕국의 소수의 남은 자들에게 자비를 베푸실 것이다.

7. 확실한 심판에 대한 묘사(5:16~17)

5:16~17 아모스는 다시 애곡을 터뜨리며 처참한 죽음에 이를 일(1~3절)로 되돌아감으로써 세 번째 메시지를 마감하고 있다. 전능하신 주 하나님이(3:13의 주해 참조) 그들의 세력을 멸하신 후에는 그 땅이 장례행렬로 꽉 들어찰 것이다. 모든 광장에서 울겠고 모든 거리에서(5:16) … 모든 포도원에서(17절) 애곡하게 하며…. 너무나 많은 사람들이 죽을 것이기 때문에 장례를 지내는 것을 직업으로 가진 사람들이 부족할 것이다. 농부들까지도 애곡하는 일을 위해서 불려 다니게 될 것이다(불의로 압제를 당하던 가난한 자들이 그것을 괴롭히던 자들을 땅에 묻는 일에 부름을 받게 될 것이다).

폭소를 터뜨리며 수확의 기쁨을 나누던(참조, 사 16:10) 포도원은 통곡하는 소리 이외에는 아무 소리도 들리지 않을 것이다(참조, 암 5:16). 성읍의 모든 건물들과 들판의 모든 포도원에서 들려오는 애곡의 소리가 하나님의 심판의 표적이 어떠한가를 말해줄 것이다(참조, 11절).

하나님이 그들 가운데로 지나갈 것이기 때문에 애곡하는 소리는 땅을 가득 채울 것이었다. 일찍이 애굽을 '지나가시기' 위해서(참조, 출 11:4~7; 12:12~13) 이스라엘 지경을 '통과하신' 그들의 하나님은 지금 그와 비슷한 죽음을 부르면서 그들을 '지나가실' 것이다.

D. 네 번째 메시지(5:18~27)

네 번째 메시지에서 아모스는 이스라엘의 종교적인 위선으로 인해서 '여호와의 날'이 그들을 높이 고양시키는 날이 아니라 포로로 잡혀가는 날이 될 것이라고 선언했다. 그러나 회개하는 사람들은 이러한 재앙을 면할 수가 있다 ('C. 세 번째 메시지[5:1~17]' 18~27절의 대구적인 구조에 대한 주해를 참조하라).

1. 확실한 심판에 대한 묘사(5:18~20)

5:18 화 있을진저(호이[הוֹי]. 참조, 6:1)는 보통 죽은 자들에 대하여 슬픔을 토로하는 통곡이었다(참조, 왕상 13:30 '오호라'; 렘 22:18; 34:5 '슬프다'). 산 자에게 '오호라'라고 말하는 것은 곧 죽음을 선고하는 것을 의

미했다(참조, 암 6:1; 사 5:8~24; 10:1~4; 미 2:1~5; 암 5:1의 주해를 참조하라). 이것은 또한 재앙을 당했거나 다가오고 있는 재앙에 대하여 놀라서 지르는 탄성이기도 했다(참조, 이사야 주석 3:9; 6:5의 주해를 참조하라).

'오호라'라는 단어는 하나님의 날을 간절히 갈망하고 있는 사람들에게 주어지는 말이다. 아모스는 그들의 열심 있는 바람이 그릇된 기초 위에 세워진 것이라고 경고했다. 왜냐하면 그 날은 어둠의 날이지 빛의 날이 아니기 때문이다(참조, 암 5:20).

이스라엘은 생각하기를 '여호와의 날'은 이스라엘의 적대국들에 대한 가장 극적인 보복의 날이 될 것이요, 능력 있는 통치자께서 그들의 편에 서서 싸우실 것으로 생각했다(참조, 사 34:1~3, 8; 렘 46:10). 이스라엘은 생각하기를 그 날에는 자기들을 위협하던 나라들을 모든 재앙과 죽음으로 벌을 내리시면서 사악한 나라들 위에 진노를 내리실 것으로 여겼다(참조, 습 3:8; 슥 14:1~3). 그 날에 이스라엘은 위험으로부터 영원히 보호를 받게 되고 땅 위의 모든 나라들 중에서 존귀하게 될 것이라 생각했다(참조, 사 24:21~23; 욜 3장).

아모스의 말을 듣는 자들은 그 날을 간절히 고대했다. 그들은 두려움이 그 나라들 위에뿐만 아니라 그들에게도 임할 것임을 깨닫지 못했다. 이스라엘은 하나님이 그들과 함께 계신다고 잘못 믿고 있었으며(암 5:14의 주해를 참조하라) 하나님이 정복하시는 그 날에 이스라엘의 적들을 모두 물리쳐 버리실 것이라 잘못 생각하고 있었다. 아모스가 선포했던 진리는 이스라엘이 하나님의 적이 될 것이라는 것이다. 끊임없이 계속되는 이스라엘의 죄악이 그들로 하여금 하나님의 적대자가 되게 만들었다. 그러기에 '여호와의 날'은 기쁨의 날이 될 수가 없었던 것이다. 그 날은 오히려 하나님의 왕국 안에서 반역한 자들에 대하여 심판을 내리는 무서운 날이 될 것이다(참조, 8:9~10; 9:1~10).

5:19 그들이 그 날에 경험할 일들은 사자를 피하다가 곰을 만나는 사람과 같은 것이었다. 두 번째의 위협으로부터 간신히 도망하여 기진맥진한 상태로 집으로 와서 벽에다 손을 대고 휴식을 취하는데 안전하다고 생각했던 집에 뱀이 도사리고 있는 것이다. 뱀은 그의 손을 물어 버릴 것이다. 이처럼 이스라엘이 하나님의 심판을 피하여 쉴만한 장소는 아무데도 없을 것이다.

5:20 아모스가 반복하여 말하고 있는 '여호와의 날'(참조, 18절)은 빛이 없는 어둠의 날(참조, 욜 2:1~2, 10~11; 습 1:14~15), 즉 어둠이 온 천지를 덮어서 한 줄기의 빛이나 희망의 기미조차 없는 날이 될 것이다.

구약성경의 예언자들은 또 하나의 밝은 여명을 간직한 '여호와의 날'을 말하고 있는데, 그 날은 포로로 잡혀간 후에 징계를 당하고 고초를 체험한 남은 자들이 고국으로 돌아오는 날이요, 하나님이 택하신 백성들을 회복시켜서 주님께로 돌아오게 하는 날을 가리키는 것이다(참조, 렘 30:8~11; 호 2:16~23; 암 9:11~15; 미 4:6~7; 습 3:11~20).

2. 종교적인 위선에 대한 고발(5:21~22)

5:21~22 하나님의 불 같은 분노는 이스라엘의 종교적인 위선 행위에 대해서 가장 노골적으로 드러나고 있다. 하나님은 그들의 종교적인 축제들을 미워하셨고 또 경멸하셨다(미워한다는 의미를 반복하는 것은 아

주 싫어하셨음을 나타낸다). 즉, 성소에서 해마다 축하를 베풀었던 무교절, 수장절, 장막절의 세 절기를 미워하셨던 것이다(참조, 출 23:14~17; 34:18~24; 레 23; 신 16:1~17). 그들이 예배를 드릴 때 바치는 제물들을 하나님은 참으실 수가(문자적으로는 냄새 맡으실 수가) 없었다. 비록 그들이 끊임없이 번제(레 1장)와 소제(레 2장)를 하나님 앞에 드렸지만 하나님은 그것을 정당한 제물로서 받지 않으셨다. 비록 그들이 화목제(레 3장)를 하나님 앞에 드렸지만 하나님은 전혀 개의치 않으시고 전혀 아는 체하지 않으셨다. 하나님은 그들의 종교적인 예배를 지긋지긋하게 여기셨다(암 4:4~5의 주해를 참조하라).

3. 개인적인 회개를 촉구함(5:23~24)

21~22절에 나오는 대명사 '너희'는 복수형인 반면에, 23~24절에 나오는 동사들 '그칠지어다'와 '흐르게 할지어다'는 단수형이다. 이것은 국가적인 책망으로부터(21~22절) 개인적인 촉구로(23~24절) 옮겨 가고 있음을 나타내고 있다.

5:23 하나님은 각 개인에게 그들의 의미 없는 찬양을 그치라고 하셨다. 그 찬양은 듣기에 지겨운 소리들이었고, 그것을 그칠 것을 촉구하고 있다. 하나님은 비파 소리도 듣기 싫어하셨다. 하나님은 코를 막으신 후에(21절 하에 '참다'라는 말은 '냄새 맡다'라는 의미를 가졌듯이), 듣는 일마저 그만 두셨다.

5:24 의식이나 형식적인 관례보다는 하나님은 정의와 공의를 절대적으

로 지켜나갈 것을 원하셨다(7절의 주해를 참조하라). 하나님은 가난한 자들의 권리에 대하여 깊은 관심을 가지고 계시기에 결코 마르지 아니하는 물과 같이 정의와 공의를 실행할 것을 촉구하셨다. 하나님은 매일의 삶을 온전하고 선으로 가득 채우며 살기를 원하셨다. 내적인 의가 바깥으로 분명히 드러나는 일만이 이스라엘 족속들로 하여금 여호와의 날에 다시 살아날 가능성을 줄 수 있었다(참조, 6절, 14~15절).

4. 종교적인 위선에 대한 고발(5:25~26)

5:25 하나님은 희생제물과 의식들이 그들의 역사를 통해서 하나님 앞에 모욕적인 일이었음을 상기시키면서 다시금 종교적인 위선에 대하여 책망하신다. 애초에 시작부터 그들의 예배는 그릇된 길을 걸어 왔다. 40년 동안 광야 생활을 할 때 황금으로 만든 송아지, 태양, 달, 별, 몰록(Moloch)을 하나님께 제물로 바치거나 혹은 다른 신들에게 바쳤다(참조, 행 7:39~43에서 스데반이 암 5:25~27의 말씀을 인용하고 있다).

5:26 그들의 예배는 변질되어서 '하늘의 천체들'을 경배하기 시작했으니(참조, 행 7:42; 왕하 21:3~5; 23:4~5; 렘 8:2; 19:13; 습 1:5) 이것은 하나님이 주신 계약법을 위반하는 것이다(참조, 신 4;19; 17:3). 그들은 그릇된 경건함을 충족시킬 신전을 세웠고, 그들의 우상을 세울 받침대를 세웠고, 별을 그들의 신으로 삼고 높이 우러러 봤다. 식굿과 기윤이라는 단어들은 하늘의 별들, 특히 토성과 연합하고 있는 이방신들을 말한다.

5. 확실한 심판에 대한 묘사(5:27)

5:27 우상숭배와 위선적인 예배의 성격 때문에 하나님은 앗수르 방향으로 향해 있는 다메섹 밖으로 이스라엘을 내쫓을 것이라고 말씀하셨다(참조, 4:3). '사로잡혀 가는 일'에 대한 공포는 싸움에 패하여 폐허가 되는 것이나 볼모로 잡히는 일에 대한 공포보다 훨씬 더한 것이다. 이것은 이스라엘로서는 약속의 땅, 즉 하나님이 임재하시는 땅으로부터 옮겨가는 것을 의미했다. 결과적으로 사로잡혀 가는 일은 하나의 파문이었다. 이것은 그들이 만홀히 여겼던 계약법을 주신 주님께서 그들에게 내리신 심판이었던 것이다(전능하신 하나님에 대하여 주해해 놓은 3:13을 보라).

E. 다섯 번째 메시지(6장)

다섯 번째 메시지에서 아모스는 하나님이 북쪽과 남쪽의 왕국을 모두 완전히 황폐하게 만드실 것이라 선포하면서 이스라엘이 심판을 당하게 된 이유들을 다시 한 번 지적해 주고 있다(1, 14). 그 이유는 부분적으로는 자만심에 가득 찬 교만과 사치 가운데서 함부로 생활한 방종에 기인한 것이다.

1. 그들이 자랑하는 자기 만족(6:1~3)

6:1 "화 있을진저"라는 말이 다시 언급되는데(5:18의 주해를 참조하라),

이번에는 이 말이 시온에서 교만한 자와 사마리아 산에서 마음이 든든한 자에게 해당하는 것이었다. 아모스는 개탄하면서 남쪽의 수도인 시온을 포함하여 말하고 있는데 그 이유는 그들 역시 하나님의 진노를 불러 일으켰기 때문이다. 그러나 그의 메시지의 나머지 부분은 북 왕국이 분별 없이 자만하고 있는 것에 대한 책망으로 채워져 있다.

사마리아의 지도자들은 자신들이 가장 뛰어난 나라를 통치하는 유명한 사람들이라고 여겼다. 그들의 나라는 군사적으로, 경제적으로 강성했으며 그들은 가장 탁월한 시민들이었다. 이스라엘의 모든 백성들은 그들의 지도력과 국사(國事)에 대한 능력을 주시하고 있었다.

6:2 하나님은 이런 자고한 자들에게 한 때는 스스로 크다고 여겼던 성읍들로 가서 그들의 몰락으로부터 배우라고 명하셨다. 갈레(참조, 사 10:9에서 '갈로'라고도 불리고 있다)와 하맛은 북쪽 아람에 위치한 성읍으로 도시를 이루고 있었다. 이 성읍들은 BC 854~846년 사이에 있었던 살마네셀 3세의 출정 동안에 앗수르에 의해서 짓밟히고 말았다. 팔레스타인에 있는 가드는 BC 760년에 유다 왕 웃시야에 의해서 다시 한 번 무너지고 말았다(왕하 12:17; 대하 26:6. 참조, 암 1:6의 주해를 참조하라). 이스라엘은 이러한 강대국들보다 방어할 준비가 더 잘 되어 있었는가? 그렇지 않다. 강대국들의 땅은 이스라엘의 영토보다 더 넓었는가? 그렇다. 그 도시들과 그들의 관할 구역은 면적에 있어서 자만에 가득 찬 사마리아보다 더 컸다. 그럼에도 불구하고 그들 역시 재앙을 면할 수가 없었던 것이다.

6:3 자신의 힘을 믿고 어리석게 자만에 빠진(참조, 13절) 이스라엘은 흉한 날이 먼 것으로 생각했다. 그들은 모두 재앙이 닥칠 것이라는 사실에

대하여 비웃고 있었다. 그러나 그들은 그들의 죄악에 가득 찬 행동으로 인해 순식간에 닥칠 공포에 점점 더 가까이 가고 있었다. "공포가 통치한다"는 말은 이스라엘이 앗수르에 의해서 포로로 잡혀가기 바로 전 마지막 몇 년 동안을 묘사한 것이다(참조, 왕하 15:8~17:6). 여로보암 2세 이후의 31년 동안 여섯 왕들이 군림했는데 그들 가운데 셋은 정치적인 쿠데타로 정권을 장악했다가 암살당하고 말았다. 이 기간 동안의 공포와 흉포는 열왕기하 15장 16절의 잔악한 행위 속에 잘 반영되어 있다.

2. 방종 속에서 누리는 사치(6:4~7)

6:4~6 사마리아의 지도자들은 예언자가 알려 주는 경고의 말씀에 귀를 기울이기보다는 자신들의 몸을 썩어 문드러진 쾌락주의에 맡겨 버렸다. 그들은 상아로 화려하게 장식된 비싼 침대에 누워 있었다(참조, 3:15). 그들은 화려한 향연을 배설해 놓고 그들의 침상에서 기지개를 켰다. 히브리어로 '기지개를 켜다'라는 단어는 팔과 다리를 양편에다 늘어뜨린 술주정뱅이나 포만하여 축 늘어진 사람의 무감각한 상태를 의미한다. 그들은 어린 양과 우리에서 취한 송아지와 같은 가장 연하고 부드러운 고기를 먹으면서 미식을 즐겼다. 술에 취해 난장판을 벌이는 자리에서 즉흥 음악을 연주하면서 그들 스스로가 다윗처럼 연주한다고 상상하기도 했다. 그들은 다윗과는 너무나도 다르지 않은가? 잔으로 술 마시는 것에 만족할 수 없어서 이제는 큰 대접으로 벌컥벌컥 마셔대고 있었다. 그들의 몸에는 가장 좋은 기름만을 발랐다.

그들의 유일한 관심사는 향락이었다. 어떻게 하면 향락을 최대한 누릴까를 생각하며 사치스러운 생활 양식을 찾았다. 그들은 요셉, 즉 북 왕국의 파멸(참조, 5:6, 15)이 다가오고 있는데 대하여 슬퍼하지 않았다. 그들은 풍전등화와 같은 국가의 운명에 대해서는 전혀 관심이 없었던 것이다.

6:7 그러기에 열국 중에 가장 유력하고 그 가운데 으뜸이 되는 자들(1절)이 맨 먼저 잡혀 가게 될 것이다. 그들의 향연과 마셔대는 일들은 이제 끝장이 날 것이다. 그들이 사로잡혀 가게 되면 술과 향락에 흥청거리던 소리는 비통한 침묵으로 변하고 말 것이다.

3. 완전한 황폐(6:8~14)

6:8 이스라엘을 통치하시는 주님께서는 자기의 온전하심을 걸어 맹세하시며(참조, 4:2; 8:7), 그 땅을 완전히 멸망시켜 버리겠다고 하셨다. 하나님은 이스라엘 사람들이 자기들의 힘으로 나라의 강성함을 이루었다는 자만에 찬 말을 혐오하셨다(6:1, 13). 요셉이라는 말과 같이 야곱이라는 말은 북 왕국을 말하는 동의어다(3:13의 주해를 참조하라). 하나님은 가난한 자들을 압제하는 일로 가득 찬 요새화된 도시들을 지긋지긋하게 싫어하셨다(3:9~10의 주해를 참조하라). 그러기에 하나님은 위대한 군왕으로서(전능하신 주 하나님에 대한 3:13의 주해를 참조하라) 그들의 성읍을 휘저으시며 그 안에 있는 모든 것과 모든 사람을 다른 나라에 내어 주실 것이었다.

6:9~10 너무도 완벽하게 하나님이 그 성읍을 넘겨 주실 것이기 때문에 10명의 사람이 칼을 피하여 한 집안에 모여들지라도 그들은 역병에 걸려 다 죽을 것이다. 시체를 불태우기 위하여 찾아온 친척이 만약 그 집안에

서 생존자를 발견한다면 죽음을 너무나 두려워해서 그 사람으로 하여금 두 번 다시 주님의 이름조차 거론하지 말도록 신신당부할 것이다(이것은 살육 당한 데 대한 슬픔이나 분노 때문도 아니며 살아 남았다는 데 대한 찬미 때문도 아니다). 이러한 상황 가운데 있었기 때문에 그 성읍을 무자비하게 훼파해 버리신 그분의 이름을 언급한다는 것은 하나님으로 하여금 미처 보지 못했던 그들에게 시선을 모으는 결과가 되어서 그들 또한 죽임을 당하고 말 지경이었다.

6:11 정복하시는 군왕께서는 거주하는 사람들을 살해한 후에 그의 군대들에게 명하여 크고 작은 집들을 산산조각내실 것이다. 거기에 거주하는 사람들은 가난하든 부하든 간에 모두 멸망당할 것이다. 파괴되고 남은 부스러기들만 들판에 산재할 것이다.

6:12 두 개의 터무니없는 형상들이 이스라엘 지도자들이 전적으로 비뚤어졌음을 나타내 주고 있다. 말들이 울퉁불퉁한 바위 위를 달리고, 또 이와 같이 직각으로 곤두선 절벽에서 소를 몰아 밭을 간다는 것은 생각도 할 수 없는 일이다. 그러나 이스라엘은 이렇게 생각조차도 할 수 없는 일을 행하지 않았던가! 그들은 정의가 변하여 독이 되게 했으며 공의의 열매가 변하여 쓴 쑥이 되게 했다(5:7의 주해를 참조하라). 국가를 건전하게 보전하기 위하여 제정해 놓은 사법 절차가 그 안에서 곪아 터져 치명적인 독소가 되고 말았다. 새로운 활력과 기쁨을 불어넣어 줄 공평과 연합의 열매는 변하여 부패한 쓴 열매가 되고 말았다.

6:13 이스라엘의 지도자들은 그들의 세력이 강성했기 때문에 스스로 생

각하기를 재앙을 넉넉히 이겨낼 수 있다고 여기고 있었다(1~3절). 여로보암 2세의 통치 하에서 그들은 강성한 세력을 앞세워 연전연승했다(참조, 왕하 14:25). 그들은 요단 동편의 모든 지경까지 회복했다. 그러나 아모스는 함락시켰던 도시 중 하나인 '로드발'(요단 동편의 도시로써 삼하 9:4; 17:27에 언급되어 있다)을 미묘하게 그리고 의도적으로 '로 다발'로 발음을 잘못하고 있는데 이것은 '아무 것도 없음'(nothing)을 뜻하는 단어다. 그리고 또 아모스는 빈정대는 말로 그들이 함락한 또 하나의 도시 카르나임의 이름을 강조하고 있는데 이 이름의 문자적인 의미는 황소의 힘을 상징하는 '뿔들'이다. 아모스는 그들이 정작 아무 것도 아님을 기뻐하고 있고, 또 그들 스스로의 힘으로 부여잡은 힘에 대하여 그릇되게 생각하고 있다는 데 대하여 조소를 던지고 있다.

6:14 그들의 무적의 태도는 그들의 강한 군왕(전능하신 주 하나님에 대한 3:13의 주해를 참조하라)께서 내리치심으로 말미암아 산산조각날 것이다. 하나님은 생각지도 못할 일을 행하실 것이다. 즉, 한 나라를 일으켜 너희를 치시겠다는 것이다. 하나님이 자신의 백성인 이스라엘을 벌할 채찍을 일으키셔서 그들을 '학대'하실 것이다. '학대하다'라는 단어는 묘하게도 애굽에서의 쓰디쓴 경험을 다시 불러일으키며 약속하고 있는 것이고(출 3:9), 또 사사들이 통치하던 시대를 회상하게 했다(삿 2:18; 4:3; 6:9; 10:11~12; 삼상 10:17~18). 즉, 이스라엘은 또다시 노예 상태로 전락할 것이다. 그들이 의기양양하게 집어삼켰던 북쪽 하맛 어귀에서부터 긴네렛 바다에서 사해까지 펼쳐진 남쪽의 아라바 계곡까지의 지경은 침략하는 적들의 손에 넘어가 버릴 것이다(참조, 왕하 14:25). 그때에야 이스라엘은 국가의 운명을 결정하는 것은 누구의 힘인지 알게 될 것이다.

Ⅳ. 심판의 결과(7:1~9:10)

　3~6장에서 아모스는 하나님이 이스라엘에 심판을 내리시는 이유들을 열거하고 있다. 법적인 부정, 경제적인 착취, 종교적인 위선, 사치 속에서 누리는 방종, 그리고 자랑스럽게 여기는 자기 만족 등이다. 이러한 일들을 자행함으로써 '전능하신 주 하나님'의 계약의 법을 어겼기 때문에 그의 군대를 거느리시는 군주께서 반역하는 종들을 산산조각 내실 것이다(오직 아모스 3~6장 안에서만 '전능하신 주 하나님'이란 칭호가 등장하고 있다). 개인적으로 돌이키는 자들은 아직도 구원의 기회가 있었지만 온 나라는 앞으로의 불운을 돌이킬 수가 없었다.

　아모스는 7장에서 다가오고 있는 심판으로 말미암은 결과에 대하여 묘사하기 시작하고 있다. 5개의 연속되는 환상을 통하여(참조, 7:1, 4, 7; 8:1; 9:1) 그는 하나님이 온 지경과 건물들과 그 백성들을 모두 파괴해 버리시는 것을 묘사하고 있다.

　아모스서의 이 부분(7:1~9:10)을 통틀어 두 구절이 현저하게 눈에 띄는데 이는 곧 '통치하시는 주님'(7:1~2, 4 [2번], 5~6; 8:1, 3, 9, 11; 9:8) 과 '내 백성'(7:8, 15; 8:2; 9:10)이다. 온 나라를 다스리시는 주님으로서, 하나님은 그의 우주 안에서 역사하시는 데 있어 전적인 자유를 갖고 계시다. 하나님은 그의 특별하신 은혜를 경히 여기는 백성들에 대하여 그의 약속을 이행하시는 데 있어 무엇보다도 자유로우셨다(참조, 3:2).

A. 우글거리는 메뚜기(7:1~3)

7:1 다섯 환상의 첫머리에서 아모스는 하나님이 한 해 중에서 가장 조심해야 할 시기에 우글거리는 메뚜기를 실제로 준비하고 계시는 것을 보게 되었다(히브리어 성경은 예언자가 이러한 일에 대하여 놀라는 장면을 표현해 주고 있다). 메뚜기들은 왕의 분깃으로 할당된 곡식들을 수확한 후 곧바로 두 번째 곡물들이 자라나기 시작할 때에는 들판에서 별로 기세를 부리지 않았다. 왕은 처음 수확한 곡물을 군대에서 쓰는 동물을 먹이기 위해서 바치도록 명령할 권리가 있었다(참조, 왕상 18:5). '두 번째의 경작'은 첫 번째 곡식을 자른 후에 곧바로 자라나는 것이든 새로 뿌린 것이든 간에 여름의 건기가 닥치기 전에 하는 마지막 경작이다. 만약 백성들이 이 기회를 놓쳐 버리게 된다면 그들은 다음 수확기까지 먹을 것이라고는 아무것도 없게 되는 실정이다.

메뚜기 떼는 고대 근동에 있어서 가장 무서운 재앙들 중 하나였다. 메뚜기가 떼를 지어서 곡식들을 다 집어삼키며 땅을 휩쓸고 가면 아무도 손을 쓸 수 없었다. 백성들은 절망에 빠져 버리게 된다. 그 재앙이 지나가고 난 후에는 기근으로 인한 죽음과 고통들이 뒤따랐다. 이 재앙은 이스라엘에 강한 충격을 주었는데 그 이유는 메뚜기가 하나님의 계약을 어긴 데 대해 하나님이 벌을 내리시는 도구로 여겨졌기 때문이었다(참조, 신 28:38, 42; 암 4:9; 욜 1:1~7).

7:2 아모스는 그의 환상 가운데 메뚜기들이 열매 맺는 농작물이든 야생

하는 풀이든 간에 모든 작물들을 깨끗이 집어 삼켜 온 지경을 쓸어 버리는 것을 보았다. 이 환상이 실제로 현실화된다면 온 나라는 죽음을 맞을 것임을 알고 있는 아모스는 주권자인 주님께서 이 백성들의 죄악을 사해 주실 것을 간절히 탄원하게 된다. 비록 이스라엘이 회개하지 않았지만, 비록 그에 대한 징벌을 내리심이 마땅하지만, 그럼에도 불구하고 아모스는 이 나라에 징계를 내리지 마시기를 간청하고 있다. '야곱'은 결코 다시 살아날 수 없을 것이다. 여로보암 2세의 통치 하에 있던 의기양양했던 사람들은 스스로 안전하다고 생각했을지 모르나(참조, 6:1~3, 8, 13; 9:10), 하나님의 무서운 능력과 진노하심 앞에서 그들은 실제로 너무나 작고, 가련하고, 불쌍한 존재들에 불과했다. 아모스는 아마도 이스라엘을 야곱이라고 부르는 하나님으로 하여금 아직도 야곱의 자손들에 의해서 거룩히 여김을 받고 있는 땅인 벧엘에 야곱이 거했을 때 하나님이 일찍이 그에게 주신 약속을 상기시키려 했을 것이다(참조, 창 28:10~22; 암 3:14; 4:4; 5:5~6; 7:13; 야곱은 3:13; 6:8; 7:2, 5; 8:7; 9:8에 언급되어 있다).

7:3 예언자의 간구하는 기도로 말미암아 마음을 돌이키신 주님께서는 관용을 베푸시고 메뚜기가 생기는 일은 이루지 아니할 것을 약속하셨다 ('돌이키다'라는 단어는 한 사람이 다른 사람의 간청을 듣고 깊이 움직여서 돌아서는 것, 혹은 먼저 결정했던 것을 없애버리는 것을 암시한다. 참조, 출 32:11~14의 주해).

나라가 용서를 받은 것은 아니지만 이 특별한 징계는 철회되었다. 아모스는 다시 용서를 구하지는 않았다(참조, 암 7:2, 5). 왜냐하면 이스라엘에 임할 어떤 심판들은 피할 수 없는 것이었기 때문이다. 그러나 기도를 함으로써 어떤 형태의 재앙을 허락하실 것인지에 대하여 영향력을 행사할 수 있었다.

B. 집어삼키는 불(7:4~6)

7:4 두 번째 환상을 통해서 통치하시는 주님께서는 아모스에게 두 번째의 공포, 즉 불에 의한 심판을 보여 주셨다. 하나님은 풀이 자라는 모든 땅들과 나무들이 바싹 말라버릴 때까지 여름의 작열하는 태양빛을 계속 강렬히 내리쬐게 하셨다. 그러자 불이 일어났고 그 불길은 어마어마한 속도로 온 지경을 휩쓸며 지나갔다(참조, 욜 1:19~20). 휩쓸어 가고 있는 지옥과 같은 현실과 싸워보려는 시도들은 아무 소용이 없었다. 왜냐하면 아주 깊은 곳이나 모든 샘들을 충만케 하는 땅속에 흐르는 물조차 온통 메말라 버렸기 때문이다(참조, 창 7:11; 49:25; 신 33:13). 물의 근원들이 말라 버림으로써 강과 시내들은 흔적조차 없어졌고, 온 땅을 몽땅 집어 삼키기까지 불길은 무시무시하게 맹위를 떨쳤다(참조, 신 32:22).

7:5~6 환상을 보고 다시 한 번 혼비백산한 아모스는 하나님께 그 재앙을 멈추어 주실 것을 간청했고, 하나님은 두 번째로 돌이키셨다. 하나님은 불로도 그 나라를 심판하시지 않을 것이다(3절의 주해를 참조하라).

C. 시험하는 다림줄 (7:7~17)

1. 환상 (7:7~9)

선지자는 세 번째 심판의 환상을 보게 되었다. 이번에 내려지는 심판은 변경할 수가 없었다.

7:7~8 주님이 손에 다림줄을 가지고 계셨다. 다림줄이라고 하는 것은 건축자들이 벽을 쌓을 때 바르게 쌓기 위해서 사용하는 것으로써 납덩이를 실에 달아 늘어뜨린 도구를 말한다. 다림줄은 기존의 벽돌이 잘 고정되어 있는지 아니면 헐어서 다시 지어야 할 정도로 기울어져 있는지를 시험하는 데도 쓰인다.

하나님은 그의 백성들인 이스라엘 가운데서 다림줄을 설치하고 계셨다(이것은 하나님의 계약의 법과 이것이 요구하고 있는 것들을 의미하는 것인 듯하다. 참조, 사 28:17). 그 나라는 처음에 건축될 때에는 "다림줄에서 어긋남이 없게" 지어졌다. 그러나 지금에 와서는 허물고 다시 지어야 할 정도로 그 선에서 어긋나 버렸다.

하나님은 순식간에 그의 예언자가 내어놓은 탄원을 거들떠보지 않으셨다. 이미 사건은 결정되어 버린 것이다. 즉 하나님이 다시는 용서하지 않으실 것이다. 그분의 심판이 행해질 형태가 이러했던 것이다(암 7:3, 5~6의 주해를 참조하라).

7:9 다림줄로 시험해 본 결과 이 일에 실패했기 때문에 그 나라의 주요한 구조들, 즉 정치적이고 종교적인 구조물들은 허물어질 것이다. 이상의 수 없이 많은 높은 건물들(산당과 성소들)이 무너질 것이다. 야곱(3:13의 주해를 참조하라)이나 요셉(참조, 5:6, 15; 6:6)과 마찬가지로 이삭도 북 왕국의 이름을 대신하는 것이다. 벧엘이나 길갈 같은 거대한 공식 예배 성소도 무너질 것이다(참조, 3:14; 4:4; 5:5~6; 7:13). 여로보암 2세의 집(정치적인 왕조)은 하나님의 칼이 내리침으로써 가루가 될 것이다(참조, 왕하 14:29; 15:10).

2. 사건(7:10~17)

7장 10~17절에 기록된 사건은 아모스의 세 번째 환상과 두 가지 방식으로 연결되어 있다(7~9절). 첫째로는, 환상이 보여 주는 바대로 즉각 역사적인 반응이 나타날 것임을 보여 주고 있다. 이 책의 1장 이후에 어느 곳에서도 나타나고 있지 않는 어떤 단어들이 환상과 사건 양쪽에서 나타나고 있다는 사실(7:9, 16의 이삭, 9~11절의 산당과 성소)은 그 일화가 계시에 즉각적으로 응하여 일어나는 것임을 가리키고 있다.

둘째는 역사적인 사건이 환상과 연관되어 있다는 것이다. 왜냐하면 그것은 이번에는 개별적인 시험으로서 다림줄을 대어 보는 일에 대한 확고한 실례임을 시사하고 있기 때문이다. 그 환상은 이스라엘이 정치적인 그리고 종교적인 제도에 있어서 그 기준에 미달했기 때문에 기존의 것들은 헐고 다시 세우지 않으면 안 되었다. 아마샤와의 사건에서 주님은 두 사람, 즉 한 사람의 제사장과 한 사람의 예언자를 측량해 보기 위해서 가까이 다가오셨다. 한 사람은 받아들여졌고 한 사람은 그렇지 못했다. 한 사람은 주님의 음성에 청종했고 다른 한 사람은 그 소리 듣기를 거부했다.

a. 도전(7:10~13)

7:10~13 아모스가 성소가 훼파되고 왕조가 붕괴되는 환상을 공식적으로 열거할 때 벧엘의 제사장인 아마샤의 도전을 받게 되었다.

벧엘은 여로보암 1세가 BC 931년 예루살렘과 그곳을 중심으로 왕국을 이룬 남 왕국과의 관계를 끊었을 때 세운 두 지역 성소 가운데 하나다(참조, 왕상 12:26~33). 그가 통치하는 세력권 주위에 있는 10지파를 결속시키기 위해서, 여로보암 1세는 새로운 성전과 모조된 종교적 체계를 만들어 냈다. 송아지 상과 제단을 만들고 제사장직과 벧엘에서의 축제를 만든 목적은 여로보암 1세가 통치하고 있는 북 왕국으로부터 신임을 얻고 왕국의 안정을 도모하기 위해서였다.

아모스가 활약하던 시대에 벧엘의 성전은 왕의 성소였으며 또 왕국의 예배를 맡아 주관하던 곳이었다(7:13; 성전이란 문자적으로는 '집'이란 뜻인데 간혹 '성소'란 말과 동의어로 쓰이기도 한다. 참조, 왕상 6장; 8:6~66; 대하 2:1). 여로보암 2세가 경배드렸던 장소 이외에, 그곳은 더욱 중요한 의미로 왕국에 정치적인 공약을 규합했던 종교적 상징이었다. 예루살렘의 성전이 다윗의 자손들에게 헌신을 불러일으켰듯이 벧엘이 존재하는 것은 하나님이 북 왕국을 승인하시며 또 지지하신다는 뜻을 내포하게 되었다. 벧엘과 그곳의 예배 체제를 고발하는 것(참조, 3:14; 4:4~5; 5:5~6, 21~26; 7:9; 9:1)은 왕국의 근본 그 자체를 공격하는 것이다.

아마샤는 분명히 벧엘의 대제사장으로서 예배와 그것에 필요한 인사 관리를 책임지고 있던 사람이었다(참조, 렘 20:1~2; 29:26). 아모스가 성소와 왕국의 앞날에 대해서 예언하는 것을 들었을 때, 아마샤는 아모스가 북 왕국의 중심 바로 그 자리에 서서 왕을 모반하고 있다고 책망하면서 여로보암에게 메시지를 보냈다. 아모스는 그 땅이 반복되는 재앙에 대한 메시지를 견뎌내지 못할 것이라고 여로보암에게 경고했다.

즉, 백성들의 풍기는 문란해질 것이고 또 얼마 있지 않아 예언의 말씀을 성취시키기 위해서 뜻을 달리하는 자들의 반란과 폭동이 생겨날 것이다. 가끔 예언자가 왕에 대하여 예언하는 경우에는 내란이나 왕조가 바뀌는 일이 뒤따라 왔었다(참조, 왕상 11:29~12:24; 16:1~13; 왕하 8:7~15; 9장). 아마샤는 아모스를 정치적으로 혼란을 조장시키는 자로 보면서 아모스 예언의 신적인 근거를 전혀 인정하려 하지 않았다. 아마샤가 여로보암에게 보내는 보고 문서에서 다음과 같은 무서운 말을 인용하여 머리말을 장식하고 있다(참조, 암 7:11).

"하나님께서 말씀하시기를"이라는 말 대신에 "아모스가 말하기를"이라고 기록하고 있다. 아모스의 말을 인용하는데 있어 그 제사장은 "내가 일어나 칼로 여러보암의 집을 치리라"(9절)는 말씀과 함께 하나님이 원하시는 일을 인간의 행위를 통해 나타낼 것임을 시사하는 예언자의 말을 의도적으로 삭제해 버리고 있다. 대신에 아마샤는 여로보암 왕이 죽을 것임을 쓰고 있다. 그는 아모스의 예언들로 왕을 격분시키기 위해서 왕조가 망할 것이라는 사실(9절)을 여로보암 자신을 위협하는 말(11절)처럼 왜곡하여 전하고 있으며, 또 나라가 포로로 잡힐 것이라는데 가장 큰 강조점을 두고 있었다(11절. 참조, 4:3; 5:5, 27; 6:7; 참조, 7:17). 아마샤는 아모스를 이스라엘의 하나님으로부터 부름을 받은 자로 생각하기보다는 환상에 대하여 위협을 주는 자로 보려고 했다.

그의 서신을 왕에게 급히 보낸 후에 아마샤는 "꺼져라, 선견자야!"라는 강력한 명령형의 말로 아모스를 맞섰다. 그 제사장은 벧엘에서 자신이 통치하도록 권위를 요구하면서 아모스로 하여금 그의 고향 땅인 유다(참조, 1:1)로 되돌아가서 거기서 예언할 것을 명령하고 있다.

'선견자'(7:12)라는 말은 예언자라는 말의 또 다른 명칭이었다(참조, 삼상 9:9; 삼하 24:11; 사 29:10). 이 명칭은 예언자가 내다 보는 식견이나 환상들을 보는 것에 초점을 맞추어 붙이는 이름이다(참조, 사 1:1; 2:1; 옵 1; 미 1:1; 나 1:1; 암 1:1). 이러한 환상들은 예언자들에 의해서 정신적으로 그리고 영적으로 보여질 수 있었다. 아마샤는 명예를 손상시키는 단어를 사용하면서 아모스의 '환상들'에 대하여(7:1, 4, 7) 반대 성향을 보여 주고 있다. 유다 땅으로 가서 "떡을 먹으라"고 말하는 그의 조롱 섞인 말은 아모스가 예언의 말씀을 팔아서 생계를 유지하는 직업적인 예언자라는 뜻을 함축하고 있다(참조, 미 3:5, 11; 참조, "두어 움큼 보리와 두어 조각 떡을 위하여 … 자기 마음대로 예언하는" 겔 13:17~20에 나오는 여자들).

아마샤의 말에 있어 강조점은 아모스가 활동하는 장소 혹은 지리적 위치에 있었다. "너는 유다 땅으로 도망하여 가서 거기에서나 떡을 먹으며 거기에서나 예언하고 다시는 벧엘에서 예언하지 말라." 왕의 제사장으로서의 권위를 가지고 "이스라엘을 떠나가라"고 아모스에게 명령하고 있다. 그러나 아모스의 대답은 "더 큰 권위를 가지신 분께서 이스라엘에서 예언하라고 말씀하셨다"는 것이다.

b. 응답(7:14~17)

7:14~15 아모스는 그의 사역이 순전히 하나님이 미리 행하시는 일에 기인한 것임을 강조하면서 그것이 자기 임의대로 행하는 것임을 부인했다.

아모스는 선지자로서의 소명을 자기가 택한 일이 없었고 또한 선지자의 아들이 됨으로써 훈련을 받은 일도 없었다(대부의 후견 아래에서 훈련을 받는 선지학교의 멤버들. 참조, 왕하 2:1~15; 4:1, 38; 5:22; 6:1~7; 9:1). 반면에 아모스는 목자로서 또 뽕나무를 재배하는 자로서의 직책을 합당하게 생각했고 그 일을 충실히 해 나갔다(아모스의 직업에 대해 토의하기를 원한다면 서언의 '예언자' 부분을 참조하라). 그러나 어느 날 주님께서 아모스가 양떼를 몰고 다니는데서 부르시고-하나님이 레위 족속(참조, 민 18:6)이나 다윗(참조, 삼하 7:8; 시 78:70)을 부르시는 경우에도 동일한 동사를 사용하고 있다-주님은(주님이라는 단어가 히브리 원어 성경에는 반복된다.) 그로 하여금 가서 그의 백성 이스라엘에게 예언하라고 명령하셨다. NASB에는 아모스가 세 차례씩 자기 자신을 보며 소명을 거부하는 일(참조, 암 7:14; '나는'…'나는'…'나는')과 '주님의 권위'를 세 번씩이나 강조하고 있는 일(15~16절)을 대조적으로 나타내어 부각시키고 있다. 하나님은 그에게 무엇을 말해야 할 것뿐만 아니라 어디에서 말해야 할 것인지도 명령하셨다. 그 권위는 아모스의 권위가 아니라 주님의 권위였던 것이다. 그러기에 말씀을 전해야 할 장소는 유다가 아니라 이스라엘이었던 것이다. 하나님은 말씀하셨고 아모스는 주님이 명하신 대로 예언해야 하는 것이다(참조, 3:8; 행 5:27~29).

7:16~17 이제 동일한 주님이 하나님의 명령하심을 감히 금하는 제사장에게 말씀하셨다(참조, 2:11~12). 아마샤가 그 나라에 대하여 하시는 하나님의 말씀을 거부했기 때문에 그와 그의 가족들은 그 나라와 똑같이 고통을 당해야만 할 것이었다. 포로로 잡혀가겠다는 하나님의 선고가 집행되어질 때(참조, 5:5, 27; 6:7; 7:11; 9:4), 그는 고향을 떠나 끌려가는 그

무리들 가운데 포함되어 있는 것이었다. 그의 부인은 한때 명성을 떨치며 가장 유명한 자로 생활했던 바로 그 성읍에서 창녀 노릇을 하며 생계를 유지할 것이다. 칼이 아들과 딸들을 내리치게 되면 그의 후손들과 그의 이름은 땅에서 소멸되고 말 것이다. 그의 땅은 다른 나라 사람들 손에 의해 "측량하여 나누어 질 것"이었으며(참조, 왕하 17:24; 렘 6:12) 그 자신은 이방(문자적으로 '더러운') 땅에서 객이 되어 죽을 것이다. 그는 자신의 직책을 빼앗기고 성소에서 추방당하게 될 것이고 이방 땅의 부정한 음식으로 더럽혀질 것이다(참조, 겔 4:13; 호 9:3~4).

만약 아마샤가 다르게 응답했던들, 또 아모스의 말씀을 듣고 회개했던들 그는 구원을 받았을지도 모른다(참조, 5:4~6, 14~15). 그러나 그는 이러한 일 대신에 땅의 군주와 결탁했고 자만에 가득 차서 안녕을 확실히 믿고 있었던 국가적 분위기에 빠져 들었고 하나님의 말씀 전하는 자의 권위에 대하여 자신의 권위를 고집했다. 그래서 주님께서는 조용히 다림줄을 당기셨던 것이다. 주님께서는 더 이상 아마샤를 구원하지 않으실 것이었다.

D. 최후의 열매(8장)

1. 환상(8:1~3)

8:1~2 통치하시는 주님이 아모스에게 네 번째로 나타나셨다. 이번에는 어떤 사물을 보이시면서 그에게 무엇인지를 물으셨다. 아모스가 "그것은

여름 과일 한 광주리이니다"라고 대답했을 때 주님은 "내 백성 이스라엘의 끝이 이르렀다"(문자적으로는 "종국이 이르렀다"이다)고 말씀하셨다.

주님이 하신 말씀 가운데 강조점은 '익은 과일'(1절)과 '때가 찾다'(2절)는 데 있다. '익은 과일'(카이츠[קיץ])은 '여름 과일' 혹은 '끝물의 과일'로 계절 중에 마지막으로 수확하는 과일이며 너무 무르익었기 때문에 곧 따서 먹지 않으면 안 되는 것이다. '차버린 때'(케츠[קץ])라고 하는 것은 '끝시간' 혹은 '잘라내어야 하는 시간'이란 뜻이며 수확의 때를 지나 죽음으로 이르는 때를 말하는 것이다.

이스라엘에 있어서 무서운 수확을 거둘 때가 가까워졌다. 즉 종국이 다가오고 있었던 것이다. 집행하는데 조금의 지체도 있을 수 없었고 남아 있는 유예 기간이라고는 조금도 없었다. 주님은 더 이상 그들을 남겨두지 않으실 것이다.

8:3 하나님이 이스라엘의 생명(참조, 5:2~3; 6:9~10)을 앗아버리시는 그 날에는(참조, 9, 13절; '주님의 날'에 대하여 상세히 알기 원한다면 5:18~20의 주해를 참조하라) 궁전의 노래가 애곡으로 변할 것이다(참조, 8:10; 5:16~17). 기쁨에 넘쳐 부르던 찬송 소리와 주님 안에서 가졌던 신뢰가 변하여 울며 부르짖는 장송곡이 될 것이며 주님의 손으로 행하신 모든 일들로 말미암아 불신으로 변할 것이다. 그들의 슬픔은 헤아릴 수 없을 정도로 많아질 것이며, 수많은 시체들이 모든 곳에 즐비할 것이었다. 살해당하는 일이 너무도 많아서 그 시체들을 매장할 땅이나 사람조차 부족할 것이다. 무수한 시체들이 땅에 버려져서 개나 새들의 먹이가 되고 땅의 토양을 북돋우는 거름으로 변할 것이다(왕상 14:11; 렘 8:2; 9:22; 16:4).

슬픔에 잠겼던 자들이 울음을 그쳤을 때, 그들이 눈물에 젖은 눈과 일그러진 얼굴을 들어 그들을 온통 삼켜버린 슬픔에 대한 이유를 찾게 되었을 때, 그들은 흐르고 있는 침묵만을 유일하게 느낄 수 있을 것이다. 아무런 대답도 들을 수 없을 것이다. 하나님은 더 이상 하실 말씀이 없을 것이다.

2. 결과(8:4~14)

하나님의 심판으로 말미암은 이 두 결과, 즉 인간의 슬픔과 하나님의 침묵하심은 4~14절 안에 더욱 잘 묘사되어 있다.

a. 인간의 슬픔(8:4~10)

그들의 욕심과 정직하지 못한 처사 때문에 하나님은 그 땅에 전례 없는 슬픔을 당하게 하셨다.

8:4~6 이스라엘에서 사업하는 자들은 단지 이익을 추구하는 마음뿐이었고 그들이 궁핍한 자를 짓밟고 가난한 자들을 그 땅으로부터 망하게 한다는 사실에 대하여 주의하지 않았다(참조, 2:6~7; 5:11). 돈을 벌겠다는 욕심에 사로잡혀서 사업가들은 매달 있는 월삭의 축제와 매주 안식을 지킴으로써 손해를 보는 것을 아까워했다. 그들은 이런 기회에 갖는 휴식이나 예배 같은 것이 빨리 지나가도록 안절부절못했으며(참조, 출 20:8~11; 23:12; 31:14~17; 34:21; 민 28:11~15; 왕하 4:23; 사 1:13~14; 겔 46:1~6; 호 2:11) 그 일이 끝나면 다시 미칠 듯이 장사하는 데 몰두했던 것이다.

그들은 간사한 방법으로 그들의 이익을 늘리는 일을 도모했다. 그들은 고객이 지불한 액수보다 적게 주려고 되를 깎아 쟀으며 중량을 재는 추를 더 무겁게 하여 고객들로 하여금 더 많은 돈을 지불하게 했고, 저울의 눈금을 속여서 이익을 취했다. 이러한 계약의 법을 어기는데 만족하지 않고(참조, 레 19:35~36; 신 25:13~16; 참조, 잠 11:1; 16:11; 20:10, 23; 호 12:7; 미 6:10~11), 그들은 질이 나쁜 제품, 즉 밀가루에 흙이 묻은 채로 쓸어 모은 가루까지 섞어서 포장하여 팔아 넘김으로써 그들의 죄를 더욱 무겁게 했다. 그들은 사람들이 겪을 고통이나 가난한 자들이 그러한 가격을 지불할 수 없는 일에 대해서는 전혀 고려하지 않았다. 그 대신에 궁핍한 자들이 별로 대수롭지도 않은 액수를 갚지 못할 때 강압하여 노예로 삼았다(신 한 켤레에 대하여 언급하고 있는 암 2:6을 참조하라).

8:7~8 그러나 주님은 홀로 맹세하셨다(6:8에서와 다르게 보고 있는데 4:2과 6:8의 주해를 참조하라. '야곱의 영광'이라는 말은 여기에서 하나님을 나타내는 칭호로 쓰이고 있다; 참조, 삼상 15:29). 하나님은 그들이 행한 어떤 악한 일들도 절대로 잊지 아니하리라 맹세하셨다. 그들의 양심 없는 욕심과 부정직 때문에, 그들이 계약의 법을 어긴 죄악 때문에 그들의 하나님은 그들을 대적하여 행하실 것이고 그 땅은 그분의 발자국 아래에서 두려워 떨 것이다. 진동의 소리가 너무도 요란해서 온 땅이 하수의 넘침 같이 솟아오르며 애굽 강같이 뛰놀다가 낮아질 것이다. 조각난 폐허와 건물들은 주님이 다니신 길에 살고 있었던 사람들로 하여금 슬피 울며 통곡하게 할 것이다.

8:9~10 벌을 내리시는 그 날은 어둠의 날이 될 것이다(참조, 5:18~20

의 주해). 왜냐하면 통치하시는 주님이 일식을 일으키실 것이기 때문이다. 즉 태양이 정오에 사라져서 환한 대낮에 땅이 온통 어두워질 것이다. BC 784년과 BC 763년에 있었던 일식은 아모스의 말씀을 듣는 자들로 하여금 이런 때에 당하게 되는 등골 오싹한 공포와 혼란을 상상할 수 있게 해 주었을 것이다. 그런 다음에 지진과(8:8) 어둠 가운데서 깊으시는 주님이 그 백성들을 처벌하는 일을 시작하실 것이다(참조, 5:2~3; 6:9~10; 8:3). 하나님은 그들의 절기를 장례식으로, 또 기쁘게 부르던 노래들은 슬피 우는 통곡으로 변하게 하실 때에는 하나님의 검이 온 땅에 전례 없는 슬픔을 가져다 줄 것이다(참조, 8:3). 생명을 잃는 일이 온 전역에 두루 일어나서 모든 가족들이 슬피 울고 모든 집들이 애곡하는 의식을 해야 할 것이다. 하나님은 그들 모두가 허리에 굵은 베(거칠게 짠 재질로서 보통 염소의 털로 만들어졌다)로 동이게 할 것이다(참조, 창 37:34; 삼하 3:31; 왕하 6:30; 욥 16:15~16; 단 9:3). 그리고 하나님은 슬픔의 표시로 그들의 머리를 깎게 하실 것이다(참조, 욥 1:20; 사 3:24; 15:2~3; 렘 47:5; 48:37; 겔 7:18; 27:30~31; 미 1:16). 그들이 느끼는 슬픔의 정도는 아끼던 독자가 죽어서 모든 희망을 잃어버린 가족들이 비통해 하며 애곡하는 것과 같을 것이다(참조, 렘 6:26; 슥 12:10). 그 날이 끝난다고 해서 그들의 슬픔이 끝나는 것은 아니었다. 그 슬픔의 절정은 그들을 또 다른 괴로움의 날로 인도할 것이었는데 그것은 애곡하던 자신들이 죽음을 당하는 곤고한 날을 말하는 것이다(사람이 죽임을 당하는 날을 "곤고한 날"이라 묘사하고 있다; 참조, 삼상 15:32; 욥 21:25; 전 7:26). 다른 사람들 때문에 애곡했던 그 사람들 자신이 죽을 것이다.

b. 하나님의 침묵(8:11~14)

인간의 이러한 슬픔으로 인한 고통은 하나님의 무서운 침묵 앞에서 훨씬 더 참기 어려울 것이다(3절).

8:11~12 이스라엘이 하나님의 말씀 듣기를 거부하였기에(참조, 2:11~12; 7:10~13, 16) 이제 그들은 더 이상 그분의 말씀을 들을 수가 없을 것이다. 통치하시는 주님이 기근을 보내실 것인데 그것은 지난날처럼 양식이 없는 기근이 아니라(참조, 4:6) 하나님의 말씀을 듣지 못하는 기갈일 것이다. 그들이 결사적으로 하나님께 부르짖겠으나 그분은 꿈으로도, 우림(Urim)으로도, 예언으로도(참조, 삼상 28:6; 참조, 삼상 3:1) 응답하시지 않을 것이다. 사람들이 이스라엘 전역을 돌아다니고 (남쪽에 있는 사해로부터 서쪽에 있는 지중해까지, 그리고 북쪽에서 동쪽까지) 용서와 희망에 대하여 설명하고 있는 주님의 말씀을 찾아 땅의 온 구석구석을 비틀거리며 다닐 것이다. 그러나 그들은 그것을 찾지 못할 것이다. 그들의 슬픔이 급기야는 그들로 하여금 "주님을 찾도록" 몰아갈 것이나(참조, 암 5:4~6) 결코 주님을 발견할 수 없을 것이다. 때가 너무 늦어버리고 만 것이다.

8:13~14 그날에는(참조, 3, 9절) 아름다운 처녀나 젊은 남자라 할지라도, 즉 열심히 찾는데 잘 견디어 낼 수 있는 자라 할지라도, 하나님의 말씀을 듣는 일에 믿을 수 없을 정도의 갈증을 느낌으로써 피곤하게 될 것이다. 하나님을 경배하는 일을 그릇 행한 자들이나, 사마리아(참조, 호 8:5~6)나 단(참조, 왕상 12:28~30; 왕하 10:29)의 송아지 우상에 맹세하

였거나 하나님의 능력의 상징인 브엘세바(참조, 암 5:5)의 상에 맹세한 자들은 허세 속에서 가장 먼 길을 건너갈 것이다. 사마리아의 우상은 부끄러움으로 불리거나, 더욱 문자적으로 해석해서 죄로 불렸다. 왜냐하면 우상숭배는 사마리아인들로 하여금 하나님 앞에서 죄를 짓게 했기 때문이다("단에서 브엘세바까지"라는 표현은 땅의 전역을 에워싸는 것이다; 삿 20:1; 삼상 3:20; 삼하 3:10; 17:11; 24:2, 15; 왕상 4:25; 대하 30:5). 그러나 그들의 간청은 아무 소용이 없을 것이다. 하나님은 그저 침묵하시고 계실 따름이다. 그래서 그들은 엎드러지고 다시는 일어나지 못할 것이다(참조, 암 5:2).

E. 갚으시는 주님(9:1~10)

다섯 번째이며 또한 마지막인 환상에서 아모스는 그분의 백성들 가운데 죄를 지은 모든 죄인들에 대하여 피할 수 없는 검을 휘두르시는 우주의 통치자에 대한 증언을 하고 있다.

1. 피할 수 없는 칼(9:1~4)

9:1 가을에 행해지는 축제 때 많은 무리가 벧엘에 있는 성소에 모이고 북왕국이 그들의 희생제물을 가지고 제단에 모일 때(참조, 왕상 12:31~33), 아모스는 주님이 제단 곁에 서 계신 것을 보았다. 하나님은 실로 '그들과 함께(참조, 암 5:14)' 계셨는데 이것은 그들을 축복하기 위해서가 아니라

죽이고 멸망시키기 위해서였다. 제단에, 성소에 그리고 백성들에게 '종말'이 다가왔던 것이다(참조, 3:14; 5:5~6; 8:1~3).

주님이 명령하시기를 기둥 머리를 쳐서 지붕이 부서지게 하고 이것이 큰 문지방조차도 움직이게 하도록 하셨다. 문지방이라고 하는 것은 그 위에 문설주가 세워지도록 만들어진 큰 바위덩어리였다(사 6:4; 겔 40:6).

아모스는 그의 환상 가운데 모여서 경배 드리는 사람들의 대부분이 죽어가고(참조, 삿 16:29~30) 모든 구조물이 내려앉아 버리는 것을 분명히 보았다. 왜냐하면 아직 살아 있는 모든 사람들의 목을 베어 버리라고 하시는 두 번째의 명령하심이 속히 임했기 때문이다. 주님은 아무도 도망 못 하게, 즉 한 사람도 살아남지 못하게 하시려고 작정하셨던 것이다(참조, 왕상 18:40). 그분은 살아남아서 재앙을 면한 자들을 쫓아가서 칼로 그들을 죽이실 것이다(참조, 암 9:4, 10).

9:2~4 그들이 아무리 노력하여 우주 바깥까지 도망친다 할지라도 주님은 그들을 찾아 죽이실 것이다. 음부로 내려갈지라도, 하늘로 올라가 숨을지라도 하나님의 진노로부터 피할 자는 아무도 없을 것이다(참조, 시 139:7~8; 그리고 롬 8:38~39에 나타나 있는 대조적인 내용을 참조하라). 그들이 갈멜 산의 우거진 숲 속에 숨거나(참조, 암 1:2) 혹은 석회석으로 만든 무덤 안에 피할지라도 주님은 찾아내어 끌고 나올 것이다. 만약 그들이 주님을 피하여 바다의 밑바닥에 숨는다 할지라도 그들은 그곳에 있는 뱀들조차도 그분의 명령에 따르는 것을 봄으로써 그곳 역시 주님께서 통치하고 계시다는 사실을 알게 될 것이다. 이 뱀은 바다에 사는 괴물로서, 바다의 패배당한 권세를 의인화한 것이다. 때때로 라합 혹은 리워야단이라 불리었다(참조, 욥 26:12~13; 시 74:13~14; 89:9~10; 사 27:1;

51:9~10). 원수들이 그들을 사로잡아 짐승처럼 다루면서 이방의 왕과 신의 권세 아래 둔다 할지라도, 아무도 그들을 하나님의 무자비한 칼로부터 보호해 줄 사람은 없을 것이다(참조, 암 9:1, 10). 그들이 가는 어느 곳이든지 간에 주님이 그들이 저지른 선이 아닌 악을 모두 감찰하셨기 때문에 도망한다는 것은 불가능한 것이다. 주님은 그들을 모조리 훼파하실 작정이었던 것이다.

2. 우주적인 통치(9:5~6)

9:5~6 아모스가 제단 곁에서 뵌 분은 전능하신 주님(1절), 즉 그 능력을 피할 수가 없는 위대한 통치자셨다(참조, 3:13의 주해). 이스라엘과 모든 다른 나라들뿐만 아니라(참조, 1:3~2:16; 3:9; 9:4, 7) 광대한 우주를 통치하시는 분으로서 하나님은 그들이 우주 안에서 피할 곳이란 아무 데도 없다는 사실을 분명하게 말씀하실 수가 있었던 것이다. 산들이 흔들리고 '녹아버리게' 하시고("평평하게 만들다". 참조, 미 1:3~4; 나 1:5), 모든 땅을 나일 강처럼 홍수로 덮어 버리시고, 거민을 애통해 하도록 하시면서(참조, 암 8:8) 단순히 손가락으로 땅을 만지시는 분께서는 분명히 땅의 어느 지점으로부터 반역자들을 '잡아내는'(참조, 9:2~3) 능력 있는 손을 가지고 계실 것이다. 하늘에 높은 전을 세우신 그분께서는 하늘에 안식처를 찾는 자에게 이르지 못하실 리가 없다(9:2). 바다의 물결을 움직이시는 분(참조, 5:8)께서는 그 가운데 거하는 것들을 복종시킬 수가 있었던 것이다(9:3). 주님이 바로 그분의 이름이신 것이다. 피조물에 대하여 그분께서 위엄을 가지고 통치하시며 능력으로 역사하신다는 말은 그 피조물들은 그분을 피해 도망할 수가 없다는 사실을 의미하는 것이다. 그리고 그분께서

는 주님으로서(여호와, 계약을 지키시는 하나님으로서) 자신의 말씀을 지키시며 동시에 반역하는 자들을 심판하실 것이다. 의미심장하게도 아모스서에서 "그 이름은 여호와시니라"라고 선포하고 있는 두 절은 그분께서 온 우주를 통치하신다는 사실을 말해 주고 있다(5:8; 9:6).

3. 공정한 처치(9:7~10)

9:7 그분의 백성으로서 지니고 있던 이스라엘의 특별한 위치도 그들이 벌을 받아야 하는 일로부터 구원해 줄 수는 없었다(참조, 3:1~2). 하나님은 그분의 통치 안에 있는 다른 나라들과 마찬가지로 그들을 대하실 것이다. 그들은 하나님 앞에서 오늘날의 이집트 남방이나, 수단 전역 그리고 북쪽 이디오피아에 해당하는 지역에 기거하고 있었던 구스 족속과 다를 바가 없었다. 이스라엘 족속들의 생각으로 구스 족속은 이방사람들로 알려진 세계의 변방에 거주하고 있는 별로 중요하지 않은 사람들에 불과하였다.

하나님은 모든 나라를 통치하시는 분이다. 주님께서는 이스라엘을 애굽에서 건져내셨을 뿐만 아니라(참조, 2:10; 3:1), 이스라엘의 주위를 싸고 있던 적들을 옮기시는 일을 역사 가운데 행하시기도 했다. 즉, 아마도 그레데 섬의 다른 이름이었을 갑돌에서 블레셋 사람을(참조, 렘 47:4; 습 2:5), 메소포타미아에 위치한 기르에서 아람 사람을(참조, 암 1:5) 옮겨놓으셨던 것이다. 하나님이 이들 두 나라들의 운명을 돌이키지 아니하신 것처럼(참조, 1:3~8) 하나님은 이스라엘을 포로로 잡혀가도록 작정하셨던 것이다(참조, 4:2~3; 5:5, 27; 6:7; 7:11, 17; 9:4). 그분께서는 어느 곳에서든지 반역하는 일이 일어나면 벌하실 것이다.

9:8~10 하나님은 이스라엘과 다른 나라들 사이에 아무런 구분을 두지 않겠다고 선포하신 후에 엄하게 죽음을 선포하는 최후의 포고를 내리셨다. 8~10절의 말씀은 아모스서에서 심판에 관하여 언급하는 세 개의 마지막 진술들이다. 그것들은 당위에서 범죄한 모든 사람들에게 내려질 공정하고도 명백한 죽음을 공언하고 있다.

비록 이 세 언급들이 국가의 어두운 장래를 분명하게 드러내고 있기는 하지만, 그것들은 또한 하나님이 심판 후에 있을 회복을 말씀하고 계시는 이 책의 마지막 부분을 예고해 주고 있다(11~15절). 처음의 두 진술들(8~9절)은 각각 남은 자들에 대한 간단한 암시로 마감하고 있다. 세 번째 진술(10절)에는 회복과 약속된 축복을 온전히 성취하시겠다는 하나님의 약속이 뒤따르고 있다.

통치하시는 주님의 눈길(참조, 4절)은 심판이 다가온다는 사실을 분명히 입증하기 위해서 범죄한 나라(이스라엘)를 계속 주시하고 있었다. 그분의 목적은 이스라엘을 땅의 표면으로부터 훼파시켜 버리는 것이다. 그들의 왕 되시는 분께서는 그 나라의 흔적조차 없어질 때까지 약속하신 저주를 온전히 내리실 것이다(참조, 1:2; 4:6; 이스라엘의 계약에 있어서 처벌에 대한 부분; 신 28:20, 24[멸하다], 45, 48, 51, 61, 63).

그러나 하나님이 야곱의 집은 온전히 멸하지 아니하실 것이다(즉, 북왕국. 참조, 암 3:13~14; 6:8; 7:2, 5; 8:7). 약간은 살아남을 것이다. 일찍이 살아남을 가능성이 있었던 일이(5:15의 '아마도'라는 말을 참조하라) 지금 확실해진 것이다. 하나님은 분명히 회개한 자들에게 자비를 베푸실 것이다(참조, 5:4~6, 14~15, 23~24).

하나님의 백성들이 어느 민족들 가운데 흩어져 있다 할지라도, 하나님은 그들을 곡식이 체질하는 키 안에서 이리 저리 굴러다니듯이 공평하게 그들을 휘저을 것이다. 그러나 한 알갱이라도 땅에 떨어지지 않을 것이다. 잘 만들어진 체가 티끌이나 먼지를 잘 걸러내듯이, 하나님도 체질을 통해 걸러내는 작업을 통해서 그분의 백성들 가운데 의로운 사람들을 가려낼 것이다.

어떤 사람들은 우리가 말하고 있는 체는 작은 곡식 알갱이가 구멍을 통해 떨어지게 하면서 돌이나 흙덩이를 모으는 일에 쓰여 지는 성글게 엮어놓은 것이라고 말하기도 한다(참조, 외경 집회서 27:5). 만약 그렇다면 '알갱이'(문자적으로 '조약돌'을 의미함. 참조, 삼하 17:13에 나타나고 있는 성벽으로부터 떨어져 나온 '조각')는 하나님의 심판으로부터 도피하도록 허락되지 않은 죄인과 관련이 있다.

각각의 해석에 있어서 최후의 요지는 같은 것이 된다. 즉, 하나님의 공정한 체질은 의인과 죄인을 구분할 것이라는 것이다. 하나님의 백성들 가운데 모든 죄인들은 하나님의 피할 수 없는 칼에 의해서 죽음을 당할 것이다(참조, 암 9:1, 4). 약속된 재앙이 그들을 훼파할 것이므로 그들의 가득 찬 자만과 자랑은 결국 끝장나고 말 것이다(참조, 6:1~3, 13).

Ⅴ. 심판 후의 회복(9:11~15)

하나님의 모든 심판이 지나간 후에, 즉 그 나라가 그 죄 때문에 받아야 하는 심판을 다 받고 난 후에, 주님은 자비하심으로 그의 백성들을 새롭게 회복시키실 것이다. 하나님은 다윗의 왕국인 북 왕국과 남 왕국 모두를 회복시키시고, 그 일을 통하여 땅의 모든 족속들을 축복하실 것이다. 하나님은 약속하신 저주를 돌이키시고 전에 없었던 번영을 그 땅에 가져다 주실 것이다. 흩어졌던 이스라엘은 그들의 본향으로 되돌아오게 되고 그 곳에서 안전하게 거하며 그 땅의 선한 일을 즐거워하게 될 것이다. 그때에 그들을 늘 '내 백성'(참조, 7:8, 15; 8:2; 9:10, 14; 참조, 호 2:23; 슥 8:8; 13:9)이라 부르셨던 하나님이 다시 한 번 '네 하나님'(암 9:15)이라고 허락해 주실 것이다.

A. 정책적인 갱생(9:11)

9:11 그날에(참조, 사 4:2; 미 4:6; 5:10) 하나님은 다윗의 무너진 장막을 일으키실 것이다. 앞장에서 '그날'이라 언급한 것은 어둠과 파멸의 날을 의미한 것이다(암 2:16; 3:14; 5:18~20; 8:3, 9, 11, 13). 그러나 이스라엘의 시련이 모두 끝나는 날에 '그날'은 분명히 다시 새롭게 회복하는 날이 될 것이다.

하나님은 북 왕국과 남 왕국의 다윗의 장막을 다시 일으키실 것이다. '장막'(문자적으로는 '칸막이 방'을 의미함) 혹은 '차일'은 간단하게 몇 개의 골조를 세우고 거기에 작은 가지들을 대충 얹어서 만든 것이다. 이것을 만든 목적은 들판에 진을 치고 있는 군인들이나(참조, 삼하 11:11; 왕상 20:12~16), 위병 근무를 서는 초병들(참조, 욘 4:5), 혹은 장막절에 순례하는 자들(참조, 레 23:33~42)이 그 아래에서 보호받을 장소를 마련하기 위한 것이다. 이스라엘의 모든 백성들을 보호하는 역할을 했던 다윗 왕조는 북쪽 열 지파와 남쪽 두 지파로 갈라짐으로 말미암아 무너지고 말았다(참조, 왕상 12장). 이 장막이 두 조각으로 갈라져 버렸던 것이다. 그러나 하나님은 다시 한 번 이 두 왕국을 다윗의 통치 하에 연합하도록 하시겠다고 약속하셨다(참조, 렘 30:3~10; 겔 37:15~28; 호 3:4~5). 하나님은 그것을 과거처럼 일으키시면서 기거하는 장막을 다시 세우고 부서진 부분을 고치실 것이다. 하나님은 다윗에게 행하신 신실한 약속을 수행하실 것이다. 그것은 다윗의 후손을 일으키셔서 주님의 통치를 영원히 세우실 것이라는 것이다(참조, 삼하 7:11~16, 25~29).

B. 국가적인 목적(9:12)

9:12 다윗 왕의 통치 하에 있는 통일된 왕국은 곧바로 모든 이방인들에 대한 축복의 근원이 될 것이다. 하나님의 백성에 대하여 영구적으로 적대하는 위치에 있으면서(참조, 민 20:14~21; 시 137:7; 옵 1; 암 1:11~12의 주해) 이스라엘의 모든 적대국들을 대표했던 에돔은 다윗에게 하신 약속 안에서 분깃을 상속받는 자가 될 것이다. 즉, 이스라엘은 에돔의 남은 자를 소유하게 될 것이다(참조, 옵 19절). 사실 모든 족속들이 하나님의 이

름을 가지게 될 것이므로, 그들 모두는 다윗 왕의 통치 하에 있게 될 것이다. '어떤 사람의 이름을 가진다'는 것은 그 사람의 통치와 보호 아래 있게 되는 것을 의미했다(참조, 신 28:9~10; 삼하 12:26~28; 왕상 8:43; 사 4:1; 63:19; 렘 15:16; 단 9:18~19). 모든 족속들은 하나님께 속하기에(참조, 암 1:3~2:16; 3:9; 9:4, 7) 앞으로 다가올 왕국의 축복 안에 거하게 될 것이다.

태초부터 하나님의 경륜은 이방 나라들에게 구원을 베푸시는 것이다. 아브라함에게 행하신 하나님의 약속은 그의 자손들을 통해서 "땅 위의 모든 사람들"이 축복을 받을 것이라는 것이다(창 12:3. 참조, 18:18; 22:17~18; 26:3~4; 28:13~14). 이사야를 통해서 하나님은 다윗 혈통의 왕인 메시아가 빛과 정의를 가져다 줄 것이고 주님을 아는 충만한 지식을 땅 위의 모든 족속들에게 베풀 것이라는 사실을 계속해서 확증하셨다(참조, 사 9:1~7; 11:1~13; 42:1~7; 45:22~25; 49:5~7; 55:1~5). 하나님은 다윗의 자손이 통치하게 하시면서 왕국을 회복하실 때(천년왕국: 그리스도가 재림하여 지상을 통치하신다는 신성한 천년 간-역자 주)에는 유대인들과 이방인들 모두가 주님의 이름을 간직하게 될 것이다.

예루살렘 회의 때 야고보는 그가 살고 있는 당시에 이방인들이 구원받기 위해서 할례를 행하거나 유대인들처럼 살아갈 필요가 없다는 증거로 아모스 9장 11~12절의 말씀을 인용했다(참조, 행 15:1~20). 야고보는 이스라엘의 심판이 아직 끝나지 않았음을 알고 있었다(주님께서 성전이 파괴될 것이고 박해가 다시 시작되어 죽음을 당할 것이라고 말씀하셨다. 참조, 마 24:1~22; 눅 21:5~24. 그리고 아직 회복은 시작되지 않고 있었다; 참조, 행 1:6~7). 그러나 야고보는 아모스의 간결한 진술과 다른 예언자들이 여러 곳에서 폭넓게 말씀해 놓은 것들로부터(참조, 행 15:15이 '예언자들'이라 말하고 있다. 또 사 42:6; 60:3; 말 1:11을 참조하라) 약속된 왕국이 올 때에 이방인들은 유대인과 유사한 사람들이 아닌 이방인으로서 그 왕국의 분깃을 소유하게 될 것이라는 사실을 알았던 것이다. 이것이 하나님의 경륜이었기에 야고보는 교회가 이방인들에게 자신들의 정체성을 버리고 유대인들처럼 살아야 한다고 강요해서는 안 된다고 결론을 내렸다. 야고보는 교회가 아모스 9장 11~12절에 있는 이스라엘에 대한 약속을 이루어 간다고 말하지 않았다. 그는 이방인들은 아직 오고 있는 천년왕국 때에 구원을 받을 것이기 때문에 그들은 교회 시대에 유대인들이 될 필요가 없다고 말하고 있는 것이다(여기에 대해서 더 광범위한 언급을 하고 있는 행 15:15~18을 참조하라).

C. 번영, 평화 그리고 영구성(9:13~15)

9:13 하나님이 모든 저주를 거두시고(4:6의 주해와 '약속된 징계 조항들'을 참조하라) 그 땅에 약속하신 축복을 회복시키실 때(참조, 레 26:3~10; 신 28:1~14) 그날은 이를 것이다. 한발과 기근 대신에(1:2; 4:6~8) 영원한 번영이 있을 것이다(참조, 9:13; 레 26:3~5, 10; 신 28:4~5, 8, 11~12). 전쟁의 소용돌이 대신에(암 2:13~16; 3:11, 15; 4:10~11; 5:2~3; 6:9~10; 7:17; 9:1, 10) 이스라엘로 하여금 애쓴 열매를 즐거워하게 하는 깨어지지 않는 평화가 있을 것이다(14절. 참조, 레 26:6; 신 28:6). 사로잡힘의 두려움 대신에(암 4:2~3; 5:5, 27; 6:7; 7:11, 17; 9:4) 이스라엘은 모든 적으로부터 자신을 방어하고 땅에 남아 있을 것이다(15절. 참조, 레 26:7~8; 신 28:7, 10).

하나님이 이스라엘을 회복시키실 그 날에는 땅이 너무도 기름지기 때문에(참조, 사 27:6) 10월에 '밭 가는 자'가 5월에 추수를 마쳐야만 하지만 '곡식 베는 자'를 구하지 못해 기다려야만 할 것이다. 7월에 포도를 밟는 사람은 오랫동안 기다리던 쟁기 가는 사람이 일구어 놓은 땅에 계속해서 새로운 씨앗을 뿌리며 경작하는 사람을 보게 될 것이다. 포도나무는 산 중턱에 너무나 많은 열매를 맺게 되어 언덕은 온통 새 술(참조, 욜 3:18)로 넘쳐나 흘러갈 것이다(문자적으로는 '녹다'라는 뜻). 너무도 많은 즙이 포도송이에서 떨어지거나 저장한 통에서 흘러 나와서 산들을 멀리서 볼 때 부드럽게 된 진흙이 경사면을 흘러 내리는 것처럼 보일 것이다.

9:14 하나님이 회복시키신 이스라엘 백성들은 평화 가운데서 살아갈 것이며 호화로울 정도의 풍요로움을 즐기게 될 것이다. 전쟁 때문에 야기된 혼란과 불안정은 지나간 일에 불과할 것이다(참조, 사 2:4; 미 4:3). 그들은 집을 지을 것이며(참조, 암 5:11) 거대한 성읍도 건축할 것이며 그 가운데서 살아갈 것이다(참조, 사 32:18). 그들은 먹고 마시며 그들의 손으로 행하는 노고 가운데서 즐거움을 얻게 될 것이다.

9:15 하나님은 이스라엘을 본토에 심으실 것이며, 하나님이 주신 땅으로부터 두 번 다시 뽑히거나 포로로 잡혀가지 않을 것이다(참조, 창 13:14~15; 17:7~8; 신 30:1~5; 삼하 7:10; 렘 30:10~11; 욜 3:17~21; 미 4:4~7). 그 땅에 이스라엘이 거할 것이다(참조, 겔 37:25; 욜 3:20; 슥 14:11). 주님은 분명히 "이 일을 행하실 것이다"(암 9:12). 왜냐하면 하나님은 과거에도 계셨고, 지금도 함께 하시며, 또 장차 올 그 날에도 항상 그들의 하나님이 되실 것이기 때문이다.

참고 문헌

- Barton, John. *Amos's Oracles against the Nations : A Study of Amos 1:3-2:5*. Cambridge University Press, 1980.
- Cohen, Gary G., and Vandermey, H. Ronald. *Hosea / Amos*. Everyman's Bible Commentary. Chicago : Moody Press, 1981.
- Cripps, Richard S. *A Critical and Exegetical Commentary on the book of Amos*. 2nd ed. London : S. P. C. K., 1955. Reprint. Minneapolis : Klock & Klock Christian Publishers, 1981.
- De Waard, Jan, and Smalley, William A. *A Translator's Handbook on the Book of Amos*. Stuttgart : United Bible Societies, 1979.
- Feinberg, Charles L. *The Minor Prophets*. Chicago : Moody Press, 1976.
- Hammershaimb, Erling. *The Book of Amos : A Commentary*. Translated by John Sturdy. New York : Schocken Books, 1970.
- Harper, William Rainey. *A Critical and Exegetical Commentary on the book of Amos and Hosea*. The International Critical Commentary. Edinburgh : T & T. Clark, 1905.
- Mays, James Luther. *Amos : A Commentary*. Philadelphia : Westminster Press, 1969.

- Motyer, J. A. *The Day of the Lion : The Message of Amos*. Downers Grove, Ill. : Inter Varsity Press, 1974.
- Tatford, Frederick A. *The Minor Prophets*. Vol. 1. Reprint(3vols.), Minneapolis: Klock & Klock Christian Publishers, 1982.
- Veldkamp, Herman. *The Farmer from Tekoa*. St. Catherines, Ontario : Paideia Press, 1977.
- Wolf, Hans Walter. *Joel and Amos*. Translated by Waldemar Janzen; Dean McBride, Jr.; and Charles A. Muenchow. Philadelphia : Fortress Press, 1977.

מֵאֵת יְהוָה וְצִיר בַּגּוֹיִם שֻׁלָּח קוּמוּ וְנָקוּמָה עָלֶיהָ לַמִּלְחָמָה
חֲזוֹן עֹבַדְיָה כֹּה־אָמַר אֲדֹנָי יְהוִה לֶאֱדוֹם שְׁמוּעָה שָׁמַעְנוּ
הִנֵּה קָטֹן נְתַתִּיךָ בַּגּוֹיִם בָּזוּי אַתָּה מְאֹד
שֹׁכְנִי בְחַגְוֵי־סֶלַע מְרוֹם שִׁבְתּוֹ אֹמֵר בְּלִבּוֹ מִי יוֹרִדֵנִי אָרֶץ
שִׂים קִנֶּךָ מִשָּׁם אוֹרִידְךָ נְאֻם־יְהוָה זְדוֹן לִבְּךָ הִשִּׁיאֶךָ
כַּנֶּשֶׁר וְאִם־בֵּין כּוֹכָבִים

The Bible Knowledge
Commentary 17

Obadiah
서론

서론

　21절로 구성된 오바댜서는 구약성경에서 가장 짧은 책이다. 많은 사람들에게 이 책은 거의 알려져 있지 않으며 또한 관심을 끌지 못하고 있다. 오바댜서의 메시지는 주로 앞으로 당할 불행한 운명과 심판에 관한 것이며 이것은 신약성경에서 인용되지 않고 있다. 오바댜서는 조심스럽게 공부하고 읽어 나갈 가치가 있는 책이다. 왜냐하면 이 책은 하나님의 공의에 대한 능력 있는 메시지를 포함하고 있기 때문이다. 하나님의 공의는 이스라엘의 영원한 적인 에돔에 대한 복수를 선포하고 있다. 에돔에 대한 심판은 구약성경에 있어서 다른 나라들에 대한 심판보다 더 많이 언급되고 있다(참조, 사 11:14; 34:5~17; 63:1~6; 렘 9:25~26; 25:17~26; 49:7~22; 애 4:21~22; 겔 25:12~14; 35; 욜 3:19; 암 1:11~12; 9:11~12; 말 1:4).

　오바댜서는 기록된 모든 예언서 메시지의 축소판이라 말할 수 있다. 오바댜는 짧은 글을 통해서 이스라엘 족속을 압제했던, 믿음 없는 이방 족속에 내려질 하나님의 심판을 말하고 있다. 또한 하나님을 향한 믿음이 있는 이스라엘에 대한 하나님의 은혜를 기록하고 있다. 이 이중 구조가 대선지서와 소선지서를 꿰뚫어 볼 수 있게 짜여 있다.

　이 작은 책은 큰 죄에 해당하는 자만과 오만함에 대한 위험을 말하고

있다. 다른 사람들을 착취함으로 인해 생겨 나는 우월 감정이 얼마나 위험한지 말하고 있다. 오바댜는 잠언 16장 18절의 진리를 도표로 그리듯이 입증하고 있다. "교만은 패망의 선봉이요 거만한 마음은 넘어짐의 앞잡이 니라."

저자

오바댜라는 이름은 다윗 군대의 한 장성(대상 12:9)과 아합의 종(왕상 18:3)과 요시아 시대의 한 레위인(대하 34:12)과 에스라와 더불어 포로 생활에서 돌아온 한 지도자(스 8:9)를 포함하여 적어도 구약에 열두 명의 사람이 같은 이름을 가지고 있다. 오바댜라는 이름이 "하나님을 경외하는 자"라는 의미를 가지고 있다는 사실 이외에 이 작은 예언서를 지은 저자에 대해서 알려져 있는 것은 아무것도 없다.

연대

성경이 오바댜서를 저술한 저자의 배경이나 생애에 관해 아무런 사실도 제공하고 있지 않기 때문에 이것이 기록된 연대에 대해서 많은 논쟁이 있어 왔다. 이 기록 연대에 대해서 (a) 여호사밧 왕의 아들인 여호람의 통치 기간 동안(BC 848~841년), (b) 아하스 왕의 통치 기간 동안(BC 731~715년), (c) BC 586년에 있었던 바벨론의 예루살렘 함락 사건 바로 직후인 BC 585년 등 세 가지의 추측을 제시하고 있다.

보수적인 입장을 취하는 학자들은 이 세 가지 견해를 골고루 받아들이는 반면에 가장 자유로운 입장을 취하는 학자들은 세 번째의 견해를 고집하고 있다. 소수의 학자들이 두 번째의 견해를 받아들이는데 그것은 역대하 28장 17절의 말씀이 에돔 족속의 예루살렘 공격과 백성들을 사로잡아 가는 사실을 말해 주고 있기 때문이다. 또 하나의 논쟁이 다음의 사실을 암시해 주기도 했다. 즉, 아하스 왕이 통치하던 때에 일어났던 오바댜서에 기록된 사건들(1~14절)은 아하스 시대 때 르신이 유다 족속을 몰아낼 때(왕하 16:6) 에돔이 엘랏(에돔 국경의 남쪽 끝부분) 지경으로 움직일 수 있었던 것을 의미하는 것이었다. 그러나 에돔 족속들이 엘랏 지경으로 움직여 가는 사건이 오바댜에 기록된 것과 완전히 일치하지는 않는다.

오바댜서가 예루살렘 함락 이후에 쓰였다고 주장하면서 오바댜서의 기록 연대가 늦은 것임을 말하는 측에서는 다음의 내용들을 포함하고 있다.

1. 오바댜서에 있는 여러 절들과 예레미야서 49장의 각 절들 사이의 유사성은 오바댜가 예레미야의 말씀을 인용했다는 사실을 암시해 주고 있다.

오바댜	예레미야
1절	49:14
2절	49:15
3~4절	49:16
5절	49:9
6절	49:10
8절	49:7
9절	49:22하
16절	49:12

2. 오바댜 12절에 나오는 '패망'이라는 단어는 유다가 바벨론에게 멸망당하는 것을 말하는 것이다.

3. 오바댜 20절에 두 번 나타나고 있는 '사로잡히다'(갈루트[גָּלֻת])라는 단어는 바벨론에서 포로가 되었던 유대인의 망명 생활과 관련이 있는 것이다.

4. 오바댜가 에돔 족속이 예루살렘을 압제하는 것으로 묘사하고 있는 장면은 시편 137편 7절에서 에돔 족속이 예루살렘을 훼파하는 것과 비슷하다. 또한 오바댜 16~18절의 말씀은 예레미야애가 4장 21~22절의 말씀과 유사하다.

그러나 이러한 논점들에 대한 답변은 가능하다.

1. 예레미야는 종종 먼저 기록된 예언서들을 인용하거나 넌지시 암시해 주고 있었다. 또한 요엘서에 있는 몇몇 절들은 오바댜서의 내용들과 유사하다. 요엘 2장 32절에 있는 "나 여호와의 말대로"라는 표현은 분

명히 오바댜서 17절의 말씀과 관계 있음을 말해 주고 있다. 그러기에 오바댜서는 BC 830년경에 기록된 것으로 추정되는 요엘서가 기록되기 이전에 쓰였음에 틀림이 없다. 8세기에 기록된 아모스서 역시 이 오바댜서를 참조하고 있는 듯하다. 항상 똑같은 단어를 쓰고 있는 것은 아니지만 요엘서와 아모스서에서 오바댜의 말씀을 인용한 부분을 비교해 보면 다음과 같다.

오바댜	요엘	오바댜	아모스
10절	3:19	9~10, 18절	1:11~12
11절	3:3	14절	1:6
15절	1:15	19절	9:12
	2:1		
	3:3~4, 14		
17절	2:32		
	3:17		

2. 오바댜 12절에 있는 '패망'이라는 단어가 유다가 바벨론에 의해서 완전히 초토화되는 것을 의미한다고 말할 필요는 없다.

3. 오바댜 20절의 '사로잡히다'(갈루트[גָּלוּת])라는 단어는 소그룹의 포로들을 말할 수도 있다. 이 단어가 바벨론에 잡혀가는 유대인 자체를 뜻한다고 말할 필요는 없는 것이다.

4. 에돔 족속들이 BC 586년에 예루살렘을 함락할 때 바벨론을 부추기고 선동한 것은 사실이다(시 137:7). 그러나 오바댜서에서 언급하고 있는 것은 느부갓네살 왕이 도시를 침략하여 성전을 약탈하고 불태우며, 가옥들을 불태우고, 성벽들을 무너뜨리는 일들을 저지르면서 성읍을 완전히 훼파해 버리는 일과 관련되어 있지 않다. 또한 성경 이외의 어떤 기

록에서도 바벨론이 "예루살렘을 얻기 위하여 제비를 뽑았다"(옵 11절)는 내용은 나타나 있지 않다. 그러기에 제비를 뽑은 일은 이보다 더 일찍 일어났을 가능성이 있는 것이다.

이러한 이유들을 감안해 볼 때 이 일들은 이보다 빠른 시기인 여호람 왕이 통치하던 기간(BC 848~841년)의 어느 때에 일어났을 가능성이 있다.

1. 오바댜서 12~14절에 나타나고 있는 히브리어 동사의 형태("아니할 것…"; "You should not…")는 에돔이 이미 오래 전에 자행했던 일을 또다시 범하지 않도록 경고하는 것이다. 만일 예루살렘이 오래 전에 멸망 당했다고 한다면 이러한 명령은 아무런 의미가 없는 것이 되고 만다.

2. 14절의 말씀은 예루살렘으로부터 도망쳐 나온 '도망자'를 말하는 것이다. 그러나 바벨론이 예루살렘을 함락할 때에는 그 어느 누구도 도망친 사람은 없었다(시드기야 왕과 측근의 몇 명이 예외적으로 도망치긴 했지만 그들도 곧 사로잡히고 말았다).

3. 오바댜서는 예루살렘 성이 완전히 함락되는 일이나, 성전과 집들이 불타는 일이나, 성읍의 벽돌이 훼파되는 일들을 전혀 언급하지 않았다.

4. 여호람 시대 때 에돔이 유다를 대적하여 일어나는 일(왕하 8:20~22)은 블레셋 사람들과 아라비아 사람들이 예루살렘을 침공하는 일(대하 21:16~17)과 동시에 일어났을 것이라 추측된다.

이것은 오바댜 11~14절의 말씀과 가장 잘 맞아 떨어진다. 블레셋 족속과 아라비아 사람들과 에돔 족속이 성읍에 진군해 올 때 각기 약탈하여 어느 부분을 자기 소유로 차지할 것인가를 결정하기 위해서 제비를 뽑았다.

역사적 배경

에돔 족속과 이스라엘 사이에 있었던 적대 관계는 인간관계에 있어서 조화를 이루지 못하는 예 가운데서 가장 오래된 것들 중 하나다. 그 다툼은 야곱과 에서가 그들의 어머니인 리브가의 태중에서 싸움하는 일로부터 시작되었다(창 25:21~26). 수년 후에 에서가 시장해서 약간의 팥죽을 받고 그의 장자권을 야곱에게 팔아 넘겨 버렸다. 이러한 이유 때문에 에서는 붉다는 의미를 가진 에돔으로 불리게 되었던 것이다(창 25:30). 에서가 태어날 때 그의 피부 또한 붉은색이었다(창 25:25). 나중에 에서는 사해의 남동쪽에 위치한 붉은 모래바위로 이루어진 지역인 세일 땅으로 옮겨 갔다(창 36:8~9). 그곳에서 그의 자손들인 에돔 족속들이 호리 사람들을 멸하였다(신 2:12, 22). 흥미롭게도 히브리어의 '세일'(שֵׂעִיר)이라는 말은 '에서'(עֵשָׂו)의 의미에 해당하는 '털이 많다'(שָׂעִר)는 뜻과 비슷한 말이다. '세일'과 '세일산'은 에돔을 나타내는 동의어가 되었다(참조, 대하 20:10; 25:11; 겔 35:15).

에돔은 이스라엘이 약속의 땅으로 가는 도상에 있을 때 이스라엘이 그들의 땅을 통과할 것을 거절한 적이 있었다(민 20:14~21). 하나님은 그들이 이스라엘과 형제지간이기 때문에 이스라엘로 하여금 미워하지 말도록 말씀하셨다(참조, 신 23:7). 그러나 적대 관계는 점점 심화되고 수세기 동안 계속되었다(겔 35:5). 사울(삼상 14:47), 다윗(삼하 8:13~14), 요압(왕상 11:16) 그리고 솔로몬(왕상 11:17~22), 이들 모두가 에돔의 자손들 때문에 야기되는 문제들을 안고 있었다. 유다의 여호사밧 왕과 이스라엘의 요람 왕은 모압을 공격하기 위해 에돔과 제휴를 맺었다(왕하 3장). 또한 여호사밧이 통치하는 동안에 에돔은 유다를 공격하기 위해 암몬 족속과 모압 족속과 연합했다. 그러나 그 공격은 암몬과 모압 족속이 에돔을 쳐부수어버림으로 말미암아 끝장이 나고 말았다(대하 20:1~2, 10~11, 22~26).

여호사밧의 아들인 여호람이 통치하는 동안에 에돔은 유다를 대적하여 일어나 그들의 왕을 세웠다(참조, 왕하 8:20~22; 대하 21:8). 그 후에 유다 왕인 아마샤가 에돔을 쳐부수었고 '셀라'라는 성읍의 이름을 '욕드엘'이라고 고쳐서 불렀다(왕하 14:7; 대하 25:11~12). 후에 에돔은 아하스가 통치하던 중인 BC 586년에 유다를 침공했다(대하 28:17). 에돔은 예루살렘을 함락시키기 위해서 바벨론을 부추겨서 선동했다(시 137:7).

6세기 후반 혹은 5세기 초반 무렵에 아라비아 북쪽 지방에서 번영의 신들과 여신들을 숭배했던 나밧 족속들이 대부분의 에돔 족속들을 몰아내 버렸다(옵 7절의 주해를 참조하라). 명백히 소수의 사람들이 에돔에 남아 있었고 나밧 족속들이 이들을 흡수해 버렸다. 나밧 족속들은 페트라(Petra) 신전의 석조 조각으로 유명한 자들이었다. 추방당한 에돔 족속들은 남유다를 헬라어로 표현한 이두매(Idumea) 지방에 정착했다. 후에 (BC 120년으로 추정) 그곳에 기거하는 에돔 사람들은 이두매인(Idumeans)이라고 불렸고 마카비 가문의 한 사람인 힐카누스(John Hyrcanus)에 의해서 정복당했는데 그는 그들을 강요하여 할례를 받게 했으며 유대교의 전통을 따르게 했다(Josephus *The Antiquities of the Jews*, 13.9.1; 14.7.9 참조). BC 37년부터 BC 4년까지 유다의 왕 노릇을 한 헤롯대왕은 이두매인(에돔 족속) 가운데 한 사람이었다.

이두매인들은 AD 70년 로마를 대적하여 싸울 때 유대인들과 연합했으나 로마의 장군인 디도에 의해서 완전히 패하고 말았다. 단지 소수의 이두매인들만이 도망쳤을 뿐이며 이 일 이후로 이두매인들은 역사 가운데 사라져 버리고 말았다.

The Bible Knowledge Commentary

개요

I. 에돔의 멸망(1~9절)

    A. 에돔을 멸망시키기 위해서 나라들에게 전해진 소명(1절)

    B. 에돔의 멸망에 대한 예언(2~9절)

        1. 전락하게 될 에돔의 교만(2~4절)

        2. 약탈당할 에돔의 부(5~7절)

        3. 살해당할 에돔의 백성들(8~9절)

II. 에돔의 죄악들(10~14절)

    A. 잘못된 태도로 인해 범죄함(10~12절)

    B. 잘못된 행동으로 인해 범죄함(13~14절)

Ⅲ. 이스라엘의 적들에 임하는 하나님의 심판(15~16절)

Ⅳ. 이스라엘 백성들에 임하는 하나님의 축복(17~21절)

    A. 이스라엘의 구원(17~18절)
    B. 이스라엘 지경에 대한 묘사(19~20절)
    C. 주님의 왕국을 세우심(21절)

לֹא אֵחוֹסָה הֲשִׁמּוֹתִיהַצִּירִשָׁבַּגוֹיִם שֻׁלָּח בְּאַחֲרִית יַקְדִישׁ וּבָקַר מִבְּנֵי עֵשָׂו לָזֹאת מְקֹמְךָ הֲמָה נְקוּמָה עָלֶיהָ לַמִּלְחָמָה
חֲזוֹן עֹבַדְיָה כֹּה־אָמַר אֲדֹנָי יְהוִה לֶאֱדוֹם שְׁמוּעָה שָׁמַעְנוּ
הִנֵּה קָטֹן נְתַתִּיךָ בַּגּוֹיִם בָּזוּי אַתָּה מְאֹד
שְׁכוֹנָה סַחֲגְוִי־סֶלַע יַלְעִיג וְיֵשֹׁאוּדְכָה וְתִשָּׁאוּד אֲמָתוֹ וּבַלֵּב טְמָנֵי מֵחָרוֹז הַגְבָהּתָא וַיֹּאמֶר בְּלִבּוֹ מִי יוֹרִדֵנִי אָרֶץ
מָנוּסַךְ נָא מִנֶּנּוּ שֻׁלָּח אוֹ כוֹכָבִים מֵאֵם קִטְרֵה מִשָּׁם אוֹרִידְךָ הַקָּדוֹשׁ נְאֻם אַף
כַּנֶּשֶׁר וְאִם־בֵּין כּוֹכָבִים

The Bible Knowledge Commentary 17
Obadiah 주해

주해

I. 에돔의 멸망(1~9절)

A. 에돔을 멸망시키기 위해서 나라들에게 전해진 소명(1절)

1절 '묵시'라는 말은 이사야 1장 1절, 미가 1장 1절, 그리고 나훔 1장 1절에서도 쓰이고 있는데 이것은 이러한 예언서들을 소개하기 위함이다(참조, 단 1:17; 8:1; 9:24; 호 12:10). 이것은 예언자가 하나님이 그에게 전하시는 것을 들었을 뿐만 아니라 '보았음'(정신적으로 또 영적으로)을 의미하는 것이다. 오바댜의 생애와 사역에 대해서 알려진 바는 아무것도 없다. 그의 이름은 보편적인 것으로서 '하나님을 경외하는 자'라는 뜻이다. 이 예언자는 통치하시는(아도나이[אֲדֹנָי]) 주님(야훼[יהוה])으로부터 직접 말씀을 받았다. '통치하시는' 이라는 단어는 그분이 모든 족속을 다스리신다는 사실을 강조하고 있으며 또한 '주님'이라는 단어는 그분께서 이스라엘과 맺고 있는 계약에 대해서 말해 주고 있다.

　에돔에 관해서 주님이 메시지(혹은 한 말씀)를 주셨다. 이것은 사자를 통해서 전해진 것인데 주님이 그들로 하여금 에돔을 부끄럽게 하기 위해서 연합하라는 것이다. 에돔을 쳐부수는 데 일익을 담당한 나라들 가운데는 나밧 족속들, 유대인들(힐카누스의 통치 아래 있는) 그리고 로마인들이 포함되어 있다. 이 사실은 성경의 많은 부분들을 두루 섭렵하여 볼 수 있는 진리를 지적해 주고 있다. 즉, 하나님은 땅 위에서 당신의 뜻을 성취시키기 위해 나라들을 사용하신다는 것이다.

B. 에돔의 멸망에 대한 예언(2~9절)

1. 전락하게 될 에돔의 교만(2~4절)

2절 에돔은 스스로의 부요함(무역으로 벌어들인 것, 약탈과 그 지역에 있는 철과 구리를 파내어서 이룩한 부)과 지형적으로 거의 침공당하지 않는 위치를 자랑스럽게 생각했다. 그러나 하나님은 그들이 우쭐대는 것과는 대조적으로 '작게' 만들어 버릴 것이며(히브리어에 강조되어 있다), 그리하여 멸시를 받게 될 것이라고(이것 역시 히브리어에 강조되어 있다) 말씀하셨다.

3~4절 에돔의 교만은 자신에게 어울리지 않는 것이었다. 왜냐하면 아무도 에돔을 침공하지 못하리라 생각하는 것은 스스로를 기만하는 일이었기 때문이다. 끓어 넘치게 하다라는 뜻을 가진 '지드'(זיד)에서 생겨난 '교만'(즈돈[זדון])이라는 말은 주제넘게 군다는 의미다. 이것은 야곱이 에서의 장자권을 받고 만든 팥죽(나지드[נזיד])을 요리하는 (זיד) 일을 떠올리게 한다(창 25:29). 에돔 족속들의 교만은 주제넘은 일로 온 지경을 뒤덮고 있었는데 이것은 그들의 조상이 먹었던 팥죽에 의해서 잘 묘사되고 있다.

이것에 준해서 생각해 볼 때 에돔이 스스로를 기만했던 것은 그들이 세일 산에 위치하고 있었기 때문에 지리적으로 안전하다고 여겼다는 사실이다. 그들은 바위 절벽으로 인해서 자연적으로 방호를 받고 있음을 굳게 믿고 있었다. 높은 곳에 있는 천연 동굴 안에서 살고 있었기 때문에 그들은 어떠한 적들의 공격에도 안전하리라 믿고 있었다. 에돔 사람들은 이렇게 높은 동굴이나 산 위에 있는 고지대에 살고 있었기 때문에, 과장되게 표현한다면 그들은 마치 독수리처럼 날아다니는 것 같았고 또 별들 사이에 보금자리를 마련하고 있는 것과 같았다.

에돔이 자만에 가득 차고 교만하여서 "누가 능히 나를 땅에서 끌어내리겠느냐?"라고 말한 것에 대해 주님께서는 "그들을 땅에서 끌어내리겠다"고 말씀하신다. 하나님은 마치 독수리같이, 스스로 독수리처럼 안전하다고 생각하는 자들에게 임하신다(참조, 렘 49:22). 에돔이 비록 인간들에 의해서는 거의 공략당하지 않을 정도로 안전했지만, 가까이 오시는 하나님을 피할 수가 없었다.

2. 약탈당할 에돔의 부(5~7절)

에돔은 스스로 생각하기를 부요하고(6절), 이웃 나라들과 연대해 있고(7절), 지혜로우며(8절), 군대가 강성하다고 믿으며(9절) 교만해 있었다. 에돔 지역에 위치한 기름진 계곡들은 외국과의 활발한 교류로 교역의 중심지 역할을 하고 있었다.

5~6절 오바댜는 지금 에돔에게 다가오고 있는 심판을 조목조목 열거하고 있다. 첫째로, 그는 밤에 원하는 만큼 훔쳐가는 강도들에 대하여 말하고 있다. 둘째로, 그는 에돔의 수치를 가난한 자들이 취하여 주워가도록 '약간의 포도만을 남겨 둔' 포도원에서 일하는 노동자들에 비기고 있다. 이와는 대조적으로 에서가 당할 환란(참조, 13절, 예루살렘이 당할 '환란') 중에서는 남아 있는 것이 하나도 없을 것이다. 강도들이나 포도를 따는 사람들은 일반적으로 있는 것 모두를 다 취해서 가져가 버리지는 않는다. 그러나 에서를 약탈할 사람들은 아무것도 남기지 않을 것이다. 여기에서 사용되고 있는 '에서'는 마치 '야곱'이 이스라엘의 동의어로 종종 사용되듯, 에돔과 같은 말로 사용되고 있다. 에돔은 약탈을 당하고 벌거벗은 수치를 면하기 어렵게 될 것이다. 침략한 사람들은 깊은 동굴 속에 감추어 두었을지도 모르는 보물들을 찾을 것이고, 에돔을 황폐한 그대로 내버려 둔 채 보물들을 가져가 버릴 것이다.

7절 에돔은 이웃 나라들과 맺은 동맹의 관계에 대해서 자만하고 있었다. 아마도 이웃 나라들은 에돔과 우호적인 무역을 하기 위해서 동맹국이 되었을 것이다. 그러나 에돔이 전적으로 믿고 있었던 이 동맹국들이 에돔의 적들로 변할 것이다. 그들은 에돔을 기만하고 또 지배하면서 에돔을 국경 지역으로 쫓아내어 버릴 것이다. 묘하게도 스스로의 자만에 기만당한 에돔은(3절) 이제 동맹국들에 의해서 기만당하게 될 것 아닌가! 알려진 적들에 의한 침공이 아니라 동맹을 맺은 자들의 복병에 의해 당하게 되는 일은 얼마나 큰 비극인가. '네 먹을 것을 먹는 자들'이란 친구나 동맹국을 말하는 것이다(참조, 시 41:9).

오바댜 7절에 있는 또 다른 아이러니는 지혜로운 사람들로 유명한 에돔(참조, 8절; 렘 49:7)이 동맹을 제휴했던 나라들의 술책을 전혀 알 수 없었다는 점이다. 여기에 언급된 에돔의 쇠락은 아마도 BC 6세기 후반이나 5세기 전반에 나밧 족속들이 향연에 초대했던 에돔 족속들을 침공했을 때 성취된다. 한때 에돔 영역에 환영을 받으며 들어왔던 나밧 족속들이 이제는 돌변하여 동맹국들을 대적하고 파수꾼들을 죽이게 되었던 것이다.

3. 살해당할 에돔의 백성들(8~9절)

8~9절 하나님은 자만하던 에돔을 낮추시고(4절), 또 그들을 쳐 없애 버림으로 전락시켜 버리실 것이다(2절). 지금 그분께서는 에돔의 지혜 있는 자들을 멸하며, 에서의 산에서 지각 있는 자를 멸하실 것이라고 말씀하셨다. 에돔의 지혜 있는 지도자는 에돔을 구원해낼 수 없을 것이다. 에돔의 힘 있는 용사라 할지라도 완전한 곤경 가운데 처하게 될 것이고, 에서

의 산에서(참조, 19, 21절) 안전을 찾는 모든 에돔 족속들은 살해당할 것이다.

에서 손자의 이름인 드만(창 36:10~11)은 나라 전체를 나타내고 있다(참조, 암 1:12). 에돔의 자만은 스스로를 완전한 수치 가운데로 끌고 갔다. 에돔의 안녕과 부귀영화는 사라져 버렸고 지혜로운 지도자들, 군인들 그리고 그 밖의 다른 사람들은 모두 하나님의 전능하신 손 아래로 떨어져 버리고 말았다. 지형적인 위치나 군사적인 힘이나 지혜 그 어느 것도 에돔에게 안녕을 가져다 줄 수가 없었다. 하나님을 떠나 스스로의 힘으로 안녕을 찾기 위해 노력하는 믿음 없는 자들의 자만심이 가져다 주는 희망이라는 것이 얼마나 어리석은 것인가?

Ⅱ. 에돔의 죄악들(10~14절)

　오바댜는 하나님이 에서의 자손들인 에돔에게 내리실 심판이 얼마나 큰 것인가를 깨닫고 난 다음 하나님의 심판에 대한 이유들을 말하고 있다. 예언자는 에돔의 죄악에 가득 찬 태도들(10~12절)과 유다를 대적한 행위들(13~14절)에 대하여 말하고 있다.

A. 잘못된 태도로 인해 범죄함(10~12절)

10절 하나님이 예언하시기를 에돔은 자신의 교만함과 대조적으로 완전히 부끄러움을 당할 것이고(3절), 멸절 당할 것이다(7~8절). 왜냐하면 그들은 그들의 형제 야곱, 즉 야곱의 자손들에게 난폭하게 했고, 상처를 입혔고, 무자비하게 압제를 가했기 때문이다(욜 3:19). 오바댜는 혈족들을 난폭하게 대하는데 대한 두려움을 암시해 주기 위해서 의도적으로 유다 족속들을 에돔의 '형제'로 말하고 있다. '포학'과 '형제'를 나타내는 히브리어 단어들이 이 절 속에 명확하게 함께 쓰이고 있다.

11~12절 11~14절 가운데 그날(on the day)과 그날에(in the day)라는 말이 8번 나타나고 있다(히브리어로는 10번이다). 외국의 군대들이 유다를 대적하여 침공해 갈 때 그들은 각각 예루살렘의 어느 부분을 약탈할 것인가를 결정하기 위해서 제비를 뽑았다. 에돔이 멀리 떨어져 있으면서 이 일에 무관심했다는 사실은 자신의 혈족을 대적하여 침공을 감행한 이방족

속들과 다른 점이 전혀 없다는 것을 말해주고 있다('네가'라는 표현은 히브리어에 있어서 강조하는 뜻을 가진다). 아래에 계속해서 그들의 무관심에 대하여 언급하고 있다. (a) 형제의 불행을 보고 히죽거리며 웃는 일(멸시하는 일. 참조, 13절) (참조, 10절) (b) 유다의 패망을 즐거워하는 일 (c) 심지어 형제의 고통을 자랑하는 일. '자랑하다'(boast)라는 단어는 문자적으로 교만함의 또 다른 큰 표현을 취하면서 '입을 크게 벌리다'라는 의미를 지니고 있다.

B. 잘못된 행동으로 인해 범죄함(13~14절)

13~14절 유다에 대한 에돔의 죄악은 유다의 불행을 즐거워하는 방관자가 되는 일을 능가하는 것이다. 잘못된 태도로 인해 범행을 저지르게 되었기 때문이다. 에돔은 예루살렘의 성문으로 들어갈 때조차도 재앙 가운데 있는 하나님의 백성들에 대하여 교만한 마음을 품고 멸시하며(참조, 12절) 들어갔다. 에돔은 그들의 재산을 약탈했고, 도망가려는 자들을 잡아 죽였으며, 살아 남아 있는 모든 자들을 침공한 군대에게 넘겨 버렸다. '그들이 환란을 당하는 날에'(13절)라는 말씀이 세 차례 거듭 언급되고 있는 것은 유다가 경험했던 재앙의 효력을 훨씬 증대시켜 주고 있다('환란'이라는 단어를 5절에서는 에드[אֵיד]라는 말로 쓰고 있는데 이것은 히브리어 에돔[אֱדוֹם]과 비슷하다). 심중에 감추어진 범죄는 범행을 저지르는 행동으로 드러난 것이었다.

언제 이 모든 것이 일어났는가? 이것은 아마도 여호사밧의 아들인 여호람이 다스릴 당시 블레셋과 아라비아 사람들이 예루살렘을 침공했을 때 일어났을 것이다(참조, 왕하 8:20~22; 대하 21:16~17). 오바댜가 에돔에게 이러한 일들을 다시는 하지 말 것을 말하고 있기 때문에(참조, 12~14절에 "할 것이 아니며"[…should not]로 표현되고 있다), 그는 아마도 예루살렘이 느부갓네살에게 완전히 패망하는 시간에 대하여 쓰고 있는 듯하다(서문의 '연대'와 '역사적 배경'에서 설명하고 있는 내용들을 참조하라).

Ⅲ. 이스라엘의 적들에 임하는 하나님의 심판(15~16절)

15절 에돔은 자만함으로 하나님을 대적하는 모든 족속들에 임할 하나님의 심판(참조, 사 34:2)에 대하여 입증해 주고 있다. 주님의 날은 하나님이 세계의 사건들 가운데 개입하심으로써 심판을 행하시는 어떤 때를 말하는 것이다. 이것은 대개의 경우 다음의 두 가지를 뜻한다. (a) 대 환란의 때에 하나님이 심판을 행하시는 일과 주님께서 영광 중에 다시 오실 때 내리시는 하나님의 심판 (b) 하나님이 천년왕국을 세우시는 일. 다른 말로 표현하자면 주님의 날이란 그분이 모든 것들을 그분의 통치 하에 두게 될 때를 말하는 것이다.

에돔이 당할 수치는 주님이 에돔처럼 이스라엘을 박대한 모든 나라들에게 행하실 일들에 미리 나타나 있었다. 과거에 당한 수치 이외에 에돔은 가까운 장래에 다시 사람들이 모여 기거할 것이며(옵 16절의 주해를 참조하라), 다른 나라들과 더불어 예수 그리스도가 그의 왕국을 세우기 위해서 재림하실 때 하나님의 진노 아래로 다시 들어갈 것이다.

하나님이 에돔에 내리시는 심판은 에돔의 죄악에 상응하는 것이다. 에돔('너'는 단수형이다)이 유다에게 행한 것처럼 자신에게 임할 것이다. 즉, (1) 에돔이 예루살렘을 약탈했다(13절), 그러기에 에돔 역시 약탈을 당하였다(6절. 참조, 렘 49:10). (2) 에돔이 유다의 망명자들을 죽였다(14절. 참조, 암 1:11). 그러기에 에돔 역시 살해를 당했다(8절. 참조, 사 34:5~8; 겔 32:29; 35:8) (3) 에돔이 유다의 살아남은 자들을 적에게 넘겨 주었다(14절. 참조, 겔 35:5). 그러기에 에돔과 조약을 맺은 동맹국들이 에돔을 배척해 버렸다(7절). (4) 에돔이 유다의 환란을 기뻐하였다(12절. 참조, 겔 35:15). 그러기에 에돔은 부끄러움을 당했고 멸망하고 말았다(10절).

16절 에돔이 성읍에 들어갔을 때(13절), 에돔은 예루살렘에서 벌어진 음주 축제에 참여하게 되었다(내 성산. 참조, 시 2:6; 3:4; 15:1; 24:3; 78:54; 단 9:16, 20; 습 3:11). 이스라엘을 대적한 다른 나라들 역시 하나님의 심판을 감수해야 할 것인데, 이것은 종종 마셔야 할 잔으로 묘사되고 있다(참조, 사 51:17, 21~23; 렘 25:15~33; 합 2:16; 계 14:9~10; 16:19; 사 63:6). 이러한 나라들은 예수님이 이 땅에 재림하실 때(계 19:15, 17~18, 21) 너무도 철저하게 훼파되어 버릴 것이기 때문에 마치 존재조차 없었던 것처럼 사라져 버릴 것이다. 에돔은 이러한 심판을 경험하게 될 것이다. 비록 로마 군대가 이두매를 정복했을 때 에돔이 국가로서 존재하는 일은 없어져 버리고 말았지만 에돔의 자손들 가운데 약간은 미래에 그들의 땅에서 다시 기거하게 될 것이다. 오늘날에 있어서도 요르단의 일부분인 그 땅은 완전히 황폐화되지는 않았다. 그러나 그때에는 에돔 족속들이 완전히 쓸어버림을 당하게 되고(참조, 18절) 그들의 영토는 천년왕국 때에 이스라엘 족속들에 의해서 점령당하게 될 것이다(19, 21절).

Ⅳ. 이스라엘 백성들에 임하는 하나님의 축복(17~21절)

A. 이스라엘의 구원(17~18절)

17~18절 비록 에서는 하나님의 진노로 멸망 당할 것이나, 하나님의 은혜 안에 거하는 이스라엘은 구원을 체험할 것이다. 이스라엘은 적들로부터 해방될 것이다. 예루살렘의 동의어로 쓰이고 있는(참조, 삼하 5:7; 애 1:4; 습 3:14의 주해를 참조하라) 시온 산 (21절)은 비록 에돔에 의해서 더럽혀졌지만(13절) 거룩하게 될 것이다(참조, 사 52:1; 슥 14:20~21). 그리고 이스라엘에게 약속된 땅(창 15:18~21)은 야곱(참조, 19~20절)의 집(후손들)에 의해서 점령될 것이다.

하나님을 의뢰하는 계약의 백성들은 결국 구원을 받을 것이다. 즉, 그들은 하나님에 의해 선별될 것이다. 야곱(남 왕국)과 요셉(북 왕국)은 연합하게 될 것이고(겔 37:15~23), 에돔을 훼파시킬 것인데(에서의 집. 참조, 6절), 이것은 마치 불길에 쉽게 타버리는 지푸라기와 같을 것이다(참조, 슥 12:6; 말 4:1). 그때 이스라엘의 오랜 적이었던 에돔 족속들은 최후에 멸망해 버릴 것이다. 에돔이 유다 족속의 남은 자들을 죽인 데 대한 보복으로 에돔 족속 가운데 살아남는 자는 아무도 없을 것이다(14절). 이 진리는 "주님께서 말씀하셨다"라는 말로 분명히 확증된다. 하나님이 이것을 말씀하셨기 때문에 아무런 이의를 제기할 수 없는 것이다.

B. 이스라엘 지경에 대한 묘사(19~20절)

19~20절 여기에서 오바댜는 하나님의 백성들에게 회복되어 주어질 약간의 지경들에 대하여 묘사하고 있다(여기에 언급된 장소들의 위치를 알기 위해서는 아가서와 이사야서 사이에 있는 '예언자들이 활동했던 시대의 이스라엘과 주변 국가들'이라는 지도를 참조하라). 이스라엘의 남쪽 사막 지경(네게브)에 있는 자들은 에돔(에서의 산들. 참조, 8, 21절)을 얻은 것이다. 이것은 민수기 24장 18절, 이사야 11장 14절 그리고 아모스 9장 11~12절의 말씀을 성취하게 될 것이다.

서쪽 기슭에 있는 이스라엘 족속들은 해안 평지를 포함해서 남방의 블레셋 땅으로 옮겨갈 것이다. 그래서 그들은 중앙에 위치한 이스라엘(에브라임과 사마리아)을 되찾게 될 것이며, 작은 베냐민은 그들의 지경을 요단의 동쪽인 길르앗까지 확장될 것이다. 포로로 잡혀서 끌려갔던 사람들은 돌아올 것이고 사르밧까지의 영토를 소유하게 될 것이다. 예루살렘에서 스바랏으로 끌려갔던 다른 사람들은 네게브 지경을 소유할 것이다.

스바랏의 위치에 대한 암시들은 두 나라(스페인, 메디아)와 두 성읍들(리비아에 있는 헤스페리데스와 소아시아에 있는 사데를 포함하고 있다.)을 의미한다. 이것은 아마도 아카드의 사바르두와 같은 곳일런지도 모른다. 만약 스바랏이 소아시아에 있는 사데와 일치한다면 그곳에 있는 유대인들은 400마일이라는 엄청난 거리를 여행해서 네게브로 돌아올 것이다. 천년왕국이 시작될 무렵 이스라엘 족속들은 이곳저곳으로부터 그들의 땅으로 돌아올 것이고, 그들의 지경은 확장될 것이다.

C. 주님의 왕국을 세우심(21절)

21절 예루살렘(시온 산. 참조, 17절)으로부터 구원자들(심판자들)이 에서의 산(8, 19절)을 심판할 것이다. 천년왕국 때 그 왕국은 주님께 속할 것이고(참조, 슥 14:9), 이스라엘은 국가로서 회복될 것이며(17절), 그 땅을 차지할 것이며(18~20절), 그들의 왕인 주님에 의해서 통치를 받을 것이다(21절).

이 짧은 오바댜서는 능력 있는 메시지를 전달해 주고 있다. 이것은 어리석은 교만으로 반역하면서 하나님의 말씀과 은혜를 거부하는 자들에게 어떤 일이 일어날 것인가를 보여 준다. 에돔이 번영을 누리고 있을 동안에 이스라엘에 있는 많은 사람들이 "왜 사악한 사람들이 번성하는 것일까?"라는 질문을 던졌을지도 모른다(시 73:3). 그러나 오바댜의 음성이 구약성경의 내용들을 통해서 천둥을 치듯이 다가오고 있으며 신약성경에서 다시 메아리치고 있다. "스스로 속이지 말라 하나님은 업신여김을 받지 아니하시나니 사람이 무엇으로 심든지 그대로 거두리라"(갈 6:7). 오바댜의 말씀들은 하나님의 정의에 대한 사실을 강조하고 있다. "원수 갚는 것이 내게 있으니 내가 갚으리라…살아 계신 하나님의 손에 빠져 들어가는 것이 무서울진저"(히 10:30~31).

하나님의 은혜에 복종하고 응답한 자는 모든 것을 가진 자이나, 그분의 은혜를 교만하여 저버린 자는 모든 것을 잃어버린 자다.

참고 문헌

- Allen, Leslie C. *The Books of Joel, Obadiah, Jonah and Micah*, The New International Commentary on the Old Testament. Grand Rapids : Wm. B. Eerdmans Publishing Co., 1976.
- Feinberg, Charles L. *The Minor Prophets*, Chicago : Moody Press, 1976.
- Gaebelein, Frank E. *Four Minor Prophets : Obadiah, Jonah, Habakkuk, and Haggai*. Chicago : Moody Press, 1977.
- Keil, C. F. "Obadiah." *In Commentary on the Old Testament in Ten Volumes*. Vol. 10. Reprint(25 vols. in 10). Grand Rapids : Wm. B. Eerdmans Publishing Co., 1982.
- Laetsch, Theo. *The Minor Prophets*, St. Louise : Concordia Publishing House, 1956.

- Smith, J. M. P. ; Ward, William H. ; and Bewer, Julius A. *A Critical and Exegetical Commentary on Micah, Zephaniah, Nahum, Habakkuk, Obadiah and Joel*. The International Critical Commentary. Edinburgh : T. & T. Clark, 1974.
- Tatford, Frederick A. *The Minor Prophets*, Vol. 2. Reprint(3 vols.). Minneapolis : Klock & Klock Christian Publishers, 1982.
- Watts, John D. W. *Obadiah : A Critical Exegetical Commentary*. Winona Lake, Ind. : Alpha Publications, 1981.

וַיְהִי דְּבַר־יְהוָה אֶל־יוֹנָה בֶן־אֲמִתַּי לֵאמֹר
לֵךְ אֶל־נִינְוֵה הָעִיר הַגְּדוֹלָה וּקְרָא עָלֶיהָ כִּי־עָלְתָה רָעָתָם לְפָנָי
וַיִּתֵּן שְׂכָרָהּ וַיֵּרֶד בָּהּ לָבוֹא עִמָּהֶם תַּרְשִׁישָׁה מִלִּפְנֵי יְהוָה קוּם
וַיָּקָם יוֹנָה לִבְרֹחַ תַּרְשִׁישָׁה מִלִּפְנֵי יְהוָה וַיֵּרֶד יָפוֹ וַיִּמְצָא אֳנִיָּה בָּאָה תַרְשִׁישׁ
וַיְהִי סַעַר־גָּדוֹל בַּיָּם וְהָאֳנִיָּה חִשְּׁבָה לְהִשָּׁבֵר
אֶל־הַיָּם

The Bible Knowledge Commentary 17

Jonah 서론

서론

저자

요나의 이름은 '비둘기'라는 뜻을 지니고 있다. 요나는 스불론(참조, 수 19:10, 13) 족속의 지경에 속하는 도시 중 하나인 가드헤벨(왕하 14:25) 출신으로서 하나님의 종이 되었다. 요나는 북 왕국의 여로보암 2세가 왕으로서 통치할 때 살았던 인물이다(왕하 14:23~25). 이스라엘의 지경이 여로보암의 통치 하에서 확장될 것이라는 요나의 예언(왕하 14:25)이 실현되었다. 히브리 사람(욘 1:9)이며 아밋대의 아들(1:1; 아밋대라는 말은 '[나의] 진정한 사람'이란 뜻이다)인 요나는 구약성경 중에서 하나님의 손아귀를 벗어나 도망하려고 시도했던 유일한 예언자다.

요나는 예수님이 사역을 언급하셨던 네 명의 구약 예언자들 가운데 한 사람이다(참조, 마 12:41; 눅 11:32). 나머지 세 사람은 엘리야(마 17:11~12), 엘리사(눅 4:27) 그리고 이사야(마 15:7)다. 요나는 이스라엘에서 사역했으며 또 베니게와 아람에서 이방인들에게 사역하도록 부름을 받았던 그의 가까운 선배 예언자인 엘리야(왕상 17~19; 21; 왕하 1~2장)와 엘리사(왕하 2~9장; 13장)와 약간 병행되었다. 이 책이 요나를 3인칭으로 언급하고 있다는 이유로 어떤 사람들은 요나가 이 책의 저자가 아니

라고 주장하기도 한다(1:3, 5, 9, 12; 2:1; 3:4; 4:1, 5, 8~9). 그러나 이는 크게 논쟁점으로 부각될 만한 것은 아니다. 오경의 저자인 모세도 종종 자신의 행적에 대하여 기록할 때 3인칭을 사용했다. 이사야와 다니엘 역시 때때로 자신을 3인칭으로 표현한 바 있다(참조, 사 37:21; 38:1; 39:3~5; 단 1:1~7:1). 요나서 전체가 3인칭으로 기술되어 있기 때문에 어떤 학자들은 이 책이 사건들이 발생한 직후 요나가 아닌 다른 예언자에 의해 기록된 것이라 믿고 있기도 하다.

연대

열왕기하 14장 25절이 요나를 여로보암 2세의 통치와 연관시키고 있는 연고로 해서 요나서에 있는 이 일들은 여로보암이 통치하던 시기(BC 793~753년) 중에 기록된 것이라 할 수 있다. 이스라엘의 지경이 확장될 것이라는 요나의 예언은 요나가 여로보암 통치 초기에 예언한 것이 아닌가 하고 생각하게 만들기도 한다. 이렇게 본다면 요나는 호세아와 아모스(참조, 호 1:1; 암 1:1)와 동시대 인물이 되는 셈이다. 요나가 과거 시제로 니느웨 성에 대하여 언급하고 있는 사실(3:3)은 우리로 하여금 요나가 BC

612년 그 성읍이 멸망한 후에 살았다고 추측하게끔 암시한다. 그러나 히브리어 동사는 요나의 시대에 성읍이 확장되었음을 지적해 주고 있다.

역사적 배경

요나가 활동하던 시대에 살았던 여로보암 2세는 북 왕국 이스라엘의 왕들 가운데 가장 강력한 왕이었다(참조, 왕하 14:23~29). 일찍이 앗수르는 근동에서 군림하는 자리를 차지하고 있었고 예후(BC 841~814년)로부터 조공을 받아들였다(앗수르의 포악함에 대해서 알기 원한다면 나훔서의 주석을 참조하라). 그러나 앗수르는 아람 족속들을 쳐부순 다음에 내부적인 다툼이 일어나 일시적으로 쇠퇴의 길을 걸었다. 대제국이 되기를 희망하던 앗수르가 잠시 쇠퇴해진 틈을 타서 여로보암 2세는 일찍이 아람에 속해 있었던 영토를 차지함으로써 다윗과 솔로몬이 통치하던 시대 이래로 가장 넓은 영토를 장악할 수 있었다(북동으로는 다메섹까지 북으로는 하맛까지). 그러나 이스라엘의 종교적인 분위기는 다른 예언서에서 지금까지 언급했던 바와 같이 '그 모양 그 꼴이었기'에 하나님은 호세아와 아모스를 보내어 임박한 심판을 경고하게 하셨다.

이스라엘이 완악했기 때문에 그 나라는 동쪽에서 일어나는 하나님이 선택하신 이방 족속이라는 도구에 의해서 멸망 당할 것이다. 하나님은 이스라엘이 "다메섹 밖으로 사로잡혀 가게 하리라"(암 5:27)고 아모스를 통해 경고했다. 호세아는 특별히 앗수르를 난폭한 포학자로 묘사하고 있다. "저희가 내게 돌아오기를 싫어하니 앗수르 사람이 그 임금이 될 것이라"(호 11:5). 그래서 일시적으로 쇠퇴했던 앗수르는 마치 잠자고 있던 거인처럼 다시 일어나 북 왕국 이스라엘을 희생 제물로 삼켜버릴 것이다. 이 예언은 BC 722년에 성취되었다.

이때 사르곤 2세가 북 왕국을 포로로 잡아갔다(왕하 17장). 호세아와 아모스의 예언들은 요나가 니느웨로 가서 말씀 선포하는 일을 꺼려한다는 사실을 설명하고 있다고 볼 수도 있다. 요나는 후일에 자기 나라를 멸망시킬 적들을 돕는 일에 자신이 쓰이게 되는 것을 두려워하고 있었다.

니느웨는 북 왕국의 수도인 사마리아로부터 약 550마일 정도 떨어져 있는 티그리스 강 동쪽 제방에 위치하고 있었다. 니느웨는 큰 성읍으로 바벨론과 마찬가지로 외곽의 성벽과 내곽의 성벽으로 둘러 싸여 보호를 받고 있었다. 내곽의 성벽은 넓이가 50피트, 높이가 100피트나 되었다. 요나가 이렇게 난공불락의 도시처럼 보이는 철옹성에 도착하기 전에 두 가지의 재앙이 이 도시를 덮쳤고(BC 765, 759년), 또 완전 일식이 BC 763년 6월 15일에 발생했다. 이 일들은 니느웨 백성에게 하나님의 진노의 표징으로 받아들여졌고, 또 BC 759년경에 왜 니느웨가 요나의 메시지에 속히 응답하지 않으면 안 되는지를 설명하는 데 큰 도움을 주었을 것이다.

메시지

요나가 니느웨에서 사역한 일들에 대한 에피소드와 기록들은 이스라엘에 전해졌다. 이 책은 단순히 역사적인 사건들을 기록한 책에 불과한 것이 아니라 이에 더하여 북 왕국에 메시지를 전달한 책이었다. 또한 어떤 의미에서는 이 책의 주인공은 요나가 아니라 하나님이시라는 사실도 주의해야 할 것이다. 하나님은 맨 첫 부분(1:1~2)과, 맨 끝부분에서 말씀하셨다(4:11). 하나님은 요나에게 두 번 명령하셨다(1:2; 3:2). 하나님은 바다에 큰 폭풍을 일으키셨다(1:4). 하나님은 요나를 구출하기 위해 큰 물고기를 예비하셨다(1:17). 하나님은 물고기로 하여금 요나를 토해 내어 요나가 마른 땅 위에 설 수 있도록 명하셨다(2:10). 하나님은 니느웨 성을 심판하실 것이라 경고하셨고 불쌍히 여기며 기다리고 계셨다(3:10). 또한 넝쿨을 예비하시어 요나가 그늘 아래 거할 수 있게 하셨다(4:6). 하나님은 벌레로 하여금 그 식물을 갉아 먹게 하셨고(4:7), 요나를 괴롭히는 뜨거운 열풍을 보내셨다(4:8).

요나를 여러모로 훈련시키시면서, 또 니느웨를 통해서, 자연의 여러 현상들을 통해서 이스라엘에 전하기를 원하셨던 하나님의 메시지는 무엇이겠는가?(바다, 짐승, 넝쿨 그리고 바람).

첫째, 이스라엘에 선포된 명백한 메시지는 하나님의 이방 사람들에 대한 관심을 보여 준다. 하나님의 모든 백성들에 대한 사랑은 하나님의 선택된 계약의 나라 이스라엘을 통해서 전달되었다. 이스라엘을 통해서 사랑 많으신 하나님의 축복이 다른 나라들에게 선포되었다(사 49:3). 요나서는 이스라엘에게 이러한 사명을 다시금 일깨워 주는 책이다.

둘째, 이 책은 하나님의 경륜 속에서 목적하시는 바를 성취하시는 주권에 대하여 증거하고 있다. 비록 이스라엘이 자신의 사명에 불충하다 할지라도 하나님은 그의 사랑을 선포하시는데 여전히 성실하셨다. 자신을 기적적으로 구원해 주신 하나님을 찬양하는 말 가운데 요나는 이렇게 표현하고 있다. "구원은 여호와께 속하였나이다"(2:9). 이스라엘이 하나님의 자비를 선포하는 일에 실패했지만 인간의 연약함과 온전치 못함에도 불구하고 하나님의 사역은 성취되었던 것이다.

셋째, 이방 족속이 하나님의 말씀에 응답함으로써 이것이 죄지은 나라 이스라엘을 책망하는 메시지 역할을 하게 되었다(참조, John H. Steck, "The Message of the Book of Jonah", *Calvin Theological Journal* 4. 1969: p. 42~43). 선원들의 영적인 통찰력(1:14~16)과 그들의 유대 예언자들에 대한 관심은 이스라엘이 이방 나라들에 대하여 무관심한 일과 현저하게 대조를 이루고 있다. 요나가 영적으로 완고하다는 사실은 이스라엘의 완고함을 입증하는 동시에 그것을 꾸짖고 있는 것이다. 니느웨가 회개한 것은 요나와 동시대에 활동했던 호세아와 아모스의 말씀을 이스라엘이 거부했던 사실과는 현저한 대조를 이루고 있다.

넷째, 요나는 하나님께 불순종하고 이방 나라들의 종교적인 곤궁에 대하여 무관심했던 이스라엘을 상징적으로 나타내고 있다. 요나와 동시대 사람인 호세아는 창기를 사랑함으로써 하나님의 그의 백성에 대한 끝없는 사랑을 도식화했다(여기에서 창기는 이스라엘의 방탕함을 상징하고 있다). 이와 비슷하게 요나는 그의 불순종과 사랑을 저버리는 일을 통해 이스라엘을 상징하고 있다. 하나님이 요나를 심판하심으로 이스라엘에 대한 진노를 보여 주셨다. 그러나 주님이 친절하고 자상하게 요나를 단련시키시는 모습은 하나님의 사랑과 오래 참으시고 화내기를 더디 하시는 부드러운 모습을 보여 주고 있다. 요나가 회개하는 심정으로 이 책을 기록했듯이 하나님은 이스라엘이 요나의 교훈을 귀담아 듣고 요나와 니느웨가 경험했던 것과 같은 회개에 이르기를 바라고 계셨던 것이다.

정경성과 역사성

비평적인 학자들은 초자연적인 것을 반대하는 그들의 편견을 내세우며 여러 가지 이유를 들어 요나서의 정경성(authenticity)에 대하여 부정해 오고 있다. 첫째, 비평가들은 요나를 삼켜버렸던 큰 물고기 안에서 일어난 기적을 우습게 생각하고 있다. 그러나 많은 학자들이 이와 같은 사건의 타당성에 대하여 입증한 바 있다(A. J. Wilson, "Sign of the Prophet Jonah and Its Modern Confirmations", *Princeton Theological Review* 25. October 1927, p. 630~642; George F. Howe, "Jonah and the Great Fish,"

Biblical Research Monthly, January 1973, p. 6~8). 큰 물고기라고 하는 것은 포유동물의 한 종류인 향유고래(sperm whale)일 가능성이 있다. 향유고래는 통상 15피트에 달하는 상어조차도 삼켜버리며 대체로 큰 먹이들만 먹는 것이 특징이다(Frank T. Bullen, *Cruise of the Cachalot Round the World after Sperm Whales*, London : Smith, 1898). 어떤 다른 사람들은 고래상어들이 사람들을 잡아먹는데, 먹힌 사람들은 나중에 위에서 산채로 발견했다고 기록한 적도 있다.

둘째, 다소의 학자들은 니느웨 성읍의 규모(3:3)와 인구들(4:11)에 대하여 의심을 제기했다. 사실 고고학자들에 의하면 니느웨 성읍 내곽의 둘레는 8마일에 못 미치는 것이었다. 이렇게 볼 때 그 성읍의 지름은 2마일에 조금 못 미치는 정도이며 사흘 정도 여행하면 다 다닐 수 있었다(평지에서 여행하면 하루 평균 15~20마일을 걸을 수가 있다).

그러나 이렇게 반박하는데 대하여 두 가지 질문을 제기할 수 있다. (1) '그 성읍'은 니느웨와 교통하는 인근의 성읍들을 포함해서 하는 말일 수도 있다. 이와 같이 니느웨와 관련된 세 성읍들이 창세기 10장 11~12절에 언급되어 있다. (2) 이런 성읍과 인근 지역을 가로질러 가는데 사흘이 걸린다는 사실은 타당하다. 왜냐하면 요나가 길을 따라 가다가 멈추고 설교했기 때문이다(욘 3:3~4). (니느웨 성읍의 인구에 대해서는 4:11의 주해를 참조하라.) 2마일의 직경을 가진 성읍은 고대 근동에 있어서는 어마어마한 규모에 해당하는 것이었다. 그러기에 니느웨가 큰 성읍이라 불려진 것은 놀라운 일이 아니다(1:2; 3:2~4, 7; 4:11)

셋째, 앗수르 왕을 '니느웨 왕'이라 표현하는 부분(3:6)은 우리를 다소 당황하게 만든다. 그러나 수도(니느웨)를 특별한 나라(앗수르)와 대치시켜 말하는 것은 구약성경에서 흔히 있는 일이다. 이스라엘의 아합은 '사마리아 왕'(왕상 21:1)으로, 이스라엘의 아하시아 역시 '사마리아 왕'(왕하 1:3)으로, 아람의 벤하닷은 '다메섹 왕'(대하 24:23)으로 언급되고 있다.

넷째, 어떤 사람들은 니느웨가 너무나 갑작스럽게 회개하기 때문에 요나서를 거부하기도 한다. 그러나 이런 일은 성령의 초자연적인 역사를 거부하는 것이다. 만일 요나가 앗수르의 왕 아수르단 3세의 통치 기간 동안 그 성읍에 들어갔다면 (BC 772~754년; 도표 '중기 앗수르 및 신 앗수르 왕국의 왕들'을 참조하라) 예언자 요나는 앞서 지나간 두 번의 대기근(BC 765, 759년)과 BC 763년 6월 15일에 있었던 완전 일식으로 말미암아 그 성읍의 거주민들이 심리적으로 그의 메시지를 받아들일 준비가 되어 있었음을 알 수 있었을 것이다. 이 시대의 사람들은 이러한 사건들을 하나님이 진노하시는 징조로 받아들였기 때문이다.

다섯째, 어떤 학자들은 박넝쿨이 너무도 빨리 자라났다는 이유(4:6)를 들어 이 책의 정경성을 거부하고 있다. 그러나 이 식물은 아마도 빨리 성장하고, 키가 크고, 잎사귀가 큰 것으로 널리 알려진 아주까리씨(castor bean)일 것이다(4:6의 주해를 참조하라).

몇몇 논쟁들이 이 책의 역사성(historicity)을 지지해 주고 있다. (1) 니느웨(1:2; 3:2~4, 6~7; 4:11)와 다시스(1:3; 4:2)와 욥바(1:3)를 포함한 유명한 도시들이 이 책에 등장하고 있다. (2) 요나는 허구적인 가상의 인물이 아닌 역사적 인물로 묘사되어 있다. 그는 역사상 존재했던 인물인 여로보암 2세가 통치하던 시기에 가드헤벨(왕하 14:25) 출신의 예언자였다고 기록되어 있다. (3) 예수님이 요나의 역사성을 인정하셨는데(마 12:41; 눅 11:29~30, 32), 이는 요나가 고기의 뱃속으로부터 구출된 기적(마 12:40)을 받아들이시면서 그를 예언자로 부르셨다(마 12:39). 예수님은 요나가 회개할 것을 촉구한 메시지(마 12:41; 눅 11:29~32)에 근거를 두고 그 당시의 회개를 위한 주님의 소명을 밝히셨다. 만약 요나의 이야기가 사실이 아닌 것(픽션, 알레고리, 비유 등)이라면 이러한 문학 형식은 극히 드물게 쓰이는 것이며 다른 모든 예언서들과는 현저하게 다른 것이다.

"중기 앗수르 및 신 앗수르 왕국의 왕들"[연도 앞 BC표기 생략]

앗수르-우발리트 1세(Ashur-uballit Ⅰ)	1365~1330
엔릴-니라리(Enlil-nirāri)	1329~1320
아릭-덴-이리(Arik-dēn-ili)	1319~1308
아닷-니라리 1세(Adad-nirāri Ⅰ)	1307~1275
살만에셀 1세(Shalmaneser Ⅰ)	1274~1245
투쿨티-니눌타 1세(Tukulti-Ninurta Ⅰ)	1244~1208
앗수르-나딘-압리(Ashur-nādin-apli)	1207~1204
앗수르-니라리 3세(Ashur-nirāri Ⅲ)	1203~1198
엔릴-쿠두리-우술(Enlil-kudurri-usur)	1197~1193
니눌타-아필-에쿨(Ninurta-apil-Ekur)	1192~1180
앗수르-단 1세(Ashur-dan Ⅰ)	1179~1134
앗수르-레샤-이시(Ashur-rēsha-ishi)	1133~1116
디글랏-빌레셀 1세(Tiglath-Pileser Ⅰ)	1115~1077
아살렛-아필-에쿨(Ashared-apil-Ekur)	1076~1075
앗수르-벨-칼라(Ashur-bēl-kala)	1074~1057
에리바-아닷 2세(Eriba-Adad Ⅱ)	1056~1055
샴시-아닷 4세(Shamshi-Adad Ⅳ)	1054~1051
앗수르나실팔 1세(Ashurnasirpal Ⅰ)	1050~1032
살만에셀 2세(Shalmaneser Ⅱ)	1031~1020
앗수르-니라리 4세(Ashur-nirāri Ⅳ)	1019~1014
앗수르-랍비 2세(Ashur-rabi Ⅱ)	1013~973
앗수르-레샤-이시 2세(Ashur-rēsha-ishi Ⅱ)	972~968
디글랏-빌레셀 2세(Tiglath-Pileser Ⅱ)	967~935
앗수르-단 2세(Ashur-dan Ⅱ)	935~912
아닷-니라리 2세(Adad-nirāri Ⅱ)	912~889

투쿨티-니눌타 2세(Tukulti-Ninurta Ⅱ)	889~884
앗수르나실팔 2세(Ashurnasirpal Ⅲ)	883~859
살만에셀 3세(Shalmaneser Ⅲ)	859~824
(이 왕은 이스라엘을 공격해서 이스라엘의 왕인 예후(Jehu)로부터 조공을 받았다.)	
삼시-아닷 5세(Shamshi-Adad Ⅴ)	824~811
아닷-니라리 3세(Adad-nirāri Ⅲ)	811~783
살만에셀 4세(Shalmaneser Ⅳ)	783~772
앗수르-단 3세(Ashur-dan Ⅲ)	772~754
(요나가 니느웨에서 하나님의 말씀을 전한 것은 바로 이 왕이 통치하던 기간이었다.)	
앗수르-니라리 5세(Ashur-nirāri Ⅴ)	754~746
디글랏-빌레셀 3세(Tiglath-Pileser Ⅲ)	745~727
(이 왕이 이스라엘과 아람을 공략하였다.)	
살만에셀 5세(Shalmaneser Ⅴ)	727~722
(이 왕이 725~722년 사이 3년 동안 사마리아를 포위했으며 722년에 그곳을 훼파해 버렸다.)	
사르곤 2세(Sargon Ⅱ)	722~705
(이 왕은 살만에셀 2세가 722년에 사망한 이후 721년에 사마리아를 소탕하는 일에 참여했다.)	
산헤립(Sannacherib)	705~681
에살핫돈(Esarhaddon)	681~669
앗수르바니팔(Ashurbanipal)	669~626
(나훔 선지자는 이 왕이 통치하는 동안에 니느웨가 멸망할 것을 예언하였다.)	
앗수르-에틸-일라니(Ashur-etil-ilāni)	626~623
신-샬-이쉬쿤(Sin-shar-ishkun)	623~612
앗수르-우발릿 2세(Ashur-uballit Ⅱ)	612~609

개요

Ⅰ. 요나의 불순종(1~2장)

    A. 예언자의 임무(1:1~2)
    B. 예언자의 불순종(1:3)
    C. 예언자의 불순종에 대한 결과(1:4~2:10)
        1. 큰 폭풍(1:4~16)
        2. 큰 물고기(1:17~2:10)

II. 요나의 순종(3~4장)

    A. 예언자가 다시 임무를 부여받음(3:1~2)
    B. 예언자의 순종(3:3~4)
    C. 니느웨의 회개(3:5~10)
        1. 백성들의 행동(3:5)
        2. 왕의 행동(3:6~9)
        3. 하나님의 행하심(3:10)
    D. 예언자의 슬픔(4장)
        1. 요나의 비통함(4:1~5)
        2. 주님의 설명(4:6~11)

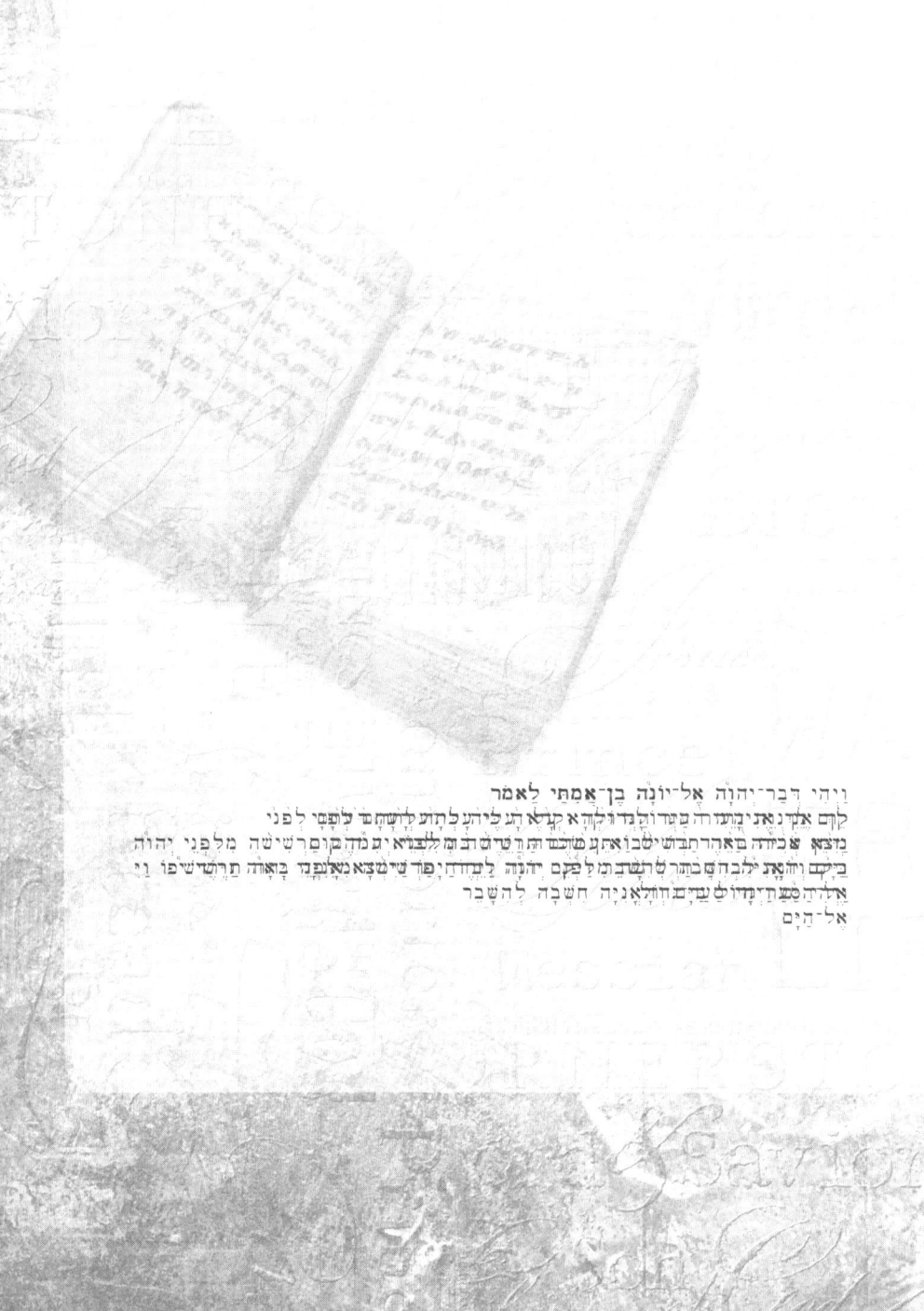

וַיְהִי דְבַר־יְהֹוָה אֶל־יוֹנָה בֶן־אֲמִתַּי לֵאמֹר
קוּם לֵךְ אֶל־נִינְוֵה הָעִיר הַגְּדוֹלָה וּקְרָא עָלֶיהָ כִּי־עָלְתָה רָעָתָם לְפָנָי
וַיָּקָם יוֹנָה לִבְרֹחַ תַּרְשִׁישָׁה מִלִּפְנֵי יְהֹוָה וַיֵּרֶד יָפוֹ וַיִּמְצָא אֳנִיָּה בָּאָה תַרְשִׁישׁ וַיִּתֵּן שְׂכָרָהּ וַיֵּרֶד בָּהּ לָבוֹא עִמָּהֶם תַּרְשִׁישָׁה מִלִּפְנֵי יְהֹוָה
וַיהֹוָה הֵטִיל רוּחַ־גְּדוֹלָה אֶל־הַיָּם וַיְהִי סַעַר־גָּדוֹל בַּיָּם וְהָאֳנִיָּה חִשְּׁבָה לְהִשָּׁבֵר

The Bible Knowledge
Commentary 17

Jonah
주해

The Bible Knowledge
Commentary

주해

I. 요나의 불순종(1~2장)

A. 예언자의 임무(1:1~2)

1:1~2 이스라엘의 하나님은 예언자(왕하 14:25; 마 12:39)인 요나(서문에 나와 있는 '저자'부분을 참조하라)에게 "큰 성읍 니느웨로 가서 그것을 향하여 외치라"고 명하셨다('큰' 혹은 '크게'라는 말이 이 책에 자주 등장하고 있다: 큰 성읍, 욘 1:2; 3:2; 4:11; 큰 바람, 1:4; 큰 폭풍, 1:12; 크게 두려워하다, 1:16; 큰 물고기, 1:17; 크게 싫어하고, 4:1; 심히, 문자적으로는 크게 기뻐하다, 4:6) 요나가 전하고자 하는 메시지는 3장 4절에 언급되어 있다. 요나는 이 메시지를 전하는 데 있어 하나님의 권위를 갖고 있었다. 왜냐하면 주님의 말씀이 그에게 임했기 때문이다. 즉, 그 말씀을 하시는 이로 말미암아 요나에게 권위가 주어졌던 것이다.

니느웨 성읍은 사마리아 북동쪽 약 550마일 지점인 티그리스 강 동

쪽에 위치하고 있었다(지도 '앗수르 왕국'을 참조하라). 이 거리는 요나가 정상적인 걸음으로 매일 15~20마일을 걸었다면 약 한 달 조금 더 걸리는 거리였다. 그 큰 성읍은 크기에 있어서 바벨론 다음가는 규모였다(니느웨 성읍의 크기에 대해서는 서문의 '정경성과 역사성' 부분, 그리고 4:11의 주해를 참조하라). 그것은 현대 도시 모술(Mosul)의 반대편에 있는 지금의 이라크에 위치하고 있었다.

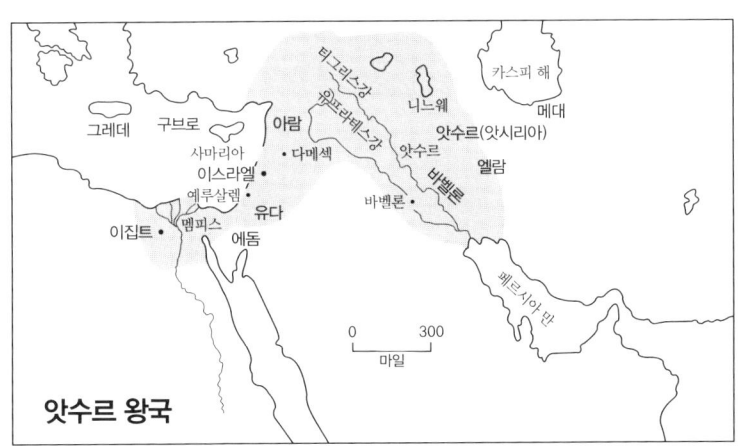

주해 | 157

니느웨는 니므롯(참조, 창 10:11)에 의해 건립되었다. 요나가 활동한 시대 이후에 니느웨는 사르곤 2세(Sargon Ⅱ, BC 722~705년)의 후계자로서 북 왕국을 멸망시킨 산헤립(Sennacherib, BC 705~681년)이 통치하던 앗수르 왕국의 수도가 되었다. 하나님은 요나로 하여금 니느웨에 대적하여 말씀을 선포하게 하신 이유(하나님의 심판 아래 있는 불행한 운명을 선포하는 것)는 니느웨 성의 사악함이 하나님 앞에 드러났다는 것, 즉 백성들이 분별력을 잃어버리고 죄악 가운데 완고하게 된 것 때문이다.

앗수르 왕은 그 백성들의 길이 '악한' 길이며 '강포'한 것임(3:8)을 인식하고 있었다. 그리고 그들은 자기들을 당해낼 자가 없을 것이라 여기며 방자해졌다(참조, 습 2:15). 나훔 선지자는 이들의 여러 가지 죄악들을 열거하여 기록했다(참조, 나 3:1, 4, 16). 니느웨는 그들이 잡아온 전쟁포로들에게 행하는 짐승과 같은 야만적인 행위로 대했다. 이런 사실은 고대 근동에 널리 알려져 있었다(니느웨의 야만성에 대해서 더 상세히 알려면 나훔서의 서문을 참조하라). 이 성읍은 우상숭배로도 잘 알려져 있었다. 니느웨는 여러 가지 잡신들, 즉 나부(Nabu), 앗수르(Asshur), 아닷(Adad) 등과 같은 신들에게 헌납한 성전들을 가지고 있었다(도표 '앗수르 왕국의 왕들'에 나와 있는 이름들 가운데 이 잡신들의 이름이 많이 포함되어 있음을 참조하라-역자 주). 니느웨 사람들은 사랑과 전쟁의 신인 이슈타르(Ishtar)도 숭배하고 있었다.

B. 예언자의 불순종(1:3)

1:3 요나는 하나님이 앗수르에게 진노하신 사실에 대해 확실히 깨달았다. 하나님의 의도를 충분히 인식할지라도, 그는 하나님만큼 동정에 가득 차 있지는 못했다. 앗수르를 향한 하나님의 자비를 알게 된(참조, 4:2) 요나는 종교적인 의무보다는 애국심으로 혼란스러웠다. 그 애국심 때문에 자기에게 맡겨진 책임을 회피하고 말았다. 하나님의 예언자가 책망의 말씀을 선포해야 하는데 하나님의 명령을 따르지 않는다는 사실은 이상하게 여겨진다.

요나는 앗수르가 있는 북동쪽으로 가야 했다. 하지만 그는 하나님이 말씀하신 곳으로 가는 대신에 반대 방향인 바다로 도망쳤다. 사마리아에서 약 35마일 떨어져 있고 또 예루살렘으로부터 같은 거리만큼 떨어져 있는 이스라엘의 해변 항구 욥바(현재 이스라엘의 야파[Jaffa])에서 배를 탔다. 그 배는 다시스로 가는 배였는데 다시스라 하면 아마도 현재의 남부 스페인에 위치한 타르테수스(Tartessus)로 욥바로부터 약 2,500마일 떨어진 곳이다. 다시스가 베니게의 식민지였기 때문에 그 배의 선원들은 아마도 베니게인들이었을 것이다. 베니게인들은 훌륭한 선박들과 항해술로 유명했다.

C. 예언자의 불순종에 대한 결과(1:4~2:10)

1:4~16는 교차 대구 구조다. 이것은 아래 도표에 나타나 있다(Yehuda Radday, "Chiasmus in Hebrew Biblical Literature", in *Chiasmus in Antiquity : Structures, Analyses, Exegesis.* Hildesheim : Gerstenberg, 1981, p. 60)

    a. 선원들의 놀람(4~5절상)
      b. 그들의 신을 향하여 부르짖는 선원들의 기도(5절중)
        c. 선원들이 짐을 내다 버림(5절하)
          d. 선장이 요나에게 하는 말(6절)
            e. 선원들 상호간의 말(7절상)
              f. "당신은 누구요?" 라고 묻는 선원들의 질문
                 (7절하~8절)
                g. 요나의 고백(9절)
              f′ "당신이 무슨 일을 저질렀소?"라고 묻는 선원들의 질문(10절상)
            e′ "우리는 어떻게 해야 하나요?"라고 요나에게 묻는 선원들의 질문(10절하~11절)
          d′ 선원들에게 대답하는 요나의 말(12절)
        c′ 선원들이 노를 저음(13절)
      b′ 선원들이 주님께 기도 드림(14절)
    a′ 주님을 두려워하는 선원들(15~16절)

1. 큰 폭풍(1:4~16)

이 이야기 속의 주요 인물은 요나가 아니라 하나님이시다. 하나님은 당신이 목적하신 바를 성취시키시기 위해 요나를 붙잡거나 니느웨 사람들의 마음을 여는 것 등과 같이 이 책에 기록된 여러 가지 사건들을 주권적으로 움직여 나가셨다. 여기에서 하나님은 방황하는 그의 종의 방향을 기적적으로 바꾸셨다.

a. 선원들이 맞은 곤궁(1:4~5상)

1:4~5상 하나님은 지중해 바다에 바람을 내리셨다(문자적으로, '내던지다'라는 뜻). 바람이 너무 거셌기 때문에 바다에 폭풍이 일었다. 폭풍이 무섭게 일어났기 때문에 선원들은 배가 파선되는 줄로 알았다. 그들이 겁을 집어 먹었다는 사실에 의심할 바 있겠는가! 선원들 각자가 자신들의 신에게 부르짖었다는 말은 베니게인들이 당시 많은 신들을 숭배했다는 것을 암시해 준다. 폭풍에 익숙해 있는 선원들이기 때문에 그들은 또한 짐들을 배 바깥으로 집어던져버림으로써 배가 가라앉지 않기를 바라면서 배를 가볍게 만들었다(참조, 행 27:17~18).

b. 요나의 불평(1:5하~6)

1:5하~6 선원들의 관심사와는 대조적으로 요나의 반응은 놀랄만한 것이었다. 그는 폭풍이 배를 뒤흔드는 일에 방해 받지 않고 배 밑층으로 가서 잠들어 버렸다. 아마도 그는 그곳이 안전하다고 생각했으리

라. 분명히 그는 위험에 대하여 무감각했다. 아이러니하게도 이방인들이 탄 배의 선장은 절망에 사로잡혀 있었다. 그들에게 안전함을 가져다 줄 신이면 어떤 신이든 모든 신을 불러 호소했다(망하지 않게 하시리라, 6절). 사람들이 그들의 생명을 포기할 정도로 그 필요성은 절박했다. 그러나 하나님의 사람은 잠을 자고 있었다. 하나님의 사람들이, 인생의 바다 한가운데서 부르짖으며 죽어가는 사람들에게 무관심했던 일들에서 지금 깨어나야 하는 교훈과 얼마나 반대되는 일인가!

c. 딜레마에 빠지게 된 이유(1:7~9)

1:7 선장이 요나를 깨우려고 애쓰는 동안(6절) 선원들은 이 무서운 폭풍이 일어나게 된 것을 배에 타고 있는 사람들 가운데 몇 사람이 나쁜 일을 행한 것에 대한 하나님의 진노 때문이라고 결론지었다. 도적을 잡아내기 위해서 제비를 뽑는 일은 이스라엘과 고대 근동의 나라들에 있어서 흔한 일이었다(참조, 레 16:8; 수 18:6; 삼상 14:42; 느 10:34; 에 3:7; 잠 16:33; 행 1:26). 아마도 표시를 해놓은 돌을 어떤 물건 안에서 굴러가게 하여 한 사람을 뽑아냈을 것이다. 하나님은 불순종하는 요나 앞으로 제비를 뽑히게 함으로써 요나의 삶을 주관하시는 그의 주권을 나타내셨다.

1:8~9 비록 하나님의 명령에 불복했지만(2~3절) 요나는 자신의 국적을 분명히 밝히고("나는 히브리 사람이요") 하나님의 존엄하심과 능력에 대하여 언급함으로써 선원들이 퍼붓는 다섯 가지 질문 공세에 답했다. 비록 하나님께 불순종하긴 했으나 요나는 적어도 자신의 처지가

무엇과 같은지를 알고 있었다. 요나는 하나님은 주님이시며 계약을 제정하시고 계약을 지키시는 이스라엘의 하나님이시라고 말했다. 예언자는 또한 하나님은 '하늘의 하나님'이시라고 말했다(창 24:3, 7과 에 1:2의 주해를 참조하라). 이 하나님은 진정한 주권자이시며 선원들이 섬기고 있는 많은 거짓된 신들과 다른 부류의 신이심을 고백했다(욘 1:5). 요나는 여호와가 바로 창조주, 즉 땅과 바다를 지으신 분임을 분명히 밝혔다(참조, 출 20:11; 시 95:5). 세상을 지으신 창조주로서 하나님은 바다의 폭풍을 포함한 자연의 현상들을 다스릴 수 있는 것이다(참조, 시 89:9). 선원들은 그들의 질문 안에 이미 이 사실을 알고 있었다(1:11). 요나가 하나님께 불순종하고 있으면서, 선원들에게 하나님을 경배하는 사람이라는 것을 말하는 것이 이상해 보인다. 그러나 이런 일들은 종종 믿는 자들도 마찬가지다.

d. 잔잔해진 바다(1:10~16)

1:10 선원들은 요나의 하나님이 바다를 움직여 나아가신다는 말을 듣고, 요나가 그의 하나님을 거역했다는 사실을 알고 난 후, 바다의 파도가 요동친 것은 하나님이 요나를 기뻐하지 않는다는 증거라고 결론을 내렸다. 이는 선원들에게 두려움을 갖게 했는데, 그들이 다른 사람이 믿는 신의 노여움을 풀어드림으로써 아무런 위안을 느끼지 못했기 때문이었다. 아마도 그들은 요나의 하나님이 자신들에게 요나의 범죄에 대한 공범자로서의 책임을 지우신 것이라고 미신적으로 믿었을 것이다. "네가 어찌하여 그렇게 행하였느냐?"라는 질문을 통해서 선원들은 요나의 몰지각한 행동을 꾸짖고 있다. 요나가 그들의 재앙에 전적

인 책임이 있다는 사실을 강력히 주장하고 있다. 이것은 단순히 물음을 던지기 위한 질문이라기보다는 요나의 불순종을 두려워하는 마음에서 우러나온 말이다. 요나 자신보다도 이방인인 선원들이 요나의 불순종을 더 심각하게 생각하고 있었다.

1:11 선원들의 생각은 분명해졌다. 요나가 그들에게 말했을 때(9절) 그들은 요나의 하나님이 바다를 움직이심을 믿었다. 요나에게 그들이 빠져 있는 큰 딜레마의 해결책을 요구했다. 폭풍에 대하여는 요나에게 책임이 있기 때문에 요나가 무슨 일인가는 해야 한다고 느끼고 있었다. 그렇게 행한 뒤에야 폭풍이 잠잠해질 것이다.

1:12 요나의 응답은 회개하는 내용이다. 요나는 폭풍을 몰고 온 자신의 불순종이 심각한 것임을 깨달았기 때문에 어떤 처벌이라도 받을 결심을 했다. 죽음까지도 받아들일 태도였다. 그는 선원들로 하여금 자신을 바다 한가운데로 던져 버리라고 말했다. 그를 배 바깥으로 내어 버려야만 바다가 잠잠해진다고 말했다. 요나는 아마도 이 길만이 자신에게 주어진 일에서 벗어나는 길이라 생각했는지도 모른다(4:3, 8). 그러나 하나님은 또 다른 계획을 가지고 계셨다!

1:13~14 선원들은 자신들이 살인자로 간주되는 것을 두려워했기 때문에 요나의 생명을 취하는 일에 별다른 열의를 보이지 않았다. 이것은 요나가 니느웨에 대하여 애착심을 가지지 않고 피하려고 했던 것과 많은 차이를 보여 준다(4:1~2). 요나를 제외한 선원들 모두는 다시 육지로 돌아가기 위해서 애를 쓰게 된다. 모든 일에 주권자 되시는 하나

님을 대적해서 행하는 선원들의 보잘 것 없는 수고들은 아무런 위안도 가져오지 못했다. 폭풍은 더 심해졌던 것이다. 그들의 수고가 헛됨이었음을 알았고, 또 요나의 하나님이 바다를 움직이신다는 사실을 믿었기 때문에 그들은 요나가 말한 대로 해야만 한다는 사실을 깨닫게 되었다. 그러나 하나님의 율법을 가지고 있지 않는 이 이방인들은 직감적으로 인간의 생명이 중요하다는 사실을 깨닫게 되었고, 한 무고한 사람을 죽여야만 하는 자신들에게 자비를 내려 주실 것을 간청했다. "주 여호와께서는 주의 뜻대로 행하심이니이다"라는 그들의 말을 볼 때, 선원들은 주님의 신성한 주권과, 폭풍(1:4)과 제비 뽑는 일(1:7)에 감추어져 있는 섭리를 깨달아 알고 있었던 것이 분명하다.

1:15~16 예언자가 시키는 대로(12절) 선원들은 요나를 "격동하는 바다 한가운데로 집어 던졌고" 바다는 곧바로 잠잠해졌다. 이 사실은 그들에게 이스라엘 하나님의 실재와 능력 있으심을 보여 주었다. 그들은 주님을 두려워하며 서 있었다. 하나님은 그들의 신들이 하지 못하는 일들을 행하셨다. 파도가 갑작스럽게 조용해진 것은 선원들의 기도에 대한 응답이었다(5절). 파도가 고요해짐을 통해 폭풍우가 요나의 불순종이 원인이었음을 확연히 나타냈다. 요나를 배 바깥으로 내어버림으로써 한 무고한 생명을 없애버린 것이 결코 아님을 그들에게 드러내 주었다. 갑작스럽게 조용해진 데 대해 크게 놀랐기 때문에 그들은 주님(이스라엘의 하나님)을 찬양하며 희생제물을 드렸고, 앞으로도 계속 이 일을 행할 것임을 서원했다. 다시 한 번 우리는 이들과 요나 사이의 현격한 대조를 보게 된다. 요나가 하나님께 불순종한 반면에, 그들은 주님을 찬양하고 있었다.

2. 큰 물고기(1:17~2:10)

a. 요나가 삼킴을 당함(1:17)

1:17 예언자에게 예견되었던 죽음은 일어나지 않았다. 이 역사적인 이야기 가운데 하나님은 주인공으로서 주관하셨다. 하나님은 물고기를 예비하여 요나를 삼키게 하셨다. 이는 하나님의 역사하심을 명백히 드러낸 것이다. 이 책에서 하나님이 예비하신 네 가지 일들 가운데 맨 먼저 일어난 것이다(4:6~8). 큰 고기는 아마도 어떤 종류의 포유동물, 아니면 향유고래 혹은 고래상어였을 것이다('서문' 부분의 '정경과 역사성' 부분을 참조하라). 하나님은 바다뿐만 아니라 그 안에 있는 모든 것들을 움직이신다. 거대한 바다 괴물을 통해 하나님은 요나가 살아 있도록 하셨으며 이후 다치지 않은 말짱한 몸으로 육지에 내리도록 해 주셨다. 삼일 삼야라는 부분은 정확히 72시간과 그 나머지 2일 동안의 부분들로 받아들여야 옳을 것이다(에스더 4:16과 5:1; 마태복음 주석 12:40의 주해. 여기에서 예수님은 장사되어 무덤 속에서 계실 기간이 요나가 고기의 뱃속에서 지낸 기간과 똑같을 것이라 말씀하셨다).

b. 요나의 찬양(2:1~9)

이 기도 속에 탄원의 내용이 전혀 없는 것으로 미루어 볼 때 요나의 이 기도는 구원을 간청하는 탄원이 아님을 알 수 있다. 오히려 하나님이 물고기를 통해 자신을 풍랑으로부터 구원해주신 데 대한 감사의 시다(9절). 요나가 고기의 뱃속에 있을 때 그 기도를 만들었으나(1절), 기록은 고기의 뱃속으로부터 토해 냄을 당한 후였다. 큰 물고기가 하나님이 그를 구원하신 도구였음을 깨닫게 된 요나는 하나님의 측량할 길 없는 자비를 찬양하게 되었다. 요나는 하나님이 물속의 무덤에 갇혀 맞게 된 죽음(참조, 시 30:3)으로부터 구원해 주신 것을 찬양했다(참조, Bernhard W. Anderson, *Out of the Depths*. Philadelphia : Westminster Press, 1974, p. 84~86). 요나서 2장의 내용은 여러 면에서 1장의 내용과 상응하고 있다.

선원들

1:4 　바다 위에서 맞은 위기

1:14 　여호와께 기도함

1:15하 　폭풍우로부터 구원받음

1:16 　하나님께 제물을 바치고 서약함

예언자

2:3~6상 바다에서 맞은 위기

2:2, 7 　여호와께 기도함

2:6하 　물에 빠진 데서 구원받음

2:9 　하나님께 제물을 바치고 서약함

(1) 요나의 경험에 대한 요약(2:1~2)

2:1~2 그가 기도하며 고함질렀던 곳이 어디인지(물고기 뱃속)를 깨닫고 난 후에 요나는 자신의 구원에 대하여 시적 표현으로 회상하고 있다.

선원들이 비록 주님께 요나를 희생제물로 드렸지만(1:16), 그분은 특별한 의미에서 볼 때 요나의 하나님이었던 것이다. 선원들이 그를 배 바깥으로 집어던져 버렸고, 요나는 그 곤궁 가운데서 주님께 부르짖었더니 주님은 기적적으로 그를 위하여 어떤 것을 예비하셨다(물고기). 스올의 뱃속이라는 표현은 예언자를 사로잡고 있었던 죽음에 대한 공포를 나타내 주고 있다. 이것은 요나가 실제로 죽었음을 말하고 있지는 않다. 하나님은 도움을 청하는 요나의 '부르짖음을 들으시고' 구원의 손길을 펼치셨다.

(2) 요나의 경험에 대한 묘사(2:3~7)

예언자는 자신이 물 가운데서 당한 공포와 그 가운데 개입하신 하나님의 은혜로우신 구원에 대하여 기록하고 있다.

2:3 비록 선원들이 그를 바닷속으로 집어던지기는 했으나(1:15), 사실상 하나님이 요나를 깊은 곳으로 내던지신 것이었다. 즉 선원들의 행위 이면에 하나님이 개입하고 계셨던 것이다. 지중해의 조류가 요나를 휩쓸어 삼켜 버리자 요나는 하나님이 물결과 부서지는 파도를 주관하신다는 사실을 알게 되었다(요나는 주의 파도와 큰 물결이라 불렀다. 참조, 시 88:7).

2:4 자신의 불순종한 죄 때문에 하나님으로부터 버림받게 된 후에 요나 선지자는 회개하고 새로워진 믿음을 확증했다. 가까이 다가오시는 하나님에 대한 확신을 표현하고 있기 때문이다("내가 다시 주의 성전을 바라보겠나이다"). '성전'이라 함은 일차적으로는 예루살렘 성전을 가리킨다. 혹은 더 가깝게는 하나님이 거하시는 하늘의 처소를 말하는 것이다(참조, 시 11:4). 왜냐하면 요나 선지자 자신의 기도가 주님의 성전에서 하나님께 이를 것이라 말하고 있기 때문이다(2:7). 혹은 4절은 예루살렘 성전을 의미하고 7절은 하늘의 성전을 의미한다고 할 수 있을 것이다.

2:5~6상 그가 당한 위협 가운데서 물결은 그의 생명을 앗아가려고 위협했고 바다가 온통 자신을 에워싸 버렸다. 바다에 떠다니는 해조류가 마치 그를 감옥에 감금하는 것처럼 머리 부근을 떠다니며 가두어 버렸다. 바다에서 그는 바닷속에 있는 산의 뿌리까지 내려갔고 땅은 그 빗장으로 그를 영원히 막아 버리는 듯했다. 이것이 바로 요나 선지자 자신 앞에 다가온 바닷속의 무덤에 대하여 묘사한 내용이다.

2:6하~7 요나가 절체절명의 위기에서 절망과 실의 속에 빠져 있을 때 하나님은 예언자를 그 구덩이로부터 건져내기 위하여 물고기를 사용하셨다('구덩이'는 무덤과 동의어이다). 하나님은 그의 생명을 구하셨다. 회개한 예언자는 주님은 자신의 하나님이심을 고백했던 것이다(1절). 자신이 물에 빠져 죽게 되었고 생명이 풍전등화 같다는 사실을 알게 된 후에 요나는 하나님께 부르짖어 구원해 주실 것을 기도하며 돌아섰다(2절). (요나의 기도가 성전까지 이르렀다; 4절을 참조하라.)

절체절명의 위기 속에서 예언자 요나는 기도했고, 그의 탄원은 하늘에 상달되어 기묘하게도 응답을 받게 되었다.

(3) 요나의 감사

2:8~9 무의미한 우상을 숭배하는 데 관련된 진술은 우리에게 어두운 배경을 보여 주고 있다. 하나님이 베푸신 빛나는 은혜와는 대조를 보인다. 생명이 없는 그 어떠한 우상도 땅과 바다를 지으신(1:9) 하늘의 하나님만한 위대한 구원을 가져다 줄 수가 없었던 것이다. 힘없는 우상에게 구원을 바라는 사람들과는 대조적으로(1:5) 요나는 이처럼 놀라운 일을 베풀어 주신 참 하나님을 찬미하는 희생제물을 드렸다(1:16). 그는 주님으로부터 온 구원으로 인해 주님께 복종할 것을 맹세했다. 위기의 상황에서 구원을 얻게 되는 것은 은혜로우신 하나님이 구원을 베풀어 주시기 때문에 가능한 것이다.

c. 요나의 돌이킴

2:10 요나가 물속의 무덤으로부터 구원받게 되자 주님은 물고기에게 예언자를 육지에 무사히 되돌려 놓도록 명하셨다. '육지'란 추측하건대 아마도 사흘이 걸려 다시 되돌아 온(1:17) 팔레스타인의 해변이 아닐까 싶다. 일곱 가지의 기적들이 이미 이 이야기 속에서 일어났다. 즉, 하나님이 거친 풍랑을 일으키셨다(1:4). 요나가 제비 뽑히게 하셨다(1:7). 요나가 배 바깥으로 내어 던짐을 당하자 바다를 잔잔하게 하셨다(1:15). 물고기에게 요나를 삼키도록 명령하셨다(1:17). 물고기로 하여금 요나를 안전하게 운반하도록 하셨다. 물고기로 하여금 요나를

육지에 토해 내도록 하셨다. 아마도 이 모든 것들보다도 더 위대한 일은 불순종한 예언자의 마음을 온통 녹아 내리게 만드셨던 것이다(이것은 2장에 나오는 요나의 감사 기도에 뚜렷이 나타나 있다).

II. 요나의 순종(3~4장)

A. 예언자가 다시 임무를 부여 받음(3:1~2)

3:1~2 요나가 고집스럽게 불순종하던 일에서 돌이키자 주님은 다시 그의 정하신 일을 이루기 위해 요나에게 명령하셨다(1:2). 니느웨가 큰 성읍이라고 표현된 곳은 세 곳이다(1:2; 3:2; 4:11. 참조, '극히 큰 성읍', 3:3). 서문에서 언급한 대로 니느웨는 내부의 성곽과 외부의 성곽으로 둘러싸여 있었다. 외부의 성곽이 들판과 작은 성읍들(르호보딜, 갈라, 레센 등. 참조, 창 10:11~12)을 둘러싸고 있는 반면에 거대한 내부의 성곽(넓이가 50피트, 높이가 100피트)은 둘레가 약 8마일에 달했다. '큰 성읍'이란 말은 니느웨 시의 작은 성읍들과 행정력이 미치는 주변의 잡다한 환경들을 모두 포함해서 하는 말이다.

주님이 요나에게 가르쳐 주신 것은 단순히 약 550마일에 해당하는 니느웨로 여행하며 적절한 시기에 주님이 주실 메시지를 선포하는 것이다(3:4). 하나님이 예언자 요나에게 다시 명령하실 때 그 말씀을 선포해야만 하는 이유를 또다시 반복하지 않음은 흥미로운 일이다(참조, 1:2하).

B. 예언자의 순종(3:3~4)

3:3 예언자 요나가 여기에서 응답하는 것은 1장에서 보여준 응답과는 다른 것이다. 여기에서는 요나가 주님께 순종했고, 북동쪽으로 떠나 니느웨를 향해서 갔던 것이다. 일찍이 요나는 주님께 불순종하고 서쪽으로 간 바 있다(1:3).

요나는 니느웨와 그 인근의 성읍들을 온전히 통과하는 데 3일이 소요됨을 말하면서 다시 한 번 그 성읍의 큰 규모를 언급하고 있다(서문의 '정경성과 역사성' 부분과 3:2의 주해를 참조하라).

3:4 하루 동안 다녔다는 것은 요나가 말씀을 선포하기 이전에 하루 종일 걸었다는 것을 의미하지는 않는다. 대신에 요나가 성읍에 들어가서 말씀을 선포한 첫날이었음을 의미하고 있다. 하나님이 요나에게 주신 말씀은 40일이 지나면 니느웨가 완전히 멸망할 것이라는 위협적인 말씀이다. 아마도 이것은 그 백성들에게 심판이 임하기 이전에 회개할 기회를 주기 위한 은혜의 기간이다. 요나는 '성읍의 동쪽'(4:5)으로 가기 전 3일 동안 계속해서 이 말씀을 선포했다.

C. 니느웨의 회개(3:5~10)

1. 백성들의 행동(3:5)

3:5 요나의 말씀은 니느웨 성읍의 구석구석까지 전해졌다. 니느웨 사람들은 요나의 메시지를 받아들였고 하나님을 믿게 되었다. 아이러니하게도 요나가 불길한 운명에 대하여 선포했을 때 니느웨 백성들은 회개했다. 일찍이 요나가 회개한 바 있고 지금은 이방인들이 회개하게 된 것이다. 내적인 통회와 겸허함을 외부적으로 나타내는 일로써 그들은 금식을 행했고(참조, 삼상 7:6; 삼하 1:12; 느 1:4; 슥 7:5) '굵은 베옷을 입었다'(참조, 창 37:34; 왕상 21:27; 느 9:1; 에 4:1~4; 애 2:10; 단 9:3; 욜 1:8). 사회의 높은 지위에 있는 사람이거나 낮은 계급의 사람이든지 하나님은 노를 돌이키시고 그들을 구해 주실 것을 간절히 소망했다.

이미 언급된 바와 같이 어떤 학자들은 이토록 많은 백성들이 하나님께로 돌이켰다는 사실을 믿기 어렵다고 말하기도 한다. 사실 앗수르의 기록들 가운데 니느웨 성읍이 이렇게 널리 회개했다는 사실을 찾아볼 수가 없다. 공식적으로 기록된 역사적 사실도 종종 당혹할 정도로 꼭 필요한 기록들을 삭제해 버리는 경우가 허다하다(이스라엘 족속들이 홍해를 건넌 사실을 애굽 사람들이 역사에 언급하지 않고 있는 일이나 앗수르의 역사에 그들이 예루살렘에서 185,000명의 군대를 잃은 사실을 언급하지 않고 있는 등. 참조, 왕하 19:35).

니느웨 사람들에 대한 또 하나의 의문점은 그들이 정말로 회개했는가 하는 것이다. 그들이 종교적으로 반응을 보인 것이 아합의 경우처럼 피상적인 것이 아니었겠는가?(참조, 왕상 21:27~29) 만약 니느웨 사람들이 정말로 회개했다면, 왜 앗수르가 계속해서 침략을 일삼고 곧장 이스라엘을 훼파했는가 하는데 대한 이유를 설명하기가 곤란해질 것 같다(이로부터 37년 후인 BC 722년에 앗수르는 북 왕국을 멸망시켜 버렸다). 아마도 그들의 다음 세대가 앗수르의 전형적인 도발을 재현했을 것이다.

또한 요나의 메시지는 심판을 면하기 위해서 악으로부터 회개할 것과 연관되어 있다. 아마도 많은 사람들이 온전하게 회개하는 일 없이 요나의 말씀을 믿었을 것이다. 그들은 여호와를 유일하신 참 하나님으로 믿는 일이 없이도 하나님의 심판이 임박했음을 믿을 수 있었을 것이다. C. F. 카일(Keil)은 이렇게 기록하고 있다. "그러나 아무리 니느웨 사람들이 깊이 통회했다 할지라도, 또 그 백성들이 아무리 신실하게 회개했다 할지라도 그들은 왕의 명령에 의거하여 행동했던 것이다. 그들의 회개는 효력에 있어서 계속되는 것이거나 영원한 것은 아니었다"(Johan, In *Commentary on the Old Testament in Ten Volumes*, 10 : 409). 분명히 니느웨 사람들은 요나가 선포하는 말씀의 능력에 두려움을 느껴(참조, 욘 3:8~9) 반응을 보이게 되었다. 비록 그 백성들이 외적으로는 통회하였을지라도(금식하며 굵은 베옷을 입는 등) 지속적인 영적 변화는 전혀 없었을지도 모른다. 하여튼 요나의 외침은 비록 종교적으로 지속되는 효과는 없었더라도 강력하고 또 널리 퍼져 나가는 힘을 발휘했던 것이다.

2. 왕의 행동(3:6~9)

a. 왕의 회개(3:6)

3:6 백성들이 근신하며 하나님 앞에 겸허해졌다는 말이 니느웨 왕까지 전해졌다(아마도 이 왕은 앗수르단 3세[Ashur-dan Ⅲ]일 것이다). 비록 니느웨가 앗수르의 수도가 되지는 못했다 할지라도 산헤립(BC 705~681년)이 통치하던 때까지는 몇몇 왕들이 그곳에서 거주했었다. 거의 눈앞에 임박한 심판에 대한 소식은 왕으로 하여금 백성들이 하던 것처럼 반응하게 만들었다(참조, 5절). '굵은 베옷을 입고 재 위에 앉았다'는 사실은(참조, 사 47:1) 왕이 회개하고 예언자의 메시지를 믿었음을 시사해 준다.

b. 왕의 선포(3:7~9)

3:7~8 왕의 참회는 자신과 대신들로 하여금 왕의 조서를 반포하게 만들었다. 그 조서는 백성들에게 금식하고(이 조서에 금식을 선포한 이유는 3장 5절에 나와 있다), 굵은 베옷을 입고(3장 5절의 주해를 참조하라), 하나님께 결사적으로 부르짖으며, 악한 길로부터 돌이킬 것을 명하였다(사악한 길. 참조, 3:10). 짐승들조차도 먹을 것을 금했으며 굵은 베옷을 입혔다. 이런 일은 근동에서는 전혀 이상한 일이 아니며, 백성들이 회개한다는 또 하나의 징표이기도 했다.

3:9 "누가 알겠느냐?"(참조, 삼하 12:22; 욜 2:14)라는 말은 하나님이

당신의 진노와 노하심으로부터 돌이키실 가능성을 암시해 주고 있다. 왕은 회개를 통해서 요나의 하나님이 심판을 거두고 진노하심에서 돌이키셔서 그 성읍을 보호해 주실 것을 원했다(참조, 욘 1:6 우리를 망하지 않게 하시리라). 하나님으로부터 내려질 심판에 대한 두려움은 놀라운 일이다. 왜냐하면 앗수르 족속들은 그 어느 것도 겁내지 않는(참조, 왕하 18:33~35) 잔인하고 거칠고 사나운 나라였기 때문이다(참조, 나 3:1, 3~4).

3. 하나님의 행하심(3:10)

3:10 예언자 요나의 말씀에는 하나님의 심판이 철회될 것에 대한 조건들이 포함되어 있을지도 모른다. 하나님은 니느웨 백성들을 사랑하신다는 징표로써 요나를 그들에게 보냈다. 요나에게 무엇을 선포할 것인지를 알려 주셨으며, 많은 백성들의 마음을 활짝 열어 놓으셨다. 하나님은 그들의 회개를 보신 후에 그들을 멸망시키시려 했던 뜻을 돌이켜 자비를 베푸셨다. 하나님은 요나를 건져 주셨다(2장). 그리고 이제는 니느웨를 건져 주셨다.

하나님의 자비하심은 늘 거저 받는 것이다. 하나님의 은혜는 결코 획득해서 취할 수 있는 것이 아니다. 회개는 결코 보상받기 위해서 하는 일이 아니다. 그러나 이 말은 하나님이 이러한 회개에 응답하여 역사하신다는 것을 부인하는 것이 아님을 알아야 할 것이다. 니느웨 백성들의 회개는 하나님이 그 성을 훼파하시려는 것을 약 150년 동안 지연시켰다. 그 백성들은 다시 죄악에 빠졌고, 그 결과 BC 612년에 니느웨 성읍은 결국 멸망하고 말았다(나훔서를 참조하라). 하나님은 징벌을 내리실 때 용서하시는 자비를 생생하게 새긴 '감춰진 은혜'를 또한 주시는 것이다. 이 사실은 죄인들의 심중에 하나님의 은혜를 강하게 심어 준다. 하나님은 사악하지만 회개하는 백성들을 긍휼히 여기시고 성읍을 훼파하시겠다는 선언을 유보하셨다. 그 이유는 이스라엘 백성들에게 임박한 하나님의 심판은 하나님이 용서하시려는 뜻이 없다는 것이 아니다. 그들이 회개하지 않았기 때문임을 일깨워 주는 것이다.

D. 예언자의 슬픔(4장)

1. 요나의 비통함(4:1~5)

a. 요나의 분노(4:1)

4:1 요나는 하나님이 니느웨 백성들에게 향하신 선하심에 대하여 완강하게 거부하며 대들었다. 요나의 이러한 태도를 볼 때 이스라엘이 하나님 앞에서 어떠한 태도를 보이는가를 상징적으로 살펴 볼 수 있다. 요나의 이기적인 관심은 이스라엘이 하나님의 자비하심과 역사하시는 방법에 대하여 얼마나 무지한지를 상기시켜 준다. NIV에 나오는 '그러나'는 단순히 하나님의 자비로우심(3:10)과 요나의 비통함 그리고 하나님이 진노하심으로부터 돌이키시는 일과 요나가 노하게 되는 사실(3:9~10) 사이의 대조를 뚜렷하게 나타내 주는 것이다. 요나가 하나님이 니느웨를 건져 주시는데 대하여 화를 내는(문자적으로는 '뜨거

워지다'라는 뜻이다) 일은 편견에 사로잡혀 있었기 때문이다. 이 편견은 애국적인 열정에 깊이 뿌리를 두고 있었기 때문에 생긴 것이다. 요나는 아모스와 호세아에게서 앗수르는 이스라엘을 멸망케 할 것이라는 사실을 전해 들어 알고 있었을 것이다. 하나님의 관계에서 보이는 요나의 변덕스러운 태도는 여전히 퉁명스럽고 변화무쌍하다.(1장, 불순종함; 2장, 감사드림; 3장, 불순종함; 4장, 비통하게 생각함).

b. 요나의 기도(4:2~3)

4:2 요나는 분노와 역겨움으로 가득 차서 주님께 뼈 있는 말을 하면서 그분을 탓하고 있다. "당신께서는 용서하시는 분인 줄 압니다. 그래서 지금 어떤 일이 일어났는지를 살펴보시기 바랍니다." 요나는 니느웨 성이 구원받는 것을 원하지 않았기 때문에 자신이 다시스를 향하여 도망쳤음을 인정했다. 그는 자신이 재앙에서 구원받기를 원했다(2:2, 7). 그러나 니느웨가 재앙에서 구원받는 일에 대해서는 분노했다. 니느웨 백성들은 요나보다도 더 하나님의 은혜를 받아들일 준비가 되어 있었다. 하나님의 자비하심에 대하여 거역하는 사람인 요나는 니느웨 백성들에 대한 동정의 마음이 털끝만큼도 없었다.

    요나는 하나님이 용서하려 하신다는 것을 알고 있지만 그의 적들이 이 사실을 아는 것을 원하지 않았다. 요나의 말을 듣는 사람들이 용서하시는 하나님께로 돌아선다면 그들의 불행한 운명(3:4)을 돌이킬 수 있었던 것이다. 요나가 출애굽기 34장 6절의 말씀을 인용한 것에서 볼 수 있듯이 그는 하나님의 성품에 대하여 분명한 인식을 갖고 있었다. 사실 요나가 하나님에 대하여 언급한 말씀은 요엘이 하나님에 대하여 묘사한 말씀과 거의 일치한다(욜 2:13. 참조, 느 9:17; 시 103:8; 145:8). 주께서는 은혜로우시며(하나님은 사람들을 사랑하기 원하신다), 자비로우시며(하나님의 사랑하심은 자상하시다), 노하기를 더디 하시며(하나님은 사악한 자들을 벌하시는 일을 기뻐하시지 않으신다. 참조, 벧후 3:9), 인애가 크신 분이다(헤세드[חֶסֶד]: 약속한데 대한 절대적인 충성, 혹은 절대적인 사랑). 시편 기자들은 가끔은 순서를 바꾸어 말하는 때도 있지만 하나님은 '은혜로우시고', '자비로우시다'고 고백하고 있다(참조, 시 86:15; 103:8; 111:4; 112:4; 145:8). 요나는 하나님은 뜻을 돌이켜 재앙을 내리지 아니하신다고 말하고 있다. 예언자 요나는 하나님의 이러한 속성들이 경멸할 만하고 야비한 니느웨 백성들에게까지 미치는 것에 대하여 두려워하고 있었다. 이러한 일들이 과연 일어나지 않았는가!

4:3 하나님이 행하신 일에 대하여 깊이 고민한 요나는 하나님 앞에서 죽기를 구하였다(참조, 욘 4:8; 왕상 19:4). 일찍이 그는 살기 위해서 기도했다(2:2). 아마도 요나는 자신이 죽어버리겠다는 협박이 실행에 옮겨지지 않은데 대하여 몹시 당황했으리라. 하나님이 진노를 돌이키시고 그 성읍을 멸망시키지 않았다. 요나는 너무도 실망하여 살아야 할 어떤 이유도 찾을 수가 없었다. 하나님은 그 성읍에 관심을 기울이셨던 반면(4:11) 요나는 그렇지 못했던 것이다.

c. 요나의 행동(4:4~5)

4:4~5 요나는 하나님이 더디 화내신다는 사실(2절)을 알고 있었지

만, 그는 여전히 주님께서 속히 진노를 내리시기를 원하고 있었다. 오래 참으시는 하나님은 화를 내고 있는 그의 선지자에게조차 오래 참으심으로 요나가 화난 데 대한 타당한 이유를 찾으셨다. 하나님은 토라진 예언자에게 그가 화내는 것이 합당한 것인지 아닌지에 대하여 물으셨다(4:9). 이 질문은 부정적인 반응을 내포하고 있었다. 요나에게는 화를 낼 만한 아무런 권리가 없었다. 어떤 사람도 자신이 기대하고 원했던 것과 하나님이 행하신 일이 전혀 다르다 할지라도 결코 화를 내어 하나님께 되물을 수는 없는 것이다.

    요나는 너무나 마음이 상해서 하나님께 응답하지 않았다. 대신에 그는 성읍을 떠나서, 아마도 나뭇가지로 만들었을 법한 초막을 짓고 그 그늘에(참조, 엘리야가 로뎀 나무 아래 앉아 죽기를 결심한 일; 왕상 19:4) 앉았다(참조, 왕이 재 위에 앉으니라, 3:6). 요나는 그 성읍에 대한 뚜렷한 견해를 가지고 있었다. 그가 그 성읍에 어떤 일이 일어날 것인가를 보기 위해서 기다리고 있었는지는 이해하기 어렵다. 요나는 하나님이 그의 계획에 대하여 응답하시고 어떠한 방법으로든지 그 성읍을 심판하실 것이라 생각했을 것이다. 하나님이 징계를 받을만한 백성들에게 심판하지 않으시는 것은 생각할 수 없는 일이다. 요나는 니느웨가 심판을 당하기까지 기다리기로 작정했던 것이다. 요나의 생각은 잘못된 것이고, 그의 행동은 어린아이같이 유치한 것이다. 요나는 불순종한 대가로 죽을 수밖에 없었으나 하나님의 은혜로 구원함을 받았다는 사실을 까맣게 잊어버리고 있었다(2장).

2. 주님의 설명(4:6~11)

a. 예비해 두신 입증(4:6~8)

하나님은 노하기를 더디 하시기 때문에(2절) 다시 한 번 요나가 합당한가를 고려하셨다(참조, 4절). 이번에는 그에게 보이는 한 가지 실례를 교훈으로 내려 주셨다. 하나님은 요나가 좋아하는 것(육신적인 안식)을 들어서 이것과 하나님 자신의 관심(백성들의 영혼)을 대비시키셨다. 하나님이 폭풍을 통해서 요나를 꾸짖는 것이 아니라 그가 좋아하고 또 싫어하는 이기적인 성향을 밝히 드러내심으로 책망하시는 것이다.

4:6 하나님은 요나가 지은 허술한 초막(5절)에서는 기대할 수 없는 그늘을 주시기 위해 박넝쿨을 준비하셨다(참조, '준비하다', 1:17; 4:7~8). 물고기를 예비하셔서 요나를 삼키게 하신 바다의 하나님은 땅(참조, 1:9)과 거기서 나오는 식물의 하나님이다. 비록 그의 종들이 실망에 가득 차고 낭패를 당했을 때조차도 하나님은 자비로우시다(4:2)는 증거가 바로 여기에 있다.

이 식물이 자라자 요나의 초막을 덮었다. 울창한 잎사귀로 그 초막을 덮어 생기는 그늘이 요나로 하여금 사막의 뜨거운 햇빛을 피할 수 있게 해 주었다. 그 식물은 아마도 더운 지방에서 빠른 속도로 성장하여 12피트의 높이까지 자라나며 큰 잎사귀를 가진 아주까리 콩이었던 것 같다. 그 식물은 줄기에 손상을 입으면 쉽게 시들어 버린다. 그 식물이 하룻밤 동안 자랐다는 사실(참조, '이튿날 새벽에' 7절, 10절을 보라)은 보통 성장 속도보다 빠른 속도로 자랐다는 것이다. 하나님이 요나를 위해 물고기를 예비하셨던 것만큼이나 기적적인 일임을 보여 준다. 분노했고, 낙심했지만 요나는 이러한 안식과 더불어 마음이 밝아져서 그때 기쁨에 넘쳤던 것이다. 아이러니하게도 그는 자신의 안식 때문에 기뻐한 것이지 니느웨 백성들이 하나님의 심판으로부터 구원받은 사실로 인해 기뻐한 것이 아니다.

4:7~8 이튿날 새벽에 하나님은 예언자를 기쁘게 했던 식물을 없애버릴 벌레 한 마리를 준비하셨다(참조, 1:17; 4:6). 하나님은 뜨거운 동풍을 준비하셔서 요나로 하여금 편치 못하고 기진맥진하게 만들었다. 예언자의 피난처는 동쪽에서 불어오는 뜨거운 바람을 막아 주기에는 충분하지 않았다. 1장에서 명백하게 나타난 바와 같이 하나님은 풍랑과 큰 물고기로 개입하셨다. 이제 하나님은 낮게 불어와 찌는 듯 기승을 부리는 열풍으로 개입하고 계신다. 다시 한 번 요나는 큰 괴로움을 느끼게 되었다. 먼저는 니느웨의 회개로 말미암은 것이고 이번은 넝쿨이 시들어 버림으로써 그늘이 없어져 버렸기 때문이다. 그래서 요나는 죽기를 원했다(4:3).

b. 하나님의 설명(4:9~11)

4:9 하나님은 일찍이 요나에게 물으셨던 것과 똑같은 질문을 하셨다. "네가 성내는 것이 옳으냐?"(4:4) 하나님은 넝쿨에 관하여 덧붙여 말씀하신다. 하나님은 요나가 하나님이 니느웨를 아끼시는 것과 넝쿨을 말라 없어지게 하신 일 사이의 대조적인 점을 알기를 원하셨다. 즉, 니

느웨 백성들의 영적인 문제는 무관심하면서, 자신의 육체적 문제는 관심을 갖고 있는 사실을 대조하여 깨닫기를 원하셨다. 요나가 무관심한 것(니느웨에 대하여)과 관심을 쏟은 것(자신에 대하여), 이 모두는 둘 다 이기적인 것이다. 요나는 넝쿨이 시들어 버린 데 대해 화낸 것이 합당한 일이며 너무나 화가 나서 죽어 버리기를 원한다고 대답했다.

"생명에 대한 요나의 일련의 언급들은 놀라움과 당혹감에 빠지게 한다. 그는 하나님으로부터 벗어나 도망하려 했고 또 그 일로 인해 덜미를 잡혔다. 그는 그때 항복하고서 죽을 수밖에 없음을 받아들였기에 구원을 얻을 수 있었다. 두 번째의 기회가 주어졌을 때 그는 순종했고 그 결과 당혹할 정도로 놀라운 결과를 가져 왔다. 그는 결국 폭발하고 말았다. 즉, 그의 당혹함은 심화되었던 것이다."(Judson Mather, "The Comic Act of the Book of Jonah," *Soundings* 65. Fall 1982, p. 283).

4:10~11 하나님은 요나가 니느웨나 혹은 박넝쿨에 대하여 분노할 아무런 권리도 없다는 것을 깨닫기 원하셨다. 왜냐하면 요나가 그것들의 생명을 부여하거나 지탱하도록 도와준 것이 아니기 때문이다. 요나가 그것들을 주관하는 것도 아니다. 그는 식물이 자라거나 혹은 시들도록 할 아무런 힘도 없는 존재였다. 박넝쿨은 하루살이 같은 것이고(하룻밤에 났다가 하룻밤에 시들어 버렸다) 아무런 가치가 없는 것이다. 요나는 이런 사실에 대하여 슬퍼했다. 요나는 식물을 자라게 하는데 아무런 역할도 하지 못한 반면에 하나님은 니느웨를 만드신 분이다. 요나가 지닌 애정이란 왜곡된 것에 불과한 것이다. 즉, 그는 인간들의 생명보다는 박넝쿨에 더 많은 관심이 있었다. 수많은 사람들의 영혼에 닥칠 운명보다는 자신의 안일을 더 소중하게 생각했다. 요나

당대에 이스라엘의 모양이 어떠했는가?

예언자에게 하신 하나님의 말씀은 요나가 분노할 아무런 권리가 없다는 것을 지적해 주고 있다. 도날드 E. 베이커는 주님의 응답하심에 대해 이렇게 의역하고 있다. "요나야! 우리 한번 너의 분노에 대하여 함께 분석해 보기로 하자꾸나…그것은 네가 사랑하는 그 식물에 대한 너의 관심을 말해 주는 것이다. 그것이 진정으로 너에게 무슨 의미를 준단 말이냐? 네가 그것에 대해 집착하는 것은 별 의미가 없지 않느냐? 왜냐하면 그것은 여기에서 하루 동안 있다가 내일이면 없어져 버리는 것이기 때문이다.

너의 관심이라고 하는 것은 자신의 이익을 위한 것 때문에 생긴 것이지 진정한 사랑으로 말미암은 것은 아니란다. 너는 언제 한번 정원사로 정성을 쏟아본 적이 있느냐? 네가 그 정도로 마음이 좋지 않은데 만일 한 정원사가 나무 한 그루를 돌보고 그 자라는 것을 지켜보다가 그 나무가 시들어 죽어가는 것을 바라 봐야만 한다면 그 정원사의 마음은 어떠할 것 같으냐? 이것이 바로 내가 니느웨에 대해서 갖는 마음이다. 오히려 그보다 더 절실한 마음일 뿐이다. 그 모든 백성들, 그 모든 동물들, 다 내가 만든 것 아니냐. 나는 그것들을 지금껏 풀어 보호해 왔다. 니느웨를 위해서 한없는 정성을 기울여 왔고, 내게 있어 그것은 곧 온 세상이란다. 내가 그들의 멸망을 숙고했을 때, 내가 지닌 고통은 너의 고통과는 비교할 수 없을 만큼 큰 것이었단다"(Jonah and the Worm, *His*. October 1983, p. 12).

요나는 하나님이 앗수르 백성들을 아끼시는 것을 불합리한 일이라 생각했던 반면에, 하나님은 불합리하기 짝이 없는 생각을 하는 요나를 일깨워 주셨던 것이다.

별 의미가 없는 박넝쿨과는 대조적으로 큰 성읍 니느웨는 의미심장한 것이다. 즉, 그 성읍에는 12만 명의 사람이 살고 있었던 것이다. 좌우를 분변치 못하는 자라는 말씀은 어린 아이들을 말하는 것이다. 어떤 주석가들은 이럴 경우에 니느웨 성읍과 인근의 주민들은 도합 60만 명에 달했을 것이라 말하고 있다. 그러나 또 어떤 주석가들은 12만 명이란 성인들을 가리키며 어린 아이와 같이 잘 훈련되지도 못하고 분별력이 모자라 영적으로나 도덕적으로 하나님을 떠나 살아가는 사람들을 묘사하고 있다고 설명하기도 한다(이 경우에 전 인구는 도합 30만 명 정도로 추산된다.). 니느웨의 인구가 12만 명이라고 하는 것은 니므롯의 장정의 수효와 적절히 일치하고 있다(창 10:11~12, 니느웨의 교외에 있는 칼라[Calah]라는 곳도 포함한다). 한 기념비에는 앗수르나실팔 2세(BC 883~859년)가 니므롯 사람 69,574명을 향연에 초대했다고 새겨놓았다(Leslie C. Allen, *The Books of Joel, Obadiah, Jonah and Micha*, p. 234, n. 27; Daniel David Luckenbill, *The Annals of Sennacherib*. Chicago : University of Chicago Press, 1924, p. 116). 그리고 도날드 J. 와이즈만에 따르면 니느웨의 성벽들이 두 번씩이나 칼라의 성벽들을 에워쌌다고 한다("Jonah's Nineveh", *Tyndale Bulletin* 30. 1979, p. 37).

요나는 이스라엘의 참상을 미리 보여주는 비극의 한 예표라 할 수 있다. 요나와 이스라엘은 둘 다 종교적인 불순종과 불평 때문에 징계를 당했다. 하나님의 사람들이 그분이 그의 백성들을 향하신 뜻보다는 자신의 육신적인 안일을 더 돌아보게 될 때 이것이 얼마나 큰 비극인가.

이와는 대조적으로 하나님은 이기적인 분이 아니시다. 하나님은 하나님의 은혜를 필요로 하는 많은 사람들이 살고 있는 그 큰 성읍에 대하여 관심을 기울이실(후스[חוס]: 아끼다. 참조, 욜 2:17) 권리를 가지고 계신 것이다.

  니느웨를 거의 배타적으로 취급하고 있는 두 소선지서(요나서와 나훔서)는 하나의 질문으로 끝을 맺고 있다(참조, 나 3:19). 요나서 4장 11절의 질문은 독자들에게 편안한 느낌을 주지 못한다. 이것은 마치 연극의 막이 갑자기 내려지는 것과 같다. 이 물음에 대한 요나의 대답은 전혀 없다. 이 침묵을 어떻게 이해해야 할까? 만약 요나가 하나님이 그를 본향으로 인도하시기 위해서 일하신다는 점을 깨닫지 못했다면, 요나는 이 책을 기록할 수 없었을 것이라는 것은 자명한 일이다. 요나는 명백하게 자신의 잘못을 인식하게 되었고 그 후에 이스라엘로 하여금 그들의 불순종과 영적인 완고함에서 돌아서서 하나님께로 나아오도록 촉구하기 위해 이 역사적이며 자전적인 이야기를 기록했던 것이다.

  이 책이 결론 내리는 바대로 요나는 분노했고, 실망했으며, 격정에 사로잡혔고 또 기진맥진했다. 그는 자신의 자비로움이 부족하다는 것과 하나님의 자비가 크고 깊으시다는 것을 깨우쳐 주시는 하나님의 말씀을 숙고하게 되었다. 주님이 하신 말씀에 대한 요지는 다음과 같다. (a) 하나님은 모든 족속들, 즉 이스라엘 족속뿐만 아니라 이방 족속들에게도 자비로우시다. (b) 하나님은 모든 일을 주관하신다. (c) 하나님은 반역하는 자들을 벌하신다. (d) 하나님은 그의 백성들이 말씀에 순종하고, 종교적인 허위를 내어 버리고, 하나님의 전 우주적인 사랑과 은혜를 제한하지 않기를 원하고 계신다.

참고 문헌

- Allen, Leslie C. *The Books of Joel, Obadiah, Jonah and Micah*. The New International Commentary on the Old Testament. Grand Papids : Wm B. Eerdmans Publishing Co., 1976.
- Banks, William L. *Jonah, the Reluctant Prophet*. Chicago : Moody Press, 1966.
- Blair, J. Allen. *Living Obediently : A Devotional Study of the Book of Jonah*, Neptune, N.J. : Loizeaux Brothers, 1963.
- Draper, James T., Jr. *Jonah : Living in Rebellion*, Wheaton, Ⅲ. : Tyndale House Publishers, 1971.
- Fausset, A. R. *A Commentary : Critical, Experimental and Practical on the Old Testament*. Vol. 4. Grand Rapids : Wm. B. Eerdmans Publishing Co., 1945.
- Feinberg, Charles L. *The Minor Prophets*. Chicago : Moody Press, 1976.
- Gaebelein, Frank E. *Four Minor Prophets : Obadiah*, Jonah, Habakkuk, and Haggai. Chicago : Moody Press, 1977.
- Keil, C. F. "Jonah." *In Commentary on the Old Testament in Ten Volumes*. Vol. 10. Reprint(25 vols. in 10). Grand Rapids : Wm. B. Eerdmans Publishing Co., 1982.

- Kleinert, Paul. "The Books of Jonah." *In Commentary on the Holy Scriptures*. Reprint(24 vols. in 12). Grand Rapdis: Zondervan Publishing House, 1960.
- Kohlenberger, John R. Ⅲ. *Jonah-Nahum*. Everyman's Bible Commentary. Chicago : Moody Press, 1984
- Laetsch, Theo. *The Minor Prophets*. St. Louis : Concordia Publishing House, 1956.
- Pusey, E. B. *The Minor Prophets : A Commentary*. Vol. 1. Grand Rapids : Baker Book House, 1970.
- Tatford, Frederick A. *The Minor Prophets*, Vol. 2. Reprint(3 vols.) Minneapolis : Klock & Klock Christian Publishers, 1982.

דְּבַר־יְהוָה ׀ אֲשֶׁר הָיָה אֶל־מִיכָה הַמֹּרַשְׁתִּי בִּימֵי
אֶרֶץ וּמְלֹאָהּ וִיהִי אֲדֹנָי יְהוִה בָּכֶם לְעֵד אֲדֹנָי מֵהֵיכַל קָדְשֽׁוֹ
שִׁמְעוּ עַמִּים כֻּלָּם הַקְשִׁיבִי
יְהוָה יֹצֵא מִמְּקוֹמוֹ וְיָרַד וְדָרַךְ עַל־(בָּמוֹתֵי) [בָּמֳתֵי] אָרֶץ
וְנָמַסּוּ הֶהָרִים תַּחְתָּיו וְהָעֲמָקִים יִתְבַּקָּעוּ כַּדּוֹנַג מִפְּנֵי הָאֵשׁ כְּמַיִם מֻגָּרִים בְּמוֹרָד פִּי־הִנֵּה
וְהָעֲמָקִים

The Bible Knowledge Commentary 17

Micah
서론

서론

저자 및 저작 연대

이 책의 저자에 대해서는 알려진 바가 거의 없다. 미가야(Micaiah)라는 이름의 축소형인 미가(Micah)는 "여호와와 같으신 이가 누구입니까?"라는 의미를 가지고 있다. 예레미야가 활동하던 당시에 장로들은 미가에 대해 언급했으며 나라에 심판이 임한다는 예레미야의 메시지를 방어하기 위해 미가서 3장 12절의 말씀을 인용하기도 했다(참조, 렘 26:18).

미가는 유다 땅에 속한 성읍으로 팔레스타인의 가드 부근에 있는 예루살렘에서 남서쪽으로 약 25마일 떨어진 곳에 위치하고 있는 모레셋(미 1:1. 참조 1:14) 출신의 사람이다(지도 '선지자 시대의 이스라엘의 주변국가'를 참조하라). 유다의 기름진 땅이었던 모레셋은 당시 중요한 국제 무역 요지 가운데 하나인 라기스(Lachish) 부근에 위치하고 있었다. 당대의 예언자 이사야와 마찬가지로 미가는 앗수르가 북 왕국을 멸망시킬 것이라는 것을 예언했다. 미가는 요담, 아하스, 히스기야가 통치하던 무렵인 기원전 8세기 경에 예언했다(1:1. 참조, 왕상 12장에 있는 도표 '유다와 이스라엘의 왕, 그리고 포로기 이전의 예언자들').

메시지와 문체

　이 책은 세 가지 메시지를 포함하고 있는데(1:2~2:13; 3~5장; 6~7장), 각 메시지는 주님이 그 나라에 하시는 말씀을 '듣고' 혹은 '경청하기를' 권고하는 말씀으로 시작하고 있다. 미가가 북 이스라엘에 임박한 멸망에 대해 언급하고 있지만, 그 말씀을 듣는 사람들은 주로 남 유다 사람들이었다. 미가가 행한 세 가지 메시지는 유다가 이스라엘 못지않게 범죄했다는 사실을 보여준다. 그들 역시 하나님에 의해서 연단을 받아야만 할 것이다.

　미가서에 나타나고 있는 하나님의 측량 기준(모든 예언서들에서와 마찬가지로)은 이스라엘이 애굽으로부터 구원함을 받을 때 하나님이 그의 백성들과 세우신 모세 계약이다. 하나님은 백성들이 이 계약에 준하여 살기를 바라셨다. 만약 그들이 그렇게 행한다면 하나님께로부터 축복을 받아 누릴 것이다(참조, 신 28:1~14). 반대로, 만약 그들이 그렇지 못할 때에는 하나님께로부터 징계를 받고 결국은 약속의 땅 밖으로 쫓겨날 것이다(참조, 신 28:15~68). 미가는 백성들이 계약의 법을 따라 사는 데 어떻게 실패했는가를 지적해 주고 있다. 그는 하나

님이 그들을 연단시키려 하신다는 사실을 선포했다. 사실상 그 나라를 향하신 하나님의 연단은 하나님이 그들에게 관심을 가지고 계신다는 사실과 또 그들을 회복시키실 것을 보여준다.

비록 미가의 메시지마다 하나님의 심판이라는 주제가 현저하게 나타나고 있지만 미가는 또한 회복에 대해서도 강조하고 있다. 미가는 그의 세 가지 메시지마다 '남은 자'(2:12; 4:7; 5:7~8; 7:18)에 대해 언급하고 있다. 미가 선지자는 언젠가는 주님이 이스라엘 백성들을 메시아가 통치하는 세상의 어느 위대한 처소에서 회복시켜 주실 것을 확신하고 있다. 이러한 일에 대한 강조는 미가 선지자 시대의 의로운 남은 자들을 크게 격려해 주었다.

예언서의 많은 부분이 그러하듯이 미가서는 산문이 아니라 운문에 속한다. 그렇기에 그의 진술 대부분은 병행 구절을 가지고 있다(시편 서문의 '시편의 성격'에 나와 있는 병행 구절에 대한 설명을 참조하라). 미가서는 여러 가지 동음이의어(미가 주석 1장 10~15절의 주해를 참조하라)와 여러 가지 엄밀한 물음들이 포함되어 있다. 미가는 신약성경에서 두 번 인용된다(미가 5장 2절은 마태복음 2장 5~6절에, 7장 6

절은 마태복음 10장 35~36절에 인용되어 있다). 미가는 메시아의 출생 장소, 족보, 근거(5:4), 통치(4:1~7) 등에 대하여 기록하고 있으며 그분을 이스라엘의 왕(2:13)과 통치자(5:2)로 언급하고 있다.

개요

I. 첫 번째 메시지 : 심판이 임할 것이다(1~2장)

    A. 서문(1:1)
    B. 다가올 심판에 대한 예언(1:2~7)
    C. 백성들에 대한 애통(1:8~16)
        1. 미가의 통곡(1:8~9)
        2. 다른 이들이 통곡하도록 요청하는 미가(1:10~16)
    D. 유다의 죄(2:1~11)
        1. 백성들의 죄(2:1~5)
        2. 거짓 예언자들의 죄(2:6~11)
    E. 다시 모이게 될 미래에 대한 예언(2:12~13)

II. 두 번째 메시지 : 심판 후에 축복이 따라올 것이다(3~5장)

    A. 국가의 지도자들에게 내려질 심판(3장)
        1. 통치자들에게 임할 심판(3:1~4)
        2. 거짓 예언자들에게 임할 심판(3:5~8)
        3. 고지식한 지도자들에게 임할 심판(3:9~12)

  B. 국가를 위한 하나님 나라의 축복들(4~5장)
    1. 하나님 나라의 특징(4:1~8)
    2. 하나님 나라에 앞서 일어날 일들(4:9~5:1)
    3. 하나님 나라에서의 통치자(5:2~15)

Ⅲ. 세 번째 메시지: 죄의 고발과 축복의 약속(6~7장)

  A. 주님에 의한 고발(6:1~5)
  B. 국가를 위한 미가의 응답(6:6~8)
  C. 죄로 인한 주님의 심판(6:9~16)
    1. 죄악들(6:9~12)
    2. 징벌(6:13~16)
  D. 주님께 간청하는 미가의 탄원(7장)
    1. 국가의 죄악으로 인한 미가의 탄식(7:1~6)
    2. 주님을 확고히 신뢰하는 미가(7:7~13)
    3. 다시 양들을 이끌어 주시기를 간청하는 미가(7:14)
    4. 백성들에게 놀라운 일들을 보이리라 약속하시는 주님(7:15~17)
    5. 하나님은 유일하신 분이라 고백하는 미가의 확신(7:18~20)

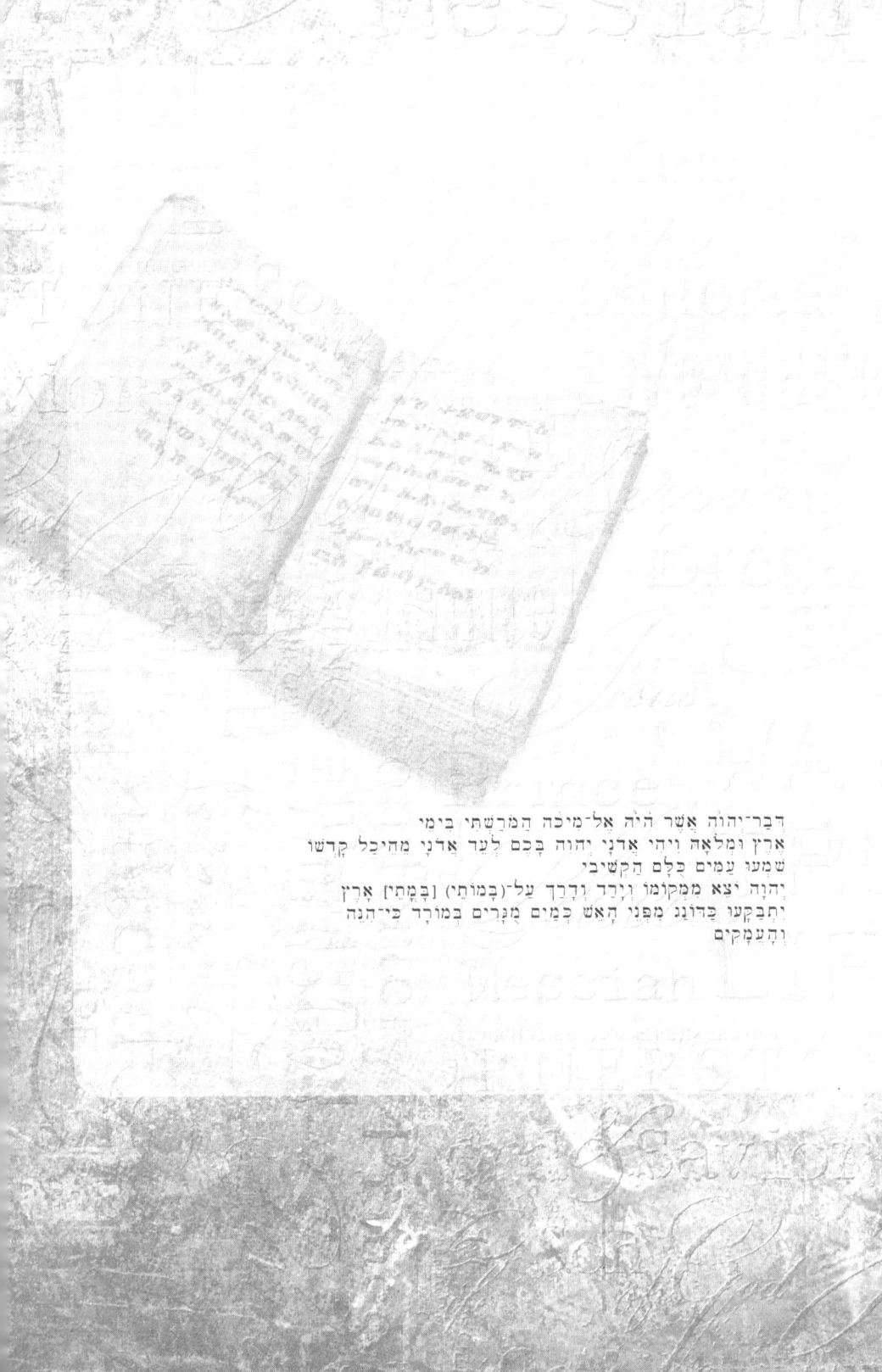

דְּבַר־יהוה אֲשֶׁר הָיָה אֶל־מִיכָה הַמֹּרַשְׁתִּי בִּימֵי
אֶרֶץ וּמְלֹאָהּ וִיהִי אֲדֹנָי יהוה בָּכֶם לְעֵד אֲדֹנָי מֵהֵיכַל קָדְשׁוֹ
שִׁמְעוּ עַמִּים כֻּלָּם הַקְשִׁיבִי
יהוה יֹצֵא מִמְּקוֹמוֹ וְיָרַד וְדָרַךְ עַל־(בָּמוֹתֵי) [בָּמֳתֵי] אָרֶץ
יִתְבַּקְּעוּ כַדּוֹנַג מִפְּנֵי הָאֵשׁ כְּמַיִם מֻגָּרִים בְּמוֹרָד כִּי־הִנֵּה
וְהָעֲמָקִים

The Bible Knowledge Commentary 17

Micah 주해

주해

I. 첫 번째 메시지 : 심판이 임할 것이다(1~2장)

미가는 이스라엘과 유다에게 임할 하나님의 심판을 예언했다. 그는 국가가 열국 가운데 뛰어난 나라로, 또 번영하는 나라로 온전히 회복될 것이라고 기록했다. 예언자 미가는 하나님이 다른 예언자들에게 주신 약속들로 인해 확신을 가지고 있었다. 하나님은 아브라함에게 많은 자손들이 생길 것이며 그들이 팔레스타인 지방에 거주하게 될 것이라고 약속하셨다(참조, 창 12:2; 15:18~21; 17:1~8, 16, 19~20). 하나님은 모세를 통해서 백성들이 그 땅에서 큰 축복을 받아 누릴 것이라 약속하셨다(신 30:1~10). 하나님은 다윗에게 그의 자손들과 보좌는 영원히 지속될 것이라고 약속하셨다(삼하 7:11하~16). 대선지서와 소선지서 모두 하나님이 당신의 약속으로 말미암아 나라가 무한한 축복을 누릴 것이라는 위로의 말씀을 기록하고 있다. 미가와 동시대 사람인 이사야도 하나님이 나라를 회복하실 것이라고 예언했다(사 65~66장을 참조하라).

예언서에서 다시 울려 퍼져 나오는 심판이라는 주제는 모세가 백

성들에게 약속의 땅에 들어가는 데 있어 그들을 기다리고 있는 위험들에 대해 경고하는 신명기 27~28장에서 상기해 볼 수 있다. 앞선 세대들(갈렙과 여호수아는 제외하고)은 약속의 땅을 차지하기 위해 따라야 할 하나님의 명령을 거역했기 때문에 광야에서 죽어 버리고 말았다. 그러기에 모세는 새로운 세대에게 선택할 것을 말해 준다.

그들이 하나님이 주신 계명을 따르고 지켜서 하나님이 약속하신 땅에 들어가 번영을 누리며 살게 되든지(참조, 신 28:1~14), 혹은 그 말씀을 거역하여 그 땅에서 비옥함이 사라지고 수확이 미흡하여(사람, 동물, 농작물 모두가) 저주받는 삶을 살게 되고 급기야는 약속의 땅으로부터 추방되든지 둘 중의 하나였다. 이후부터 계속해서 구약 성경의 많은 부분과 예언서 모두가 이스라엘이 하나님의 계약의 말씀을 따라 사는 데 실패하는 것에 초점을 맞추고 있다. 아모스에 이어서 미가는 특별히 국가가 계명을 지키는 일에 있어 사회적으로 실패한 사실에 강조점을 두고 있다(2:1, 8~9; 3:11; 6:11).

A. 서문(1:1)

1:1 시작하는 구절 속에 많은 중요한 것들을 소개하고 있다. 미가는 미가서에 기록된 자신의 말이 '여호와의 말씀'이라고 한다. 많은 예언서와 마찬가지로 이 구절은 미가서나 혹은 주님께서 그의 백성들에게 하신 '말씀'을 조명하는데 매우 중요한 역할을 한다. 하나님은 이스라엘이 하나님의 말씀에 분별력 있게 응답하고 그 말씀에 근거하여 적절히 결단할 것을 원하셨다. 이스라엘의 종교적 체제는 종교 체험의 형태가 감각적인 체험에 불과했던 당시 이방의 번영 종교와는 절대적으로 반대되는 차원 높은 것이었다.

예언자는 자신이 모레셋(14절에서 '가드 모레셋'이라 부르고 있는데 이곳은 아마도 현재의 Teled-Judeideh) 출신이라고 말하고 있다. 그곳의 정확한 위치에 대해 다소 논란이 있기는 하지만 그 성읍은 예루살렘으로부터 남서쪽으로 약 25마일 떨어진 곳에 있었다.

미가는 요담, 아하스, 히스기야가 통치하던 시기에 예언했다. 미가는 북 왕국과 남 왕국 모두에 대해 예언했다. 그는 오직 유다의 왕인 이 세 사람에게만 예언했는데 그 이유는 북 왕국의 왕들은 다윗 계통이 아니었기 때문이다. 많은 학자들이 미가의 사역이 히스기야 왕 통치 초기에 끝났으리라 추정하고 있기는 하지만(아마 BC 700년경일 것이다), 이 세 왕들의 통치 기간은 미가의 사역이 BC 750년과 686년 사이인 것을 의미하고 있다.

다른 선지서와 함께 미가서도 묵시다(참조, 사 1:1; 옵 1:1; 나

1:1). 그는 북 왕국의 수도인 사마리아와 관련된 환상과 남 왕국의 수도인 예루살렘과 관련된 환상을 보았다. 히브리어로 '환상'이란 하나님이 정신적 그리고 영적으로 그들을 '보는' 미가에게 통로로 주셨음을 시사한다. 이 두 성읍들은 명백히 12족속을 대표하는 것이다. 예언자는 국가 전반에 번져 있는 악을 고발했다. 북 왕국은 모세를 통해 하나님의 계명을 받은 이래로 계속 방황하고 있었다. 그리고 남 왕국의 백성들은 마치 북 왕국과 남매나 형제처럼 하나님의 법도를 따라 살지 못했다.

B. 다가올 심판에 대한 예언(1:2~7)

1:2 2~7절은 이 책 나머지 부분의 배경을 형성하고 있다. 땅 위에 있는 자들에게, 배역한 백성들에게 하시는 하나님의 말씀을 들으라고 초대한 후에(2절), 예언자는 하나님이 징벌하신 것에 대한 결과(3~4절)와 심판하시는 이유(5절)와 명백하게 임할 심판(6~7절)에 대해 말하고 있다. 미가는 우주적인 법정에서 마치 배심원처럼 '땅 위의 모든 백성들'에게 증언자로서 그들의 죄에 대해 말씀하시는 하나님의 음성을 '들으라'고 외치고 있다. 미가는 그 말씀을 듣는 기회를 가진 사람이라면 누구나 백성들에게 임할 하나님의 심판은 정당한 것이라고 동의할 것이라는 사실을 함축하여 말하고 있다.

미가는 하나님을 통치하시는(아도나이[אֲדֹנָי]) 주님(야훼[יהוה])이라 부르고 있으며 2절의 끝 부분에서 그는 '아도나이'(주님)를 다시 한 번 사용하고 있다. 4장 13절에서 미가는 이것의 축소형인 '아돈'(אדון)을 사용하고 있다. '통치하시는 주님'(Sovereign Lord)이라는 칭호에 대해서 더 자세한 것을 알려면 에스겔 주석 2장 4절을 참조하라.

    미가는 주님이 그 거룩한 성전에서 나오실 것이라 기록하고 있다. 물론 하나님을 성전에 가두어 둘 수는 없다. 즉, 어떠한 피조물이라도 하나님을 감금해 둘 수는 없다(참조, 왕상 8:27). 그분의 처소(1:3)는 하늘에 있다(참조, 대하 6:21, 30, 33, 39). 하나님은 하나님의 임재하심을 성막 안으로 지정하셨고 후에는 증거궤 뚜껑 너머에 있는 성전으로 정하셨다. 그 궤 안에는 하나님의 말씀의 한 부분으로써 십계명이 기록된 두 돌판이 들어 있었다. 이미 언급한 바와 같이 이스라엘은 모세 계약에 따라 살아야 할 책임이 있었다. 계약을 맺고 실행하는데 있어서 희생제물을 드리는 일과 성전은 핵을 이루는 부분이다. 그러므로 주님이 나라에 증언하시기 위해서 '거룩한 성전에서 오신다'는 말씀은 하나님이 모세 계약에서 분명히 심판하실 권리가 있으심을 밝히셨듯이 그들을 심판하러 오실 것을 의미하고 있다.

1:3~4 미가는 백성들로 하여금 하나님이 그들을 심판하시기 위해서 그분의 처소인 하늘에서(1:2의 주해 참조) 오시는 것을 볼 수 있기를 요구하고 있다. 예언자는 하나님을 땅의 높은 곳(산들. 참조, 1:4)을 밟고 오시는 분으로 묘사하고 있다. 그분은 마치 이 산봉우리에서 저 산봉우리를 건너서 걸음을 옮기는 거인과 같은 위엄을 가지실 것이다. 그러기에 하나님은 어느 누구의 제약도 받지 않고 원하시는 것은 무엇이든지 행하실 수 있는 분이다. 하나님이 높은 곳을 밟으실 때면 그들은 불 앞에서 녹는 밀초 같을 것이며 막을 수 없이 퍼부어 내리치는 물

과 같을 것이다. 심지어 골짜기가 갈라지고 하나님의 놀라운 능력에 압도당할 것이다. '높은 곳'(1:3)이라는 것은 산꼭대기에 있는 이방 제단들을 미묘하게 함축해서 하는 말이었을는지도 모른다(1:5의 주해 참조).

1:5 이와 같은 심판이 임하게 된 이유는 야곱의 허물과 이스라엘 족속의 죄 때문이다. '야곱' 혹은 '야곱의'라는 말은 미가서에 열 한 번 나온다. 이 가운데 아홉 번은 이스라엘 나라 전체를 말하고 있다(5절의 첫 번째 질문에서 야곱은 북 왕국을 의미하며 7장 20절의 야곱은 족장을 말하고 있다). '야곱'과 '이스라엘'은 서로 동의어로 쓰이고 있다(1:5상; 2:12; 3:1, 8~9). '허물'과 '죄악(들)'은 미가서에서 네 번 사용되고 있다(1:5; 3:8; 6:7; 7:18). 이스라엘의 수도 사마리아와 유다의 수도 예루살렘에 거주하는 사람들의 죄악은 이 두 나라에 살고 있는 사람들의 죄악을 전형적으로 표현하고 있다. 중심지인 이 두 도시는 가장 큰 도시 지역에서 저질러지는 가장 극악한 죄악들과 더불어 이스라엘과 유다의 나머지 부분들을 대표하여 그 타락한 국면을 보여 주고 있다.

높은 곳이란 백성들이 하나님께 혹은 우상들에게 예배하는 산 혹은 언덕 위에 있는 장소(참조, 대하 33:17)를 말하는 것이다. 이스라엘 지경에 거주하는 이교도들은 종종 산꼭대기에서 예배드리기도 했다(아마도 그들이 섬기는 신들과 조금이라도 더 가까운 거리에서 관계를 맺는 것을 상징하기 위해서). 다윗이 중심 성소를 예루살렘으로 옮기기 이전에는 사람들이 온 지경 안에 있는 제단들 앞에서 주님께 경배드렸다. 중심 성소가 건립된 이후에 이스라엘 백성들은 하나님께 경배 드리기 위해 예루살렘으로 올라가야 하는 것으로 생각했다. 그러나 가까운 높은 곳에 있는 이방 신전에 매료당한 다소의 사람들은 이방 신을 섬기느라고 주님께 경배드리는 일을 저버리기도 했다. 이런 일은 예루살렘에서조차도 빈번히 생겨났다. 미가가 예루살렘을 유다의 높은 곳이라고 빈정대며 말한 것은 놀라운 일이 아니다. 예루살렘 백성들은 내적으로 뿐만 아니라 외적으로도 하나님께 불순종했던 것이다.

1:6 하나님의 심판은 먼저 북 왕국에 임하고(1:6~7), 그 후에 남 왕국에 임할 것이다(1:9~16). 북 왕국의 수도는 완전히 훼파될 것이며 그 뿌리조차 뽑혀 없어질 지경이었다. 사마리아의 폐허는 오늘을 사는 우리까지 볼 수 있을 정도다. 많은 사람이 모여 왕성했던 도시인 사마리아는 단지 포도나무 정도만 경작할 수 있는 자갈 무더기에 불과하게 되었다(참조, 3:12). 이 예언은 BC 722년에 성취되었다. 앗수르의 군대가 3년 동안 그 성읍을 포위했다가 결국은 함락시켜 버렸다(왕하 17:1~5). 그 나라는 멸망 직전까지도 정치적인 음모와 암살로 점철되어 있었다(참조, 열왕기상 주석 15:8~31의 주해). 대부분의 사마리아와 북 왕국의 사람들은 잡혀갔다(왕하 17:6, 22~24).

1:7 사마리아에서 우상숭배가 너무나 성행했기 때문에(우상들과 아로새겨 만든 신의 형상들은 부지기수였다) 주님은 그 성읍을 크게 파괴하심으로 그런 일을 끝장나게 하실 것이라 말씀하셨다. 사마리아 지경의 우상들은 박살이 날 것이고, 신전들은 불에 타버릴 것이며 신의 형상들은 모조리 훼파될 것이다. 이방의 번영 종교에 해당하는 바알 신에 있어서는, 성전 창기가 따로 구별되어 있어 이방의 번영 신에게 경배하고 있었다. 성전 창기에게 지불되는 값은 '성전에 드리는 예물'

로써 다시 성전에 바쳐졌다. 이런 행위들은 사마리아에 널리 성행하고 있었다. 이런 불법적인 성 행위는 북 왕국이 주님과 더불어 체결한 엄중한 계약의 법에서 얼마나 멀어져 있는지 도식적으로 나타내 주고 있다. 사실상 그들은 '결혼 동의' 가운데 하나님과 결합되어 있었으며, 하나님과 돌아서서 다른 신에게로 나아간다는 것은 영적인 간음을 행하는 것과 같은 일이었다(호 4:10~15의 주해를 참조하라).

이스라엘이 성전의 창기들과 음행을 저질렀기 때문에 성전의 예물들은 앗수르에 의해서 모조리 박살나고 말았으며, 그것은 그들이 음행을 행하는데 다시 사용되었다. 앗수르의 포로가 되면서 이스라엘은 그 음행하는 관계에 계속 머무르도록 강요당했다. 이스라엘이 다른 신들을 따랐기 때문에 하나님은 이제 그들이 원하는 것을 주었던, 그들이 경배하는 이방신의 땅으로 내쫓으실 것이다.

C. 백성들에 대한 애통(1:8~16)

미가는 사마리아가 멸망한 일 때문에 통곡하고 있다(1:8~9). 그리고 난 후 여러 개의 단어를 사용하면서 유다의 어떤 도시들에게 그들 역시 앗수르의 침입으로 훼파를 당하게 될 것이므로 사마리아와 또 자신들을 위하여 애통해 할 것을 촉구하고 있다(1:10~16).

1. 미가의 통곡(1:8~9)

1:8~9 북 왕국에 임한 징벌로 인해 미가는 몹시 괴로워하는 처지가 되었다. '애통하며 애곡하고 벌거벗은 몸으로 행한다'는 것은 극한 슬픔에 대한 표현이다(삼하 15:30; 사 20:2; 22:12; 렘 25:34). 미가는 백성들의 상황과 함께 들개(밤에 청소부 노릇 하는 짐승)와 폐허가 된 곳에서 기거하는 타조처럼 황량하게 느꼈던 것이다. 사실 북 왕국의 죄악이 유다에 너무 많은 영향을 끼쳤기에 하나님의 심판으로 말미암은 '상처'는 남 왕국에도 역시 임할 것이다(참조, 사 1:5~6). 심판이 예루살렘 성문에도 미쳤던 것이다. 이 일은 BC 701년에 일어났다. 산헤립이 이끄는 앗수르의 군대가 유다에게 마흔 여섯 성읍들을 훼파하고 난 다음 예루살렘을 포위했던 것이다(참조, 왕하 18~19장).

2. 다른 이들이 통곡하도록 요청하는 미가(1:10~16)

미가는 앗수르의 침략이 유다의 성읍들에 가져다 줄 황폐함을 묘사하기 위해 몇 가지 지혜로운 단어들을 나열하고 있다. 흥미롭게도 산헤립 역시 그의 정복 기사를 기록할 때 이런 단어들을 배열하여 사용하고 있다.

1:10 '가드에 알리지 말며'라고 하는 부분은 다윗이 똑같은 말을 한 사무엘하 1장 20절을 상기시켜 주고 있다. 그 경우에 있어서 다윗은 블레셋 족속들이 이스라엘의 첫 번째 왕인 사울의 죽음을 기뻐하지 않기를 원했다. 미가의 경우에 있어서는 미가가 가드에 살고 있는 주민들이

앗수르가 유다를 공격할 것이라는 소문을 듣지 않기를 바라고 있었다. 왜냐하면 그러면 다른 사람들이 폐허가 된 것을 알아차릴 것이기 때문이었다. '가드'(גַּת)라고 하는 말과 '말하다'(타지두[תַּגִּידוּ])라는 말은 히브리어에 있어서 철자 'g'와 't' 때문에 서로 비슷하게 발음된다.

그러나 미가는 베들레아브라('먼지의 집'이란 뜻) 사람들에게 슬픔의 표현으로 '티끌에 구를 것'이라고 말했다(참조, 렘 25:34. 또한 '재 위에 구르다'라는 표현에도 유의하라. 렘 6:26; 겔 27:20).

1:11~12 앗수르가 공격을 감행해 올 때면 '사빌'('아름다운 혹은 즐거운'이란 뜻)은 그 이름과는 정반대되는 이름인 벌거벗고 수치스러운 도시가 될 것이다. 히브리어에 있어서 '사아난'과 '나오게 되다'(야츠아[יָצְאָה])는 서로 연관이 있는 단어다. 그들 성읍의 이름과는 대조적으로 사아난은 전쟁으로 인해서 그 성벽 밖으로 감히 나오지 못하게 될 것이었다. 어떤 사람이라도 '벧에셀'(가까이 근접해 있는 집이란 뜻)을 방비하러 갈 수 없을 것이다. 왜냐하면 그 성읍은 스스로 애곡하며 의지할 곳이 없게 될 것이기 때문이다. 12절의 마롯에서는(히브리어에서 이 단어는 '쓰다'는 뜻을 가진 단어와 비슷하게 발음된다.) 사람들이 예루살렘의 도움을 바라면서 고통 중에 몸부림칠 것이다. 그러나 예루살렘으로 향하는 모든 길이 파괴될 것이므로 아무데서도 도움을 얻지 못할 것이다(참조, 9절).

1:13 미가는 빈정대는 어투로 라기스(לָכִישׁ: 말[horse] 즉 레케스[רֶכֶשׁ]와 발음이 비슷하다) 백성들이 앗수르 군대로부터 빠져나가 도망할 수 있는 병거를 준비할 것을 독려하고 있다(참조, 라기스는 그 지방에

서 나는 말로 유명했다). 그러나 그들이 도망하려고 시도하는 일은 허사에 불과할 것이다. 라기스는 예루살렘 거민(시온의 딸. 참조, 3:10; 4:8; 애가 주석 1:6 주해를 참조하라)들이 죄를 범하게 한 시발지였다. 아마도 그것은 라기스가 예루살렘으로 하여금 우상숭배에 빠지도록 영향을 주었음을 의미한다. '시온'이란 말은 미가서에서 아홉 번 나온다(슥 8:3의 주해를 참조하라).

1:14 가드모레셋이라는 지명이, 만약 '당신'이라는 단어로 의도적으로 지어진 이름이라면, 아마 예물이라는 뜻을 내포할 것이다. '예물'은 딸이 시집갈 때 아버지가 그 딸에게 주는 약혼 선물을 의미한다. 이와 비슷하게 예루살렘은 앗수르 왕에게 가드모레셋을 내어 줄 것이다.

앗수르 왕이 공격해 올 때면 성읍 악십(אכזיב : 속임)은 속임수를 당하게 되어 이스라엘 열 개의 지파 왕에게 도움을 청할 수 없게 될 것이다.

1:15 산헤립을 말하는 한 정복자가 또 다른 유다의 성읍인 마레사를 대적하여 올 것이다. 히브리어에 있어서 이 두 단어는 비슷하다('정복자'는 하이오레스[הירש]이며 마레사는 [מרשה]이다). 아이러니하게도 소유하는 자라는 뜻을 가진 마레사는 산헤립의 소유가 되고 말았다. 다윗이 아둘람 굴로 도망했듯이(참조, 삼상 22:1), 이스라엘의 영광은 (아마 이스라엘의 지도자들을 뜻하는 것인 듯하다.) 아둘람에서 도망자가 됨으로써 수치를 당할 것이다.

1:16 유다 성읍의 어린 아이들조차 앗수르 족속들에게 포로로 잡혀갈 것이다. 이 일은 그 지경에 있는 사람들로 통곡하게 할 것이며, 그 슬

품의 표식으로 그들은 머리를 밀게 될 것이다(참조, 욥 1:20; 사 15:2; 렘 47:5; 겔 27:31; 암 8:10). 머리를 민 그들은 마치 독수리의 털 빠진 머리와 같아 보일 것이다.

D. 유다의 죄(2:1~11)

이 구절에 언급된 유다의 모든 죄악들은 모세 계약을 어긴 것에 관한 것들이다. 그러기에 그들에게 임박한 파괴(참조, 1:9~16)는 당연한 것이다.

1. 백성들의 죄(2:1~5)

2:1 첫째로 미가는 밤중에 다음 날에 행할 악한 일을 꾀하고 아침을 맞는 사람들에 대해 지적한다. 미가는 이러한 사람들 위에 저주를 선포하고 있는데, 이 저주의 말은 다른 여러 예언자들이 죄를 지은 백성들에게 그것을 지적하고 그 일에 상응하여 임할 하나님의 심판에 대해 말할 때 사용한 것이다(참조, 사 3:9, 11; 5:8, 11, 18, 20~22; 렘 13:27; 겔 13:3, 18; 호 7:13; 9:12; 암 5:18; 6:1; 합 2:6, 9, 12, 15, 19; 습 2:5; 3:1).

2:2~3 어리석은 물질주의로 백성들은 단지 소유하고자 하는 욕심 때문에 다른 사람들의 밭이나 집들을 탐하여 빼앗아 버렸다. 그들은 다

른 사람의 집이나 산업(땅)을 도적질함으로 다른 사람들을 속여 강탈했다. 미가는 아마도 이러한 일을 자행할 수 있는 권세를 가진 고위층 사람들에 대하여 이 말을 했을 것이다. 물질적인 탐욕과 도적질 이외에도 그들은 동족의 권리를 무시해 버리는 방종으로 죄악을 범했다.

미가가 말씀을 전한 백성의 조상들은 모두 애굽의 노예였다. 하나님은 이들을 애굽에서 불러내심으로써 이들의 종된 신분에서 해방시켜 주셨다. 그러므로 이스라엘 족속들은 서로 종으로 속박할 수 없었다. 하나님이 각 지파 족속들에게 분깃으로 땅을 분배해 주셨기에 백성들은 남의 땅을 취해 가질 수가 없었다. 그들의 재산을 빼앗아 취한다는 것은 하나님의 법을 무시해 버리는 것을 의미했다. 그래서 마침내 하나님은 백성들에게 재앙을 내리기로 하셨다(1:2). 그들은 하나님의 심판에서 그들 스스로를 구원해 낼 수가 없었다. 왜냐하면 재앙이 시작되면 그 누구도 그것을 막을 수 없었기 때문이다(1:3~4). 자만이 변하여 형편없이 부끄러운 지경으로 변할 것이다.

2:4~5 백성들은 그들 스스로 구원할 수 없으며(2:3) 또한 그들 주변에 있는 자에게서 조롱을 당할 것이다. 그들이 산업을 잃게 되어 슬픔 가운데서 해야 할 넋두리를 오히려 백성의 원수들이 조롱하듯 노래를 지어 부를 것이다. 아이러니하게도 다른 사람들의 땅을 빼앗아 취한 유다 족속들이(2:2) 자신의 땅도 빼앗기게 될 것이다. 그들의 모든 체제는 무너져 버릴 것이고, 밭을 나누어 침략자들에게 줄 것이다. 여호와의 회중이란 전체 계약의 나라를 말하는 것이다(신 23:1, 8).

2. 거짓 예언자들의 죄(2:6~11)

이스라엘의 역사 가운데 많은 부분을 차지하고 있는 것 중 하나는 좋은(참) 예언자들과 나쁜(거짓) 예언자들이 기록되어 있다는 것이다. 참된 예언자들은 하나님을 대신하여 백성들에게 계약법의 도덕적이고 윤리적인 가치 가운데로 돌아올 것을 촉구하고 있다. 거짓 예언자들은 종종 하나님은 그들이 율법이 정해놓은 외형적인 의식을 잘 지켜 나간다면 아무런 해도 당하지 않을 것이라 말했다.

참된 예언자들은 국가로 하여금 맹약, 즉 신명기 27~28장에 개략되어 있는 하나님의 법을 따를 것을 촉구했다. 강한 윤리적 결단이 그들의 메시지 가운데 포함되어 있었다. 사실상 종종 그들의 메시지는 윤리적이라기보다는 차라리 종말론적인 것이다. 장차 다가올 국가를 위한 평화와 번영이라는 것(아브라함 계약 가운데 약속되어 있는 것. 참조, 창 17:3~8; 22:17~18)은 단지 국가가 주님께로 돌아오고 그 말씀에 순종하게 될 때라야 성취되는 것이다.

참된 예언자들과는 대조적으로 거짓 예언자들은 백성들이 듣기 원하는 것들만 이야기했다. 이들은 하나님이 그들의 나라를 편들고 계시기 때문에 그들은 결코 망하지 않을 것이라 말한다. 물론 이것은 부분적으로는 진실하나 또한 부분적으로는 거짓이다. 하나님은 이스라엘 편이시다. 하지만 만약 그들이 하나님께 순종하지 않으면 하나님이 그들을 징벌하실 것이라고 말씀하신다.

2:6~7상 분명히 이 거짓 예언자들은 미가가 다가올 재앙에 대해 언급했을 때 노했을 것이다(2:3~5). 그러기에 그들은 미가에게 심판의

저주는 임하지 않을 것이라 예언하도록 종용했던 것이다. 그들은 하나님의 영이 그 백성들에 대해 노하고 계신지 또는 하나님이 이와 같은 일을 행하실 것인지를 고지식하게 물어 왔다. 그들은 종종 아버지께서 사랑하는 자녀를 징계하심으로 그에 대한 아버지의 사랑을 보여 주신다는 사실을 잊고 있었던 것이다. 만약 하나님이 훈련을 통해 자녀를 양육하지 않으신다면 하나님 자신의 말씀에 대해 신실하지 못한 분이 되고 마는 것이다.

2:7하~9 미가는 그 당시 국가의 상황에 대해 묘사함으로써 거짓 예언자들의 말에 답변했다. 첫 번째로 그는 그들에게 하나님의 말씀이 행위가 정직한 자에게 유익하지 않겠느냐고 상기시키고 있다. 하나님은 인간들의 행위에 대해 정확히 심판하시는 분이다. 하나님은 그 행하는 길이 의로운 자를 축복해 주신다. 훼파당하는 것이 아니라 평화를 누릴 것이라고 예언하는 거짓 예언자들은 실제로는 하나님의 백성들이 마치 자기들의 원수인 양 취급하고 있다. 거짓 메시지를 전하는 자들은 분명히 위태로운 길을 걷고 있는 백성에게서 개인적인 소유물(부자들이 입는 겉옷)을 노략질했다. 노략물을 취하는 일은 즐겁고 흥겨운 일이었고, 또한 전장에서 승리를 거두고 전리품과 함께 돌아오는 군인들이 느끼는 만족과 같았다.

또한 그 거짓 예언자들은 부녀들을 그들의 집에서 쫓아내 버림으로써 가족들과 떼어 놓았다. 백성들에게 회개하고 주님께 돌아오기를 말하지 않음으로써 거짓 예언자들은 백성들이 앗수르의 침입에서 구원받을 수 있는 유일한 일을 무시해 버리고 말았다. 결과적으로 거짓 예언자들은 백성들에게 주님께로 돌아오도록 경고하지 않음으로써 그들이 포로로 잡혀가도록 길을 활짝 열어 놓은 셈이 되고 말았다.

2:10~11 부분적으로는 거짓 예언자들의 왜곡된 가르침으로 말미암아 그 땅은 돌이킬 수 없을 정도로 황폐화되었다. 그래서 백성들은 포로로 잡혀가고 말았다. 미가는 풍자적으로 백성들에게 떠나가라고 말하고 있다. 즉, 망명을 의미한다(아모스의 풍자. 참조, 암 4:4~5). 백성들의 가치관은 너무도 타락하여 그들은 많은 포도주와 독주를 마시며 계속 번영할 것이고 결코 포로로 잡혀가지 않을 것이라고 속이며 예언하는 거짓 예언자들의 말에 즉시 응답하고 말았다.

E. 다시 모이게 될 미래에 대한 예언(2:12~13)

2:12~13상 비록 겉으로 보기에는 유다의 운명이 희미한 등불 같았으나, 미가 선지자는 하나님이 아브라함에게 약속하신 계약에 근거하여 희망의 빛을 선포하고 있다. 미가 예언서의 세 부분은 모두가 각각 다시 모이게 될 것에 대한 약속과 나라에 임할 축복에 관한 내용을 포함하고 있다(2:12~13; 4:1~8; 7:8~20). 여기 2장에서 축복의 약속이 간단히 나타나 있다. 4장과 5장에서 크게 확대되는 두 가지 진리가 12~13절에 언급되어 있다. 첫 번째는 주님이 그들의 목자가 되시어 백성들을 다시 모으고 새롭게 할 것이라는 것(2:12~13상)이며, 두 번째는 주님이 그들의 왕이 되셔서 그의 백성들을 인도하실 것(2:13하)이라는 것이다. 야곱과 이스라엘은 국가 전체를 뜻하는 동의어다(1:5

의 주해를 참조하라). 하나님은 믿음이 있는 이스라엘의 남은 자들을 그들의 땅으로 인도할 때, 마치 양무리를 인도하는 목자와 같을 것이다(참조, 5:4; 7:14). 다시 모이는 양 떼가 엄청나게 많아서 그 장소(그 지경)에 많은 사람들이 떼 지어 모여들 것이다. 구약성경은 종종 하나님을 목자로 또 그의 백성을 양으로 말하고 있다(참조, 시 23:1; 77:20; 78:52; 80:1; 100:3; 사 40:11; 또한 다음의 것들에 유의하라. 렘 23:3; 31:10). 사람들은 안전하게 가두어 두기 위해서 우리로 옮겨지는 양 떼들처럼 그 수효가 참으로 많을 것이다.

오랫동안 기다리고 고대해 오던 축복의 시기는 이스라엘이 천년왕국을 맞을 때쯤에 오게 될 것이다. 어떤 주석가들은 이스라엘이 맞을 미래보다는 차라리 지금의 교회 안에서 이미 이 축복의 약속이 성취된 것이라고 말하기도 한다. 그러나 만약 미가서 2장 12절의 말씀이 교회에 임한 영적인 축복에 관한 말씀이라면, 이스라엘은 아브라함 이래로 그 땅을 영원히 상속받을 것이라 생각하면서 지금까지 수세기 동안을 잘못 인도함 받았다고 할 수 있을 것이다.

목자가 그의 양들에게 길을 열어 주기 위해서 앞서 행하고 초장으로 통하는 성문으로 인도하는 것 이상으로 주님은 그의 백성인 이스라엘을 축복하는 데 있어 방해가 되는 것들을 모조리 제거하실 것이다.

2:13하 앞으로 다가올 축복에 대한 두 번째 사실은 주님이 왕이 되셔서 자기 백성을 이끄실 것이라는 것이다(참조, 사 33:22; 습 3:15; 슥 14:9). 그분은 자기 백성을 결코 내버려두지 않으셨다. 그는 왕으로서 앞장서서 그들의 갈 길을 인도하실 것이다. 거짓 예언자들이 주님은 계약을 맺은 나라 편에 서실 것이라는 말은 부분적으로 맞다. 그분은

이스라엘에게 하신 약속을 성취하실 것이다. 왜냐하면 하나님은 마치 선한 왕이 그러하듯이 자신의 백성들을 극진히 사랑하시기 때문이다.

II. 두 번째 메시지 : 심판 후에 축복이 따라올 것이다 (3~5장)

미가는 그의 첫 번째 메시지(1~2장)에서 백성들의 죄악과 그들의 삶 속에 요구되었던 소중한 하나님의 의를 실행하는데 실패했다는 사실을 강조했다. 미가는 단지 두 절(2:12~13)에서만 그의 백성에게 내리실 하나님의 미래의 축복에 대해서 언급했을 뿐이다. 이 두 번째 메시지에서는 첫 번째 메시지와 강조점이 매우 다르다. 세 장 가운데 두 장(4~5장)은 이스라엘과 유다에 임할 하나님의 축복에 대해 언급하고 있다(3장은 이스라엘과 유다 지도자들의 죄악에 대하여 서술하고 있다). 성경 전체를 통해서 볼 때 미래에 대한 하나님의 경륜과 목적하심은 백성들에게 무엇이 일어날 것인지를 알려주기 위해서다. 더 큰 의미로는 백성들로 하여금 그들을 위한 하나님의 경륜을 토대로 그들의 삶을 변화시키려는 의도에서 주어지는 것이다. 확실히 이스라엘의 미래에 주어질 축복의 약속(4~5장)은 그 나라로 하여금-우선은 그 나라의 지도자(3장)들로 하여금-회개와 감사 안에서 하나님께로 돌아서게끔 했어야 했다. 결국 그들은 돌아서지 않았다.

A. 국가의 지도자들에게 내려질 심판(3장)

1. 통치자들에게 임할 심판(3:1~4)

3:1~2상 정의가 왜곡된 가운데 나라의 지도자들과 통치자들(3:9)은 마치 야생 동물과 같이 행동했다(야곱과 이스라엘이 12지파 모두를 대표하는 동의어임에 관해서 더 알기 원한다면 1:5의 주해를 참조하라). 그들은 정의가 무엇인지를 알고 수행해 나아가야 할 사람들이다. 그러나 그들은 선을 미워하고 악을 기뻐했다. 물론 이것은 지도자들이 걸어야 할 길과는 반대되는 것이다(참조, 암 5:15). 그들의 삐뚤어진 표준들(참조, 미 3:9)은 그들이 하나님을 사랑하지 않거나(참조, 시 97:10) 혹은 하나님을 두려워하지 않는다는 사실("여호와를 경외하는 것은 악을 미워하는 것이라", 잠 8:13)을 시사해 주는 것이다.

3:2하~3 미가는 부정한 지도자들을 하나님의 백성들을 죽이거나 잡아먹는(부당하게 이익을 탈취하는) 사냥꾼에 비유하고 있는데, 백성들은 그들의 보호를 받아야 할 사람으로 여겨졌다. 그 지도자들은 너무도 잔악해서 백성들의 가죽을 벗기고 살을 먹는 일로도 만족하지 않았다. 그들은 백성들의 뼈조차도 마치 스튜 요리를 준비하는 것처럼 잘게 토막을 쳤다. 그들은 뇌물(참조, 11절, 7:3)이나 도적질(참조, 2:8) 혹은 압제(참조, 3:9)나 피흘리는 일(참조, 10절, 7:2) 같은 불의를 자행함으로써 백성들을 비참한 지경에 그냥 내버려 두었다.

이와는 대조적으로 충실한 지도자들은 백성들의 권익과 이익을 보살피며 보호해 주었다. 하나님을 위한 선한 지도자의 대표적인 유형에 속하는 다윗은 양을 치는 목자였는데(삼상 17:15) 부름을 받고 백성들을 인도하는 목자가 되었다(삼하 5:2; 7:7). 미가 시대의 백성들 모두 그들의 지도자들로부터 배신당하고 말았다. 왜냐하면 만약 지도자들이 진정으로 그 백성들을 보살폈다면 그들이 그 백성들을 하나님께로 돌아오게 했을 것이다.

3:4 이스라엘의 죄악 때문에 그들이 여호와께 부르짖을지라도 응답하지 아니하실 때가 곧 올 것이다(참조, 3:7). 미가는 이스라엘이 포로로 잡혀갈 때를 말하고 있다. 거짓 예언자들과 지도자들은 주님이 실제로 그렇게 행하시며 그들의 악행에 대한 징벌을 내릴 것이라는 사실을 믿지 않았다. 포로로 잡혀가는 날이 눈앞에 다가왔을 때 그들은 하나님이 정말 벌하시는구나 하는 사실을 깨달았다. 그때는 이미 그들을 구원해 내기에 늦은 때였다. 그들은 그들의 악행에 대한 징벌을 받으며 그들 행위에 따르는 열매를 거두며 살아가야 할 것이다. 물론 하나님은 그의 백성이 드리는 기도를 들어 주신다. 그러나 때때로 하나님은 그들의 악행으로 말미암아 그들을 즉시 평안케 하는 일을 거부하시기도 한다.

2. 거짓 예언자들에게 임할 심판(3:5~8)

3:5 거짓 예언자들은 국가의 목자로서 봉사하고, 백성들을 돌보고, 그들을 번영 가운데로 이끌어 주어야 하는 대신에 백성들을 잘못된 길로 인도했다. 이 지도자들은 백성들에게 하나님으로부터 징벌을 받지

않을 것이고 그래서 아무런 재앙도 임하지 않을 것이라고 말함으로써 거짓된 희망을 전해 주었다. 만약 어떤 사람이 거짓 예언자를 잘 대우한다면, 아마도 그 거짓 예언자는 그에게 평화가 임할 것이라 말해 줄 것이다. 다른 말로 바꾸어 말하면 거짓 예언자는 요청하는 자가 듣기를 원하는 그 값에 해당하는 말을 해 줄 것이라는 것이다(참조, 3:11). 반대로 사람들이 거짓 예언자들을 푸대접하게 된다면 분명히 해가 되는 말을 듣게 될 것이다. 그 예언자들은 국가의 유익보다는 자신의 유익에 더 큰 관심을 기울였다. 물질주의가 그들의 주인이었던 것이다(참조, 3:11).

3:6~7 거짓 예언자들이 백성을 바르게 인도하지 못하고 그들을 물질적으로 이용했기 때문에 이러한 지도자들은 부끄러움과 수치를 당할 것이다. 밤이 그들을 덮고, 태양이 그들을 저버려서 낮에도 흑암이 그들을 덮을 것이다. 밤을 만난다고 하는 것은 곧 임박한 재앙을 의미한다. 이러한 재앙이 임할 때면 그 거짓 예언자들은 아무런 환상도 보지 못하고 점을 칠 수도 없을 것이다. 그들은 하나님이 결코 그들을 심판하실 리가 없다고 생각하면서 백성들에게 지금까지 살아온 방식대로 계속 생활하라고 충고했다. 그러나 갑자기 심판이 임한 것이다. 그때가 오자 백성들은 예언자들에게 왜 이런 일이 일어났느냐고 묻게 되자 그들은 이 일에 대하여 바른 설명을 할 수가 없었던 것이다. 선견자들(이것은 3장 6절의 '이상'과 히브리어에서 일치한다)은 전적으로 수치를 모면할 수가 없게 될 것이다(참조, 슥 13:4). 그리고 점치는 사람들(이것은 3장 6절의 '점'과 일치하는 말로써, 히브리어 카삼([קסם]: 신성)에 해당하는 뜻임; 신 18:10의 주해를 참조하라)은 모욕을 당할 것

이다(참조, 2:6). 그 예언자들은 하나님 면전에서 할 말이 없음을 깨닫고 부끄러움 때문에 얼굴을 가리게 될 것이다(3:4). 결국 백성들은 그들이 참된 예언자가 아니라 거짓 예언자였음을 알게 될 것이다. 하나님이 자신의 얼굴을 가리게 될 것이기에(3:4) 그 거짓 목자들은 그들의 얼굴들을 가릴 수밖에 없지 않겠는가!

미가는 백성과 지도자들로 하여금 그들의 길이 어리석은 길임을 깨닫고 하나님께로 다시 돌아오게 하기 위해서 경고한 바 있다. 이 참 예언자는 그들이 길을 돌이켜 돌아오기를 희망하면서 임박하게 다가온 불길한 재앙을 그들에게 경고했다.

3:8 하나님의 메시지를 전하지 않은 지도자들(3:1~4)과 거짓 예언자들(3:5~7)과는 반대로 미가는 하나님의 권능으로 충만해 주님이 주시는 '여호와의 영으로' 백성들의 죄를 책망하고 심판에 대해 예언했다. 미가는 하나님이 계약을 맺은 자기 백성에 대해 곧 심판하실 것이기 때문에 공의로우신 분이라고 말했다. 그리고 미가의 말씀에는 공의가 있었다. 왜냐하면 하나님이 전적으로 그의 백성들에게 심판을 선고하고 계셨기 때문이다. 그러나 지도자들은 공의롭지 못하게 행했으며(참조, 3:9~10) 그들의 예언자들은 영적으로 아무런 힘도 없었다.

미가는 나라의 허물과 죄악을 지적했다(1:5; 6:7; 7:18). (야곱과 이스라엘은 전체 나라를 의미하는 동의어다; 3:1, 9절의 주해를 참조하라.) 미가는 하나님의 견지에 서서 그 나라에 무엇이 어떻게 진행될 것인가에 대해 내다볼 수 있었다. 이스라엘이 하나님이 정하신 계약 기준에 따라 살지 않고 있었기에 하나님은 그 나라를 벌하실 수밖에 없었다.

3. 고지식한 지도자들에게 임할 심판(3:9~12)

3:9~11 미가는 여호와의 영으로 충만했기에(3:8) 지도자에게 담대하게 그들의 죄악과 궁극의 결과에 대해 말하며 맞부딪칠 수가 있었다. 그는 먼저 자신이 하는 말을 들으라고(이것을 들으라고) 그 지도자와 통치자(참조, 3:1)를 부르고 있다. 미가는 그들이 그 말을 듣거나 응답할 것인지에 대해 말한 것이 아니라, 분명히 그들이 응하지 않았다는 것을 말하고 있다. 왜냐하면 그들의 변화에 대한 기록이 전혀 없기 때문이다.

미가는 그 다음으로 그들의 지도력이 무엇과 같은지에 대해 기술하고 있다(3:9하~11). 그들은 모든 정직한 것들(문자적으로는 모든 곧은 것들. 참조, 1~3절)을 경멸했고(타아브[תָּעַב]: 이것은 강력한 말로써 '지긋지긋하게 싫어하거나 저주할 정도로 싫어하는 것'을 의미한다), 또 왜곡시켜 버렸다(아카스[עָקַשׁ]: 꼬이게 하다). 물론 하나님의 백성들을 다스리는 통치자는 하나님 자신처럼 의롭고 공정해야 하는 것은 두말할 나위가 없다. 지도자는 의로운 삶을 살 수 있도록 힘써야 하며 백성들도 정도를 걸을 수 있도록 바라며 통치해야 한다. 이들 통치자들은 이렇게 하는 대신에 의도적으로 바로 선 것들을 왜곡시켜 버렸다. 그들은 공의와 정의가 통치해야만 할 예루살렘 성읍에서 피를 흘리고 사악한 일을 도모하는데 함께 가담하며 힘을 북돋아 주었다. '시온'(1:13의 주해를 참조하라)이라는 말은 예루살렘과 동의어로써 미가서에서 4번 사용되고 있다(참조, 3:10, 12; 4:2, 8).

미가는 제사장들과 지도자들과 예언자들이 항상 돈을 위해 생활하고 있으며(7:3) 뻔뻔하게도 하나님은 아직도 그들과 함께 계시므로 결코 멸망 당하지 않을 것이라고(참조, 2:6) 지적해 주고 있다('행운을 말해 주다'라는 말이 점치다[ㅁㅁㄹ] 라는 말로 번역되었다; 3:6~7 그리고 신 18:10의 주해를 참조하라). 뇌물을 주고받는 것은 신명기 16장 19절에 있는 하나님의 계명을 범하는 것이다.

3:12 파괴와 멸망은 너희로 즉 지도자들로 말미암아 임하게 될 것이다. 이 말은 백성들은 무고하고 지도자들만 죄가 있다는 뜻이 아니다. 아마 지도자들이 백성들을 범죄하는 길로 인도했기에 국가 전체가 하나님 앞에 범죄하게 되었을 것이다. 시온(예루살렘. 참조, 3:10; 4:2, 8)은 밭 같이 기경되고 뒤집어질 것이다. 이것은 폐허가 되는 것을 의미한다(자갈 무더기. 참조, 1:6). 성전이 있는 산조차도 수풀더미(잡초들) 속에 묻혀 버릴 것이다.

B. 국가를 위한 하나님 나라의 축복들(4~5장)

이 장들(4~5장)에서 미가는 거의 모든 다른 선지자들이 기록한 바 있는 다가오는 하나님 나라에 대해 예언하고 있다. 그는 다가올 하나님 나라(4:1~8)와 이에 앞서 일어날 일들(4:9~5:1)과 그 나라를 세우실 왕(5:2~15)의 특징을 말해 주고 있다.

1. 하나님 나라의 특징(4:1~8)

미가서 4장 1~3절의 부분은 이사야서 2장 2~4절의 말씀과 비슷하다. 미가서 4장 1~8절에서 미가는 왕국의 특징을 11가지로 언급하고 있다.

a. 천년왕국의 성전은 이 세상 가운데 현저한 모습을 띠게 될 것이다 (4:1상)

4:1상 '끝 날에' 라는 말은 하나님이 역사 속의 모든 일들을 다 행하신 그때를 나타내고 있다(참조, 신 4:30 '끝 날에', 겔 38:16 '끝 날에', 호 3:5). 보통 '마지막 날'이라 함은 환난 날과 천년왕국에 대해 말하는 것이다(구약성경에서 종종 '왕국'이라 함은 천년왕국을 말하는 것이다). 미가는 언제 마지막 날이 올 것인지에 대해 말하지 않고 있다. 왜냐하면 이스라엘은 모든 세대의 마지막을 고하는 때를 계속 지켜볼 것이기 때문이다.

'여호와의 전의 산'-천년왕국의 성전이 세워진 시온 산(참조, 겔 40~43장)-은 산들 가운데 으뜸가는 산이 될 것이다(참조, 슥 8:3). 즉, 그 성전은 그리스도가 다스리실 장소인 천년왕국의 중심이 될 것이라는 말이다. 이것은 미가서 3장 12절에 언급된 예루살렘과 황폐한 상황과는 엄밀하게 대조를 이룬다.

종교적인 체제와 정치적인 체제는 아주 밀접하게 연관되어 있다. 모세시대부터 이스라엘 정부는 전적으로 종교적인 체제와 상호 교차되는 관계를 유지해 왔다. 왕은 나라를 통치하기 위해 하나님으로부터 기름 부으심을 받았으며 제사장은 예배하는 역할을 수행하기 위해 기름 부으심을 받았다.

　천년왕국에 있어서도 이와 마찬가지로 메시아 왕에 의해 집행되는 정치 종교적 체제는 세상에서 탁월할 것이다. 이것은 '산들 위에 뛰어날 것'이다. 이스라엘을 통해 세상을 축복하시겠다는 하나님의 계획하심(참조, 창세기 12:3)은 이스라엘의 죄악으로 말미암아 무효가 된 것은 아니다. 결국 이스라엘은 모든 나라들 위에 탁월할 것이다.

b. 세상 사람들은 예루살렘에 매혹되어 몰려갈 것이다(4:1하)

4:1하 천년왕국이 도래하면 온 지경의 사람들은 하나님의 계획하심에 따라 이스라엘이 차지하게 될 유일한 장소가 어디인지를 알게 될 것이다. 결코 어느 누구도 이스라엘을 작고 하찮은 나라로 생각하지 않을 것이며 모든 사람들이 이스라엘에 매료될 것이다. 사실 많은 사람들이 예루살렘과 그 성전을 여행하게 될 것이다(참조, 4:2; 7:12). 동사 '물결처럼 몰려가다'(stream)라는 말은 거룩한 산에서부터 땅에 물을 공급하기 위해 내려 주는 '물줄기'(streams)를 의식하며 의도적으로 사용한 듯하다(시 46:4; 시 65:9; 사 33:21; 욜 3:18; 겔 47장). 이와는 반대로 사람의 물결은 이제 중심부를 향해 흘러 가는 것이다(James Luther Mays, *Micah; A Commentary*, p. 96~97).

c. 예루살렘이 세계 전체를 위해 교훈해 줄 곳이 될 것이다(4:2상)

4:2상 여호와의 산(참조, '여호와의 전의 산', 4:1)과 하나님의 전은 모

두가 성전을 복합적으로 일컫는 말이다. 많은 나라의 백성들은 그들이 하나님의 법도를 배워 하나님의 길을 걸을 수 있도록 예루살렘으로 올 것이다(참조, 4:1; 7:12). 그 왕국에서는 구원받은 이방인들이 주님의 법도를 배우기 원할 것이지만, 반면에 아이러니하게도 그 당시 이스라엘은 주님께 복종하는 일에 별 관심을 보이지 않았다. 이 말씀은 미가 당시의 이스라엘 사람에게 무슨 질책이 되었겠는가!

d. 계시는 예루살렘으로부터 나올 것이다(4:2하)

4:2하 이 사실은 앞서 있었던 사실과 아주 밀접하게 연관된 것이다. 율법(토라, "교훈", 이것은 모세의 율법을 말하는 것이 아니다)은 시온(즉, 예루살렘. 참조, 3:10, 12; 4:8)에 주어질 것이고 하나님의 말씀(하나님과 하나님의 기준에 대한 계시)이 서로에게 전해질 것이다. 하나님이 통치자이시므로(4:3) 그분의 말씀이 하나님이 통치하시는 장소에서 나오는 것은 당연한 일이다.

e. 주님께서는 예루살렘에서 심판자가 되실 것이다(4:3상)

4:3상 많은 사람들과 또 강한 나라들조차도 그들의 분쟁거리를 주님께로 가지고 나올 것이다. 그들은 하나님이 누가 또 무엇이 옳은 것인가를 판결해 주실 것을 깨닫고 하나님의 재판에 복종하게 될 것이다. 미가의 글을 읽는 사람들은 하나님과 하나님의 예언자 미가로부터 그들이 잘못되었다는 말을 들으려 하지 않고, 하나님의 말씀 아래에 놓여 안달하고 있었다. 이와는 대조적으로 종국에 가서는 세계 전체가

기꺼이 하나님의 말씀과 그분의 판결에 복종할 것이다.

f. 평화는 우주적으로 확산될 것이다(4:3하)

4:3하 전쟁에 쓰였던 도구들(칼과 창)은 변하여 경작하는 도구들이 될 것이다(낫과 보습). 나라들이 상호간에 평화를 유지할 것이기에 사람들을 전쟁을 목적으로 훈련시킬 필요가 없어질 것이다. 천년왕국은 사람들이 소망하던 그런 종류의 세상이며, 땅의 자원들이 파괴되는 대신 선한 일에 사용되는 때를 맞게 되는 것이다. 미움과 질시하는 것 대신에 공의와 정의가 보상을 받게 될 것이다.

g. 이스라엘은 안정과 평화 속에서 거하게 될 것이다(4:4)

4:4 각각 자기 포도나무와 자기 무화과나무 아래 앉아 있는 사람들은 평안을 묘사해 주고 있다(참조, 왕상 4:25; 슥 3:10). 만군의 여호와께서 그들에게 안전할 것을 선포하셨기 때문에(참조, 욥 18절) 그 어느 누구도 그들의 평안을 잃어버릴까 봐 두려워하지 않을 것이다. 미가 시대의 지도자들은 그들에게 필요한 것을 채워 주지 않으면(3:5) 평화를 헌신짝처럼 집어던져 버렸다. 평화와 안녕을 누릴 수 있는 유일한 길은 하나님을 신뢰하는 가운데서 복종하는 길뿐이다.

h. 이스라엘은 영적으로 하나님에 대하여 민감해질 것이다(4:5)

4:5 그들의 신들을 따라가는 나라들은 미가 시대 때의 이방 족속들을

말하는 것이다. 그들은 미래의 천년왕국에 속할 나라가 되지 못할 것이다. 왜냐하면 미가가 그들은 주님을 배우기 위해 예루살렘으로 가게 될 것이라고 기록하고 있기 때문이다(4:2~3). 비록 이방 족속들이 우상을 숭배하고 있다 할지라도 천년왕국에서의 이스라엘은 주님의 이름으로 행할 것이다(참조, 4:2의 '행하다'). 즉, 이스라엘은 하나님의 뜻과 기준을 따라갈 것이라는 말이다.

i. 이스라엘이 다시 모일 것이다(4:6)

4:6 '그날에'(즉, 천년왕국이 시작될 때. 참조, 4:1, '마지막 날에'; 4:7, '그 날에'; 5:10, '그 날에') 주님은 그 땅에서 쫓겨난 포로들을 회복시킬 것이다. 미가는 이러한 회복으로 말미암은 재결합이 언제 일어날 것인지에 대해서 알지 못했다. 사실 그는 아마도 다가오는 바벨론 포로 생활이 끝나면 그 왕국이 시작될 것으로 생각했을 것이다. 그 후에 기록된 성경의 말씀을 보면 하나님의 천년왕국은 바벨론 포로 생활이 끝난 후에도 아직 오지 않았다는 것이 명백히 나타나 있다(참조, 에스라, 느헤미야, 에스더, 학개, 스가랴, 말라기). 그러나 미가는 그 왕국에서 슬픔을 경험했던 유대인들이 회복될 것이라고 확신하고 있었다. 유대인들은 환란 가운데 핍박을 받고(단 7:25) 흩어질 것이다(참조, 슥 14:5). 그 후에 그리스도가 다시 오실 때 그들은 재결합할 것이다(마 24:31).

j. 이스라엘은 강성해질 것이다(4:7)

4:7 미가가 활동했던 시대의 이스라엘의 영적, 도덕적 타락상(영적으로 그들은 불구의 상태였다. 참조, 습 3:19)과는 대조적으로, 또 이스라엘이 포로로 잡혀 갔던 것과는 대조적으로 믿음을 지닌 유대인들 가운데 돌아온 남은 자들(the returned remnant, 참조, 사 37:32; 미 2:12; 5:7~8; 7:18; 롬 9:27; 11:5)은 강한 나라를 이룰 것이다(참조, '강한 나라들' 4:3). 그리고 주님은 시온 산(예루살렘)에서 천년왕국 동안 그리고 영원토록(참조, 시 146:10; 눅 1:33; 계 11:15) 그들을 다스리실 것이다(참조, 5:2; 습 3:15).

k. 예루살렘이 영토를 가질 것이다(4:8)

4:8 천년왕국에 대한 11번째 특징을 이 부분에서 서술하면서 미가는 4장 1절에서 피력했던 사상으로 되돌아 가고 있다. 즉, 그곳에 집중되어 있는 예루살렘과 하나님 나라는 탁월할 것이라는 것이다. 예루살렘 백성들은 양떼를 살피는 망대라 일컫고 있다. 목자가 그의 양떼를 보살피거나 혹은 농부가 망대에서 농작물을 지켜보는 것 이상으로 예루살렘은 나라를 지켜볼 것이다('양떼'는 다음에 나와 있는 이스라엘에 대하여 말하는 것이다. 사 40:11; 렘 13:17, 20; 미 5:4; 슥 10:3). 시온의 딸(참조, 미 4:10, 13)과 예루살렘의 딸은 그 성읍에 기거하는 주민들을 말하는 것이다(참조, 사 1:8; 렘 4:31; 애 1:6; 2:13; 미 1:13; 슥 9:9). 예루살렘의 영토는 메시아가 시온으로부터 통치하실 때 회복될 것이다. 그 나라는 더 이상 다른 사람들의 지배를 당하지 않을 것이다.

왜냐하면 '이방인의 때'(눅 21:24)가 끝날 것이기 때문이다.

2. 하나님 나라에 앞서 일어날 일들(4:9~5:1)

여기에서 미가는 천년왕국이 설립되기 이전에 일어날 네 가지의 사건들에 관해서 말하고 있다.

a. 이스라엘은 바벨론에 포로로 잡혀갈 것이다(4:9~10상)

4:9~10상 해산하는 여인이 큰 고통을 당하는 것 이상으로 포로로 잡혀가는 나라는 고통과 수고 가운데서(참조, 렘 4:31; 6:24; 13:21; 22:23; 30:6; 49:24; 50:43) 크게 울부짖을 것이다('고통 가운데서 부르짖다'. 참조, 사 15:4). 그때 그 나라는 왕이나 모사가 없어질 것이다. 나라를 이끌어나가기 위해서 결단을 내리는 왕은 마치 모사와 같았는데 그때가 이르면 이런 일을 행할 자가 없어진다는 말이다.

유대인들은 그들의 조국으로부터 포로로 잡혀 왔기 때문에 고통 중에서 몸부림칠 것이다('시온의 딸' 대하여 알기 원한다면 미 1:13; 4:8의 주해를 참조하라). 그러나 해산 중에 있는 여인이 고통당하듯 그들은 그들의 슬픔을 진정시킬 어떤 일도 할 수가 없을 것이고 이 고통의 길을 꼭 통과해야만 할 것이다. 고향을 떠나 포로로 잡혀가는 동안에 그들을 잡아가는 자들이 강제로 들에다 진을 치도록 할 것이다. 그들이 바벨론에 포로로 잡혀 갈 것이라는 예언은 하나의 놀라운 것이다. 왜냐하면 미가 당시의 바벨론은 힘이 가장 강한 나라가 아니었기 때문이다. 바벨론은 아직 앗수르의 지배 아래 있었다.

b. 이스라엘은 바벨론으로부터 구원 받을 것이다(4:10하)

4:10하 미가는 이스라엘이 그들을 돌아보시는 약속의 하나님의 손에 의해 구출되고 또 속량함을 받을 것이라 기록했다. 포로 생활은 백성들을 징벌하는 것 이외에 그들의 삶을 더욱 성결하게 하고 더욱 하나님의 백성다운 생활을 하도록 고무하는 것이다. 포로 생활은 또한 필요한 것이다. 왜냐하면 하나님이 말씀하시기를 만일 그들이 하나님께 순종치 않을 때 그들을 그 지경 밖으로 내어던져 버릴 것이라 하셨기 때문이다. 어떤 의미에서 포로 생활이라고 하는 것은 하나님의 온전하심을 실증하는 하나의 시험이라 할 수 있는 것이다.

c. 나라들이 이스라엘을 대적하여 합세할 것이다(4:11~13)

4:11~13 많은 나라들(11상, 13절)이 예루살렘을 치기 위해 대적하여 연합할 것이다. 그들은 예루살렘을 쳐부숨으로써 그 성읍을 더럽히기를 간절히 바랄 것이다. 그들은 하나님이 그들을 쳐부수시려는 그분의 경륜(뜻)을 알지 못할 것이다. 그들은 마치 곡식 단이 타작 마당에서 알갱이로 흩어지듯이 황폐해질 것이다(참조, 사 21:10; 렘 51:33; 호 13:3).

미가는 언제 이런 일이 일어날 것인지를 말하지 않았다. 아마도 그것은 미가 당대에 있었을 것이다. 왜냐하면 이스라엘은 분명하게 많은 적들과 대적하고 있었기 때문이다. 만약 미가서 4장 11절이 미가의 시대를 말하고 있다면 12~13절은 다른 나라들이 예루살렘을 대적하여 함께 모일 때 패퇴당하고 말 것이라는 미래의 일을 가리키고 있는 것처럼 보인다. 시온의 딸, 즉 예루살렘의 백성들(참조, 8절의 주해)은 그 나라들을 보리타작할 것이고(참조, 슥 14:12~15), 주님은 이스라엘 편에 서서 그들을 대적하여 싸우실 것이다(슥 14:3). 이 전쟁-아마겟돈 전쟁(계 16:16. 참조, 계 19:19)-은 메시아가 그의 왕국을 세우기 위해서 다시 오실 때에 일어날 것이다. 이스라엘이 전투에서 탈취할 물건들은 미가가 분명히 '온 땅의 주님'이라고 부르고 있는(참조, 시 97:5; 슥 4:14; 6:5) 주님께 드려질 것이다(참조, 여호수아 주석 6:17의 주해).

d. 이스라엘의 통치자는 수치를 당할 것이다(5:1)

5:1 바벨론 군대에 의해 포위를 당한(왕하 25:1) 예루살렘은 군대의 성읍(문자적으로는 '군대의 딸'), 즉 광포한 군대에 둘러싸인 성읍이라 불렸다. 물론 느부갓네살의 군대가 포위(여기의 '포위'라는 히브리어는 구약성경에서 예루살렘을 포위할 때만 쓰였다. 참조, 왕하 24:10; 25:2; 렘 52:5; 겔 4:3, 7; 5:2)하고 있는데 방어하려는 노력이 헛된 것이기는 해도 미가는 백성들에게 그들의 군대를 모으도록 도전을 주었다.

미가는 막대기로 뺨을 맞게 되는 일에 이스라엘의 통치자를 예외로 제외시키지 않았다(어떤 사람의 뺨을 때린다고 하는 것은 그 사람에게 창피를 주는 것을 뜻한다. 참조, 왕상 22:24; 욥 16:10; 애 3:30). 어떤 이들은 이 통치자는 그리스도일 것이라 추측하기도 한다. 왜냐하면 (a) 그리스도께서는 머리(마 27:30; 막 15:19)와 얼굴(요 19:3)을 맞으셨고 (b) 미가서 5장 2절에 그분에 대해 언급되어 있기 때문이다. 그러나 여러 가지 요인들이 그 통치자는 아마도 유다의 왕인 시드기야를 말하는

것일지도 모르겠다: (1) 1절의 처음 부분은 바벨론이 예루살렘을 공격할 것에 대해 언급하고 있다. (2) 2절의 통치자라는 단어는 명백히 그리스도를 뜻하는 것으로 모셸(משל)이라는 단어를 쓰고 있는 반면에, 통치자라는 단어가 여기서는 소페트(שפט: 심판자)로 쓰이고 있다(소페트는 이와 비슷하게 발음되는 세베트[שבט: 막대, 권력]라는 뜻을 연상하게 될 때 무척 흥미로운 단어다). (3) 그리스도는 예루살렘이 포위당해 있을 동안 적국의 군대들에 의해 구타당한 것이 아니다. 그러나 느부갓네살은 시드기야를 사로잡아 그를 고문했다(왕하 25:1~7). (4) 먼 미래가 아니라 곧 다가올 사건은 미가서 5장 1절의 '그러나 지금'('but now', 개역개정에는 번역이 안 되어 있음)이라는 히브리어로 암시되어 있는 것처럼 보인다. 이것은 4장 2~6절에 있는 먼 미래의 사건에 앞서 일어나는 것이다. 미래의 구원에 앞서 일어나는 이러한 양상의 현재적 위기는 4장 11~13절에서도 역시 볼 수 있는데, 여기에서 현재(4:11)는 '그러나 지금'(but now)으로 소개되어 있으며 먼 미래에 대해서는 4장 12~13절에 언급되고 있다.

3. 하나님 나라에서의 통치자(5:2~15)

미가는 통치자의 출생(2절)과 나라를 위해 행할 그분의 일(3~15절)에 관해 묘사하고 있다.

a. 이스라엘 통치자의 출생(5:2)

5:2 이 절의 패턴은 4장 8절의 그것과 어느 정도는 유사하다고 할 수

있다. 각 절에서 성읍은 의인화되었고 '너'라고 불리고 있다. '또 올 것이다'(will come)라는 구절을 모두 가지고 있으며, 구원이 유사한 히브리 단어들('권능' 4:8과 '다스릴 자' 5:2)에 의해 암시되어 있다. '다스릴 자', 즉 그리스도가 예루살렘으로부터 약 5마일 떨어져 있는 베들레헴 에브라다에서 나올 것이다. 에브랏(참조, 창 35:16~19; 48:7)이라고도 불리운 에브라다는 베들레헴의 오래 전 이름이거나 혹은 베들레헴 부근의 지역을 일컬어 부르는 이름이었다. 다윗이 베들레헴에서 출생했고(삼상 16:1, 18~19; 17:12), 그 혈통을 따라 예수님 역시 이곳에서 태어나셨다(마 2:1). 대제사장들과 율법사들은 미가서의 이 부분을 메시아에 관해 말하는 것으로 이해했다(마 2:3~6). 이것이 예수님 당시의 많은 사람들을 혼돈스럽게 했다(요 7:42). 왜냐하면 비록 예수님이 베들레헴에서 출생하셨으나 갈릴리의 나사렛에서 자라셨기 때문이다.

백성들을 구원할 메시아(통치자)가 유다 족속들이 살고 있던 한 보잘것없는 성읍에서 탄생하셨다(이것은 수 15장이나 느 11장에 있는 성읍들의 목록에도 나와 있지 않았다). 그리고 하나님은 보잘것없는 성읍에서 탄생한 이분이 여호와를 대신해 이스라엘의 '통치자'가 될 것이라 말씀하셨다(참조, 미 4:7의 '통치하다'). 그리스도는 아버지의 뜻을 성취하셨으며 또 앞으로도 성취하실 것이다(참조, 요 17:4; 히 10:7).

이 통치자의 근본(문자적으로는 '나아가다', 창조와 신정과 섭리하심에 있어서의 그분의 승리)은 상고로부터, 태초로부터이다. KJV는 '상고로부터'를 '영원히 지속되는'으로 표현하고 있으나 NIV의 번역이 더 적절하다. 왜냐하면 히브리어는 문자적으로 '헤아릴 수 없는 날들'을 의미하고 있기 때문이다. 그밖에 요한복음 1장 1절, 빌립보서 2장 6절, 골로새서 1장 17절, 요한계시록 1장 8절 등의 구절들은 예수 그리스도의 영원성을 지적해 주고 있다.

b. 이스라엘 통치자의 사역(5:3~15)

이스라엘의 통치자이신 그리스도는 천년왕국 동안에 그 나라를 위해서 여러 가지 일들을 완성하실 것이다.

(1) 그분은 그 나라를 다시 연합하여 회복시키실 것이다.
5:3 미가가 앞서 기술한 바와 같이(4:9), 이스라엘이 흩어져서 발생하는 영적인 고통은 해산 중에 있는 여인의 고통과 같을 것이다. 그러나 진통과 괴로움이 끝나고 새 생명이 탄생할 때가 올 것이다. 이것은 마리아가 예수를 잉태할 일을 말하는 것이 아니고, 이스라엘의 형제들(참조, 신 17:15)이 돌아와서 다른 이스라엘 족속들과 다시 국가적으로 모이게 되는 것(참조, 2:12; 4:6~7)을 말하는 것이다. 그리스도는 그들 가운데 한 분이 될 것이다.

미가서 5장 2~3절은 이사야서 9장 6~7절과 61장 1~2절에서 나타나 있는 것 이상으로, 그리스도의 초림과 재림 사건에 밀접하게 결합되어 있다.

(2) 그분은 자신의 백성을 돌보실 것이며 그들에게 안전하게 거할 수 있게 하실 것이다.
5:4 메시아가 그의 양들을 돌보실 것인데(참조, 2:12; 7:14; 슥 10:3), 이런 일은 미가 시대의 지도자들에게는 찾아볼 수 없는 일들 가운데 하나다(참조, 미 3:1~11의 주해를 참조하라). 그리스도의 돌보심, 인도하

심 그리고 보호하시는 역할은 주님의 능력으로, 또 그분을 위해 성취될 것이다. 그분이 나라를 통치하실 때면 백성들이 평화와 안녕을 누릴 것이다(참조, 슥 14:11). 왜냐하면 그의 위대하심이 세상 끝까지 미칠 것이기 때문이다(참조, 말 1:11상). 그분이 전 세계를 통치하실 것이기 때문인데(시 72:8; 슥 14:9), 모든 사람들이 그분의 통치하시는 능력을 알게 될 것이고, 이런 일이 이스라엘의 안녕을 보장해 줄 것이다.

(3) 그 통치자께서 이스라엘의 적들을 훼파하실 것이다(5:5~9)

5:5~6 이 일은 이스라엘에 평화를 가져오기 위해서 행하실 메시아의 여러 가지 사역들 가운데 하나다(5~15절). 그분은 이스라엘의 평화가 될 것이다. 왜냐하면 그분이 그 나라 주변에 있는 적대 세력들을 온전히 정복하실 것이기 때문이다. 비록 앗수르가 미래에는 국가로서 존재하지 않을지라도 그것은 미가 시대의 앗수르처럼 예루살렘을 위협하고 공략하는 나라들을 대표하는 것이다(참조, 슥 12:9; 14:2~3). 니므롯 땅(참조, 창 10:8~9; 대상 1:10)은 앗수르의 동의어였다(참조, 스 6:22에 있는 바사를 의미하는 앗수르). 그리스도는 그 나라에 넘치는 목자들과 지도자들을 허락하심으로 이스라엘로 하여금 적들을 쳐부수게 하실 것이다(일곱…여덟에 대하여 더 깊이 알기 원한다면 아모스 주석 1장 3절의 "셋…넷"에 대한 주해를 참조하라). 많은 나라들이 칼을 가지고 이스라엘을 통치했으나, 천년왕국이 오면 판도는 바뀌고 이스라엘이 적들을 지배하게 될 것이다. 왜냐하면 메시아가 이스라엘을 구원하실 것이기 때문이다(참조, 슥 14:3).

5:7 그리스도가 이스라엘의 적들을 훼파하신 후에 믿는 이스라엘 족

속의 남은 자들(참조, 2:12; 4:7; 5:8; 7:18)은 많은 족속들 가운데 다시 원기를 회복하여 영향력을 발휘하게 될 것이다(이슬이나 단비와 같이). 왜냐하면 팔레스타인 지방의 비가 오는 기간은 10월부터 다음해 3월까지이며, 이 기간 이외에는 밤에 내리는 이슬이 농작물의 성장을 도와주기 때문이다. 이슬이나 비가 하나님의 정하신 때에 적절히 내리는 것과 마찬가지로(이것들은 사람과 인생을 기다리지 않는다), 하나님은 인간들의 행함과는 상관없이 정하신 그때에 나라들을 새롭게 하실 것이다.

5:8~9 이스라엘의 남은 자들(참조, 7절)은 또한 사자와 같을 것이다. 모든 동물들을 지배하는 용맹스러운 사자와 같이 이스라엘은 세상의 힘있고 강대한 다른 나라들을 압도하게 될 것이다(참조, 신 28:13). 하나님은 이스라엘의 손을 들어 올리시고 모든 적들을 전멸케 하겠다고 말씀하셨다.

(4) 그 통치자께서는 또한 이스라엘이 의지하고 있는 군대의 세력을 멸절해 버리실 것이다.

5:10~11 그날에(참조, 4:1의 '마지막 날에'와 4:6에 대한 주해를 참조하라), 주님은 그들이 신뢰하고 있는(참조, 말들을 의뢰하고 있는데 대한 신명기 17:16의 하나님의 예언) 말들(참조, 슥 9:10)과 병거들을 훼파하실 것이다. 이스라엘이 요새로써 방어하기 위해 건립할 성읍들은 모조리 허물어져 버릴 것이다(참조, 미 5:14).

(5) 통치자께서는 이스라엘 지경으로부터 거짓 경배를 훼파해 버리실

것이다(5:12~14).

5:12 이스라엘의 바깥 지경에서 적들을 훼파하시는 일 이외에, 메시아는 이스라엘 내부의 적들인 온갖 복술의 궤계와 우상숭배를 일소해 버리실 것이다. 복술(크사핌[כשׁפים]: 문자적으로는 마술)은 구약성경에서 이곳과 열왕기하 9:22; 이사야 47:9, 12; 나훔 3:4에서만 사용되고 있는 단어다. 이들 중 마지막 세 단어는 NIV에서 '마술'이라고 기록하고 있다. 히브리어는 사탄적인 자료에서 정보를 찾는다는 의미를 내포하고 있다. 주문을 외운다는 것(동사 아난 [ענן]에서 유래함)은 다른 사람들에게 속임수를 쓰기 위해 사탄의 힘을 사용하는 것을 의미한다(레 19:26과 신 18:10에서 NIV는 이 단어를 '마술'이라 번역하였고; 렘 27:9은 이 단어를 '마술사들'이라 표현해 두었다). 비록 율법에서 예언되어 있는 일이긴 하지만 고대 근동에서 흔히 있었던 이런 일들, 또 이와 유사한 일들은 이스라엘의 역사를 통해 볼 때 많은 이스라엘 족속들에게 무척 많은 매력을 끄는 일임에 틀림이 없었다. 신비주의가 성막에서 행해질 것이나(참조, 계 9:21 '복술') 주님은 이 모든 일들을 깨끗이 멸절시켜 버리실 것이다.

5:13~14 새긴 우상(프실림[פסילים])이란 이방신들을 조각한 우상을 말한다(참조, 출 20:4의 '우상'). 주상과 아세라상(참조, 왕상 14:23; 왕하 17:10; 18:4; 23:14)은 가나안 남녀 우상을 숭배하는데 쓰였던 물건들이다. 하나님은 이스라엘이 그런 것들을 사용하는 일을 금지하셨다(신 16:21~22. 참조, 출 34:13). 아세라는 바알의 배우자로서 가나안의 바다의 여신이었다. 통치자가 오셔서 그분의 백성들로부터 우상숭배의 모든 흔적들을 추방해 버리실 때면(참조, 슥 13:2), 그들은 더 이

상 손으로 만든 것들을 경배하지 않을 것이다(참조, 호 14:3). 대신에 그들은 참되고 살아 계신 창조주 여호와 하나님을 경배하게 될 것이다(참조, 미 5:11). 이스라엘이 우상숭배하는 일을 행했거나 스스로의 군사력에 의지했던 모든 성읍들(참조, 미 5:11)은 모조리 무너져 버릴 것이다.

(6) 주님이 주님을 대적한 나라들을 심판하실 것이다.
5:15 주님께 순종하기를 거부했던 나라들은 하나님의 진노와 노하심을 당할 것이다. 그분은 철장으로 다스리실 것이다(시 2:9; 계 12:5; 19:15). 즉, 견고함과 능력과 정의로써 다스리실 것이다.

III. 세 번째 메시지 : 죄의 고발과 축복의 약속(6~7장)

이 책의 세 번째 주요한 부분은 이전에 지나간 것을 요약하여 설명하고 있으며 또한 주님의 백성들을 위한 하나님의 예언자가 말하는 탄원이 덧붙여 있다. 이 부분은 하나님의 선하심으로 말미암아 백성들에게 임하게 될 축복에 관해 모든 것이 집중되어 있다.

A. 주님에 의한 고발(6:1~5)

6:1 다시 한 번(참조, 1:2) 주님은 증인들로 하여금 당신의 계약의 백성들에 대해 내리시는 고소(리브[ריב]:소송이나 기소)에 귀를 기울일 것을 말씀하신다. 그분은 이스라엘로 하여금 산 앞에 서서 하나님과 변론하게 하라고 도전을 주신다. 주님은 외곽에 있는 증인들로 하여금 하나님은 공의로우시며 그의 백성들과의 약속을 신실히 이행하시는 분이라는 사실을 확고히 하도록 요청하고 계시며, 분명히 이스라엘이 하나님 앞에서 행한 일이나 태도들이 악한 것이었음을 밝히도록 요구하신다. 하나님이 호소하시는 증인들이란 모든 곳에 산재해 있는 사람들을 말하며, 이것은 '산들'(참조, 2절)과 '언덕들'이라는 단어들에 의해 입증되는 것이다.

6:2 주님은 당신의 백성들에 대한 고소를 시작하셨다. 그분은 다시 한 번 산들로 하여금(참조, 6:1) 당신의 고소([ריב]; 6장 1절의 주해를

참조하라)와 이스라엘에 대한 기소(ריב)에 대해 귀기울여 주기를 당부하신다.

6:3~4 고소하는 일을 시작하는 데 있어 하나님은 그 나라를 내 백성이라 부르고 계신다(참조, 6:5). "내가 너에게 무엇을 행했느냐?"라는 질문을 통해 주님은 당신의 결백하심을 입증하셨다(참조, "내가 무엇을 하였는가?" 삼상 17:29; 20:1; 26:18; 29:8). 그분은 또한 백성들에게 무엇을 괴롭게(문자적으로 '귀찮게 굴다') 했는지에 대해 답변할 것을 요구하셨다. 비록 가끔씩은 이스라엘 백성들이 하나님에 대해 불만을 토로한 적이 있긴 하지만, 그들이 이러한 불평을 말하는데 대한 근거는 전혀 없는 것이었다. 이러한 이유로 인해 그들은 하나님의 고소에 대해 답변할 수가 없었던 것이다.

하나님은 백성들에게 그들을 애굽에서 인도해 내어 약속의 땅으로 인도하신 당신의 선하심을 상기시켜 주셨다. 미가 선지자는 종종 백성들에게 애굽 종살이로부터 구원받았던 사실을 상기시켜 주고 있다. 출애굽 사건은 이스라엘의 삶에 있어서 하나의 위대한 핵심적 사건이었다. 왜냐하면 그 사건을 통해 하나님은 그들을 이방의 지배로부터 구원해 내셨으며, 또 이 사건에 이어 하나님이 모세를 통해 그들에게 율법을 주셨기 때문이다.

속량하다(파다 [פּדה]. 참조, 신 7:8; 9:26; 13:5; 15:15; 24:18)라는 단어는 그들에게 장자들이 죽음을 면하도록 하기 위해 유월절에 어린 양을 죽이던 사건을 상기시켜 준다(참조, 출 12:3, 7, 12~13). 모세에 대해 하시는 하나님의 말씀은 백성들로 하여금 율법을 상기하게끔 해 주었으며, 아론의 이름은 제사장직에 대하여 생각하게끔 해 주었다.

아마도 미리암이 언급된 것은 그녀가 주님께 드린 노래(출 15:21)와 여선지자로서의 역할(출 15:20)에 대해 백성들을 상기시키기 위한 것이다. 모세가 하나님의 말씀을 위탁받아 백성에게 전했고 아론이 백성들의 모든 것을 대신하여 하나님께로 나아간 것으로 볼 때, 이스라엘 백성들은 주님과 아주 특이한 관계에 있었다고 할 것이다.

6:5 미가는 다음으로 하나님의 백성들(참조, 3절의 '나의 백성')에게 모압 왕 발락이 발람을 꾀어 계약의 백성들을 거슬러 예언하게 하는 일을 들어 그들 조상들이 광야에서 경험한 일들을 상기시켜주고 있다(참조, 민 22~24장). 그 백성들을 저주하는 대신에 발람은 그들을 축복해 주었다. 이 일은 하나님의 그들을 향하신 선하심에 대한 또 하나의 증표다. 이 백성들의 생애 가운데 또 하나의 큰 사건은 요단강 동편의 마지막 주거지였던 싯딤(참조, 수 3:1)에서 요단강을 기적적으로 건넌 후 맨 먼저 진을 친 길갈(참조, 수 4:18~19)로 진행해 나아가는 것이다. 이 모든 사건들을 통해서 볼 때 하나님이 이들 백성에게 무거운 짐을 지운 일은 전혀 없었다. 차라리 하나님은 그들에게 거듭 은혜를 베푸시며 그들의 보호자와 방패가 되어 주셨다.

B. 국가를 위한 미가의 응답(6:6~8)

잘 알려져 있는 이 부분에서 미가는 주님의 기소(起訴)에 응답하고 있다. 미가는 그의 백성들의 죄를 잘 알고 있는 의로운 사람으로서 말하고 있다. 그는 백성들을 바른 길로 인도하기를 거부한 많은 지도자들과 다른 사람이었다.

6:6 나라에 대해 말하면서, 미가는 하나님을 기쁘시게 해 드리기 위해 무엇을 가지고 하나님 앞에 나아가 경배를 드릴 것인가에 대해 질문하고 있다. 미가는 번제물을 가지고 하나님께 나아갈까 묻고 있다. 그는 희생 제물로 드리기 위해 준비해 둔 송아지를 가지고 나아가야만 할까? 이런 질문을 통해 미가 선지자는 희생 제사의 중요성에 대해 문제를 제기하고 있는 것은 아니다. 주님은 여러 가지 일들 가운데 백성들의 죄를 속량하는 속죄물을 드리는 데 있어서는 레위적인 체계를 세우신 바 있다. 계약 공동체의 한 의로운 사람으로서 미가는 의심할 여지 없이 희생 제사 체제 안에 포함되어 있었을 것이다. 그러나 미가는 희생 제사란 하나님이 베푸신 은혜와 자비를 내적으로 신뢰하고 의지하는 것이 외적인 표현으로 드러난 것이라는 사실을 잘 알고 있었다.

6:7 그때 미가는 과장법을 사용하면서 그 자신의 과실이나 죄악을 속하기 위해(참조, 1:5; 3:8; 7:18) 주님이 수천 마리의 양이나 강수 같이 흐르는 기름이나 혹은 자신의 맏아들(자기 몸의 열매)을 원하시는지를 묻고 있다. 물론 이러한 것들이 그 나라에 대한 하나님의 진노를 진정시킬 수 없다는 사실을 미가는 잘 알고 있었다. 또한 미가는 율법에서 금하고 있는 어린 아이의 희생 제물로 드리는 나쁜 관습을 묵과하지 않았다(참조, 레 18:21; 20:2~5; 신 12:31; 18:10). 이런 수사학적인 물음들을 통해서 그는 이스라엘로 하여금 아무것도 – 가장 훌륭한 제물이라도 – 이스라엘 자신의 과오를 용서받게 할 수는 없다는 사실을 깨

닫기를 바라고 있다. 이것은 또한 하나님은 그들이 무엇을 '갚기를' 원하지 않으신다는 사실을 강조하고 있다. 대신에 하나님은 그들이 즉각 하는 행실과 태도를 바꾸기를 원하셨던 것이다.

6:8 미가는 하나님이 그 나라('사람아' 라는 말은 이스라엘에 있는 어느 사람에게도 해당되는 말이다)에게 무엇을 요구하고 계시는지 정확하게 말해 주고 있다. 하나님은 그들이 단지 의식적인 방식만을 통해서 당신과 관계 맺는 것을 원하지 않으셨다. 하나님은 내적으로 관계를 맺기 원하셨다. 즉, 자발적으로 원해서 복종하고, 억지로 짐이 되어서 행하지 않기를 원하셨던 것이다. 그들에게 유익한(좋은) 이런 관계를 유지하는 데는 세 가지의 일이 포함되어 있다. 그것은 (a) 정의를 행하는 것(타인을 대할 때 공정히 할 것), (b) 인자를 사랑하는 것(헤세드[חֶסֶד]: 충성스러운 사랑, 타인의 필요를 충족시켜 주기 위하여 진심으로 행하는 것) 그리고 (c) 하나님과 더불어 겸손하게 행하는 것(교만하지 않고 낮은 마음을 품고 하나님과 교제하는 것)이다. '겸손하게'라는 말은 동사 차나(צָנַע)를 번역한 것인데(구약성경에서 여기에만 사용하고 있음) 이는 낮은 마음으로 행하는 것을 의미한다(이것의 형용사형 차누아[צָנוּעַ]는 잠언 11:2에 딱 한 번 사용되고 있음). 주님은 그들에게 이미 이렇게 행해야만 한다는 것을 말씀하신 바가 있다(신 10:12, 18). 정의를 행한다는 것은 "자비를 사랑하는 것으로 이것은 하나님과 함께 겸손히 걷는 것의 징표이기도 하다"(James Luther Mays, *Micah : A Commentary*, p. 142). 미가 시대의 많은 사람들은 정의롭지 못했고(미 2:1~2, 3:1~3; 6:11), 또 그들이 누를 끼친다고 생각했던 사람들에게 인자를 행하지도 못했으며(2:8~9; 3:10~11; 6:12), 하나님과 겸손한

가운데서 교제를 가지지도 못했다(2:3).

C. 죄로 인한 주님의 심판(6:9~16)

이스라엘이 하나님의 요구하심에 미치지 못했기 때문에(6:8) 주님은 그들을 징벌하실 것이라 말씀하신다.

1. 죄악들(6:9~12)

이 절들은 이스라엘이 속했던 죄악들의 보기들을 제시해 주고 있다. 그것들이 바로 하나님이 기소하시게 된 이유 가운데 한 부분인 것이다(6:1~2). 비록 완전한 것은 못 되지만 이 목록은 이스라엘의 죄악을 말하는데 충분한 것이다.

6:9 다시 한 번 미가는 백성들로 하여금 귀를 기울일 것을 말하고 있다(참조, 3:1; 6:1). 주님의 부르심에 응답하는데 있어 그들은 하나님의 징벌하시는 도구인 매에 유의해야만 했다. 다른 성경들에는 여러 가지로 번역된 바 있는 두 번째 줄은 아마도(NIV의 번역대로) 주님께서 말씀하실 때는 경외함(존경과 복종. 참조, 잠 1:7) 가운데서 응답하는 것이 현명한 일이라는 것을 뜻하고 있는 것처럼 보인다.

6:10~12 정의롭지 못하게 행동하면서(참조, 6:8) 백성들은 그릇된 방법

으로 부를 축적했다(불의하게 모은 재물. 참조, 잠 10:2). 그들은 축소시킨 (작은) 에바-약 6갤론(gallon)에 해당하는 마른 곡물을 재는 단위-를 사용함으로써 사업을 하는데 부정을 행하고 있었다. 다른 말로 바꾸자면, 그들은 고객들을 속이고 있었다. 이와 마찬가지로 상인들은 부정직한 저울 추와 눈금이 잘못 매겨진 저울을 사용해 물건을 사는 사람들이 생각하고 있는 것보다 훨씬 적은 양을 팔아 넘기고 불의한 이익을 남겼다. 하나님은 이러한 방식으로 다른 사람의 이익을 취하는 불공정한 태도를 미워하신다고 말씀하셨다(참조, 레 19:35~36; 신 25:13~16; 잠 11:1; 16:11; 20:23; 호 12:7; 암 8:5). 명백히 백성들은 공의를 행하거나 인자를 행하는 일에서 멀어져 있었다(6:8). 부자들의 횡포와 모든 사람이 서로 속이는 일이 그저 보통 있는 일이 되고 말았다(6:12).

2. 징벌(6:13~16)

6:13~15 10~12절에 인용된 죄악들로 인해(다른 죄악들도 마찬가지로), 하나님의 징벌은 이미 시작되었고 그들에게는 황폐함만이 남을 것이다(참조, 16절; 신 28:20). 그들의 양식이 그들을 만족시킬 수 없을 것이다(미가서 6:14의 첫 줄은 레 26:26을 인용한 것임). 그들이 힘써 모아 두었던 것은 적들에 의해 모두 탈취당할 것이다(참조, 레 26:16~17; 신 28:33). 식물들은 그들을 위하여 아무런 수확도 주지 않을 것이다(참조, 신 28:30). 포로로 잡혀간 후로는 그들이 노동한 데 대한 어떠한 열매도 받아 누릴 수 없을 것이다(미 6:15. 참조, 신 28:39~40). 하나님이 말씀하신 바대로(신 28장) 이러한 징벌은 백성들이 하나님께 순종하지 않은 결과로 말미암은 것이다.

6:16 주님을 따르는 대신에 백성들은 오므리의 율례와 아합 집(왕조)의 모든 행위를 지켰다. 오므리와 아합은 북 왕국의 악명 높은 왕들 가운데 두 사람으로 생각되며 그들은 바알 숭배(참조, 왕상 16:21~22:40)를 포함해 이교 풍습이 번창한 때에 권좌에 올라 누렸던 자들이다. 아합이 통치할 때 주님의 참된 예언자들이 살해당했다(왕상 18:4). 유다(너희)는 이러한 죄악된 전통들을 답습했다. 이러한 우상숭배와 범죄함으로 말미암아 하나님은 유다를 멸망 가운데로 내어 던져 버릴 것이라 말씀하셨다(참조, 6:13). 포로로 잡혀갈 때 유다는 여러 나라들 앞에서 조롱거리가 될 것이다(참조, 애 2:15~16).

D. 주님께 간청하는 미가의 탄원(7장)

1. 국가의 죄악으로 인한 미가의 탄식(7:1~6)

7:1~2 미가는 전적으로 하나님을 떠나버린 백성들 가운데 자신의 위치를 탄식하고 있다. 그는 자신이 살고 있는 죄악된 세대를 슬퍼 애통해 하고 있다. 그는 마치 자신이 들판에 열매를 거두러 나가보았으나 이미 때가 지나 버려 아무것도 거둘 수 없는 상태인 것처럼 느끼고 있었다. 포도송이나 일찍 열매 맺는 무화과 과실 같은 것들이 이미 없어져 버렸기에 그는 수확하거나 먹을 수가 없었다(참조, 6:14). 이와 같이 나라에는 하나님을 두려워하고(하시드[חָסִיד]: 충성스럽고 견실한, 이것은 충성스러운 사랑이라는 뜻을 가진 헤세드[חֶסֶד]로부터 생긴 단

어임), 올바로 선 사람은 이미 자취를 감추어 버렸던 것이다. 이것은 마치 형제들끼리 서로 죽이려 하며 사냥하려는 것과 같은 일이다(참조, 3:10; 6:12). 횡포와 충성심의 결핍에 대해서는 7장 3~6절에 묘사되어 있다.

7:3~4상 백성들이 잘하는 유일한 짓거리는 죄를 범하는 것이로구나! 그들의 정부 고관들 가운데 통치자들은 공의가 헌신짝처럼 짓밟혀 버린다 해도 자기들에게 선물을 주는 자들만 좋아했고, 법정에서 재판관들은 뇌물을 받았으며(참조, 3:11), 세력가들(돈 많고 실력을 행사할 수 있는 자들)은 그들이 원하는 것이면 무엇이든지 집어삼켜 버렸다. 지도자들조차도 서로 공모하여 다른 사람들을 이용했다. 가장 훌륭한 지도자들이라 자처하는 사람들조차도 가시 같고 찔레 울타리보다 더해서 그들과 접촉을 갖기 위해 접근하는 자들을 모함하고 상처를 냈다.

7:4하 하나님의 참된 예언자들(임박한 위험을 경고하는 그 나라의 파수꾼들)이 예언한 일들은 곧 현실로 임할 것이다. 하나님이 백성들을 '방문할' 것이며, 그들은 무엇을 어떻게 해야 좋을지 몰라 혼돈스러워하며 안절부절못할 것이다.

7:5~6 상황이 너무나 악화되어 버려서 가까운 가족관계까지도 뒤틀어져 버리고 말았다. 이웃들, 친구들, 배우자 그리고 어린 아이들이 서로를 대적하여 일어났다. 반역이 너무도 횡행하여 자신의 가족들마저도 원수가 되어 버렸다.

2. 주님을 확고히 신뢰하는 미가(7:7~13)

7:7 이 책에서 자신과 남은 자들에 대해 언급한 후에 미가는 나라의 실정이 참담한 지경에 이르렀을지라도 자신은 파수꾼(참조, 7:4의 '파수꾼')의 역할을 계속할 것이며, 주님을 향해 희망 중에 기다릴 것이라 말하고 있다. 맞다. 심판이 올 것이다. 그러나 그는 구원이 잇달아 임할 것이라는 사실을 잘 알고 있었던 것이다. 하나님은 이스라엘의 구원자이신 것이다(참조, 사 59:20).

7:8~10 여전히 나라를 대신해 말하는 대변자로서 미가 선지자는(나를…, 나의 그리고 나라는 단어가 8~10절 사이에 15번 나오고 있다) 하나님이 이스라엘의 슬픈 지경을 분명 회복시켜 주실 것을 확신하고 있다. 비록 이스라엘이 참담한 지경에 처하여 포로로 잡혀 간다 할지라도 적들이 결코 히죽거리며 조롱하지 못하리라! 비록 상황이 어둡고 비관적이지만 주님은 이스라엘의 빛(참조, 9절)을 허락하시고 그 절망 가운데서 건져 주실 것이다. 미가는 "내가 여호와께 범죄하였으니"라는 말 속에서 이스라엘이 하나님 앞에 범죄한 것을 자신의 일과 일치시켜 생각하고 있다(다니엘이 그의 기도 속에서 이와 비슷한 일치를 보여 주고 있음. 참조, 단 9:5, 8, 11, 15).

하나님의 진노는 누그러질 것이다. 왜냐하면 이것이 이스라엘에게 빛을 가져다 주고(참조, 미 7:8), 공의(문자적으로는 '의')를 세우시는 방식이기 때문이다. 하나님이 다시 한 번 이스라엘을 자신의 땅 위에 세우실 때, 판도는 바뀌어서 적들은 수치를 당할 것이다(7:16. 참조, 옵 10절). 저들(이방나라들)이 이스라엘에게 "네 하나님이 어디 있느냐?"라고 말하며 조롱했다(참조, 시 42:3, 10; 79:10; 욜 2:17). 그러나 하나님은 자신의 백성들을 옹위하실 것이다. 왜냐하면 이스라엘의 적들은 몰락하고 짓밟힘을 당할 것이기 때문이다(창피를 당하다. 참조, 미 7:17).

7:11~13 이스라엘이 천년왕국 기간 동안에 그 지경을 회복할 때면(이스라엘이 '떠오르면' 7:8), 이스라엘은 성벽을 재건하고 그 지경을 넓힐 것이다. 가데르(גָּדֵר)는 포도원의 울타리를 말하는 것이지(참조, 민 22:24; 사 5:5) 성읍의 벽을 뜻하는 것이 아니다. 평화 가운데 메시아에 의해서 세워지는 예루살렘을 방비하기 위한 어떠한 성벽도 필요가 없다(슥 2:4~5). (이스라엘 지경의 확장에 대해서는 겔 47:13~23과 옵 주석 19~20절의 주해를 참조하라). 이스라엘의 적인 앗수르와 애굽은 예루살렘으로 여행하는 사람들 가운데 살게 될 것이다(참조, 사 19:23~25). 사실 지구상의 모든 백성들(이 바다에서 저 바다까지. 참조, 시 72:8; 슥 9:10, 이 산에서 저 산까지)이 주님을 경배하는 일을 배우기 위해서 예루살렘으로 올 것이다(참조, 미 4:2). 그러나 이러한 영화스러운 때가 임하기 바로 직전에 나라들은 그 죄악들로 인해 심판을 받을 것이며(마 25:32~33, 46) 이로 인해 세상은 황폐해질 것이다(참조, 사 24:1).

3. 다시 양들을 이끌어 주시기를 간청하는 미가(7:14)

7:14 이 절에서 말씀하는 자는 하나님인가 혹은 미가 자신인가? 아마도 미가 선지자가 하나님께 말씀드리고 있는 것인 듯하다. 2장 12절과 5장 4절의 하나님의 약속으로 인해 미가는 주님께 목자가 양을 돌보듯이 하나님의 백성들을 회복시키고 먹여주시기를 간구하고 있다. '지팡이'는 축복

의 막대기(세베트 [שֵׁבֶט])이지 6장 9절에서처럼 심판의 막대기는 아니다. 미가는 하나님의 백성들(그의 유업. 참조, 7:18의 주해와 신 4:20의 주해를 참조하라)이 과거에는 길을 잃고 숲 속에서 방황하는 양과 같았으나 이전에(오래 전에. 참조, 미 7:20) 바산과 길르앗(참조, 렘 50:19)에서 번영과 평화를 누렸던 것처럼 즐거워하며 살 수 있기를 간청하고 있다. 이 두 요단강 동편의 지경('선지자 시대의 이스라엘과 주변국가'를 참조하기 바람)은 양들과 가축들을 먹일 수 있는 기름진 초장이었다. BC 734년에 이 지경들은 앗수르 왕 디글랏빌레셀 3세(Tiglath-Pileser Ⅲ, BC 745~727년)에 의해 짓밟히고 말았다.

4. 백성들에게 놀라운 일들을 보이리라 약속하시는 주님(7:15~17)

7:15 미가 선지자의 간청에 응답하심으로(7:14) 주님은 미가를 통해 주님께서 다시 기적의 하나님으로 알려지게 될 때가 올 것임을 나라에 말씀해 주셨다. 이스라엘이 애굽에서 나올 때 하나님은 그들을 위해 애굽의 종살이에서 놓임을 받게 해 주셨다. 요단강을 건널 때 마른 땅을 밟게 하시고, 사막에서 양식을 공급해 주심으로써 이적들을 베풀어 주셨다(참조, 출 3:20; 15:11; 삿 6:13; 시 78:12~16). 다시 한 번 이스라엘은 기거하고 있던 처소에서 큰 '출애굽'을 맞게 될 것이고 하나님은 이스라엘 족속들을 그들의 땅으로 기적적으로 이끄실 것이다. 이 일은 메시아가 다시 오셔서 당신의 천년왕국 법도를 세우실 때 있을 것이다.

7:16~17 하나님은 이스라엘을 다시 기적적으로 모으실 때 열방들은 이것을 보게 되고 또 부끄러움을 당할 것이다(참조, 3:7; 7:10). 왜냐하

면 그분의 능력은 그들의 것보다 더 크시기 때문이다. 하나님 앞에 압도당해서 그들은 입을 다물게 되고 또 이스라엘의 승리에 대해 듣기를 거부하게 될 것이다. 굴욕 가운데서 그들은 뱀처럼 티끌을 핥을 것이며(참조, 시 72:9; 사 49:23), 숨어 기거하던 곳에서 나오는 동물처럼 그들은 주님께 항복할 것이며 이스라엘을 두려워하게 될 것이다. 이러한 사실들은 분명히 미가 시대의 의로운 남은 자들을 크게 격려해 주었을 것임에 틀림이 없다.

5. 하나님은 유일하신 분이라 고백하는 미가의 확신 (7:18~20)

7:18~20 이 책의 저자는 자신과 독자들에게 하나님의 선하심과 유일하심을 상기시키면서 결론을 맺고 있다(참조, 출 34:6~7상). 미가의 마지막 찬양 말씀은 하나님은 계약을 맺은 백성들을 향하신 종국적인 계획을 성취하시는 분임을 미가가 굳게 믿고 있다는 사실을 보여 준다. 오늘날 전통적인 유대인들은 속죄의 날(the Day of Atonement)에 회당에서 요나서를 읽은 다음에 이 부분의 말씀들을 읽고 있다.

"주와 같은 신이 어디 있으리이까?"(참조, 출 15:11; 시 35:10; 71:19; 77:13; 89:6; 113:5)라는 수사학적인 표현을 "여호와와 같으신 이가 누구이니이까?"라는 뜻을 가지고 있는 미가의 이름을 단어로 배열해 놓은 것인 듯하다. 명확한 대답은 어느 누구도 하나님과 같지 못하다는 것이다. 미가서 7장 18~20절의 그 나머지 부분은 하나님이 어떠하신 분인지 묘사하고 있다. 하나님이 그의 백성들에게 행하신 일을 그가 온전하게 믿고 의지할 만한 분이시며 또 자비로우신 분임을 입증해 주고 있는 것이다.

미가는 하나님에 대해 여섯 가지 사실을 확증하고 있다; (1) 하나님은 주의 기업을 상속할(참조, 7:14) 남은 자들(참조, 2:12; 4:7; 5:7~8)의 죄와 허물(참조, 1:5; 3:8; 6:7)을 용서하신다. (2) 그는 노를 영영토록 품지 않으신다(참조, 시 103:9). (3) 그는 자비를 베푸시기를 좋아하신다(헤세드[חֶסֶד]. 참조, 미 7:20). 이스라엘의 그 부패한 사회 정황 속에서 이 말씀은 하나님을 믿는 경건한 남은 자들에게 얼마나 큰 격려가 되었겠는가. (4) 주님은 또 다시 이스라엘을 긍휼히 여기신다(레헴[רחם]: 부드러움, 가슴 깊이 느끼는 관심. 참조, 시 102:13; 103:4, 13; 116:5; 119:156; 호 14:3; 슥 10:6). 미가는 이 사실을 잘 알고 있었다. (5) 비유적인 표현으로 하나님은 이스라엘의 죄악을 다루시기를 (마치 적들을 쳐부수는 것처럼) 발로 밟으시고, 죄악들을 바다에 집어던지시면서 이들을 온전하게 용서하신다. 죄악에 대하여 구약성경에서 말하고 있는 세 단어가 미가서 7장 18~19절에 사용되고 있다. 즉, 죄악(sins), 허물(transgression), 죄(iniquities)다.

미가는 (6) 하나님이 야곱에 대해 신실하시며, 아브라함에게 자비(헤세드, 7:18)를 베푸시기 때문에 하나님이 이러한 일들을 행하신다는 것을 잘 알고 있었다. 하나님은 식언하지 아니하신다. 그는 자신의 말씀에 대해 신실하시고 자신의 약속과 맹세에 대해 충실히 이행하신다. 그러기에 미가는 야곱에게 확증된 바 있는(창 28:13~14), 하나님이 그들의 자손들을 축복하시겠고 아브라함에게 약속하신 말씀을(창 12:2~3; 15:18~21) 확신하고 있었던 것이다.

이스라엘의 평화와 번영은 메시아가 통치하는 때가 되면 구체적으로 실현될 것이다. 그리스도는 이스라엘과 자신의 반대자들 위에 공의를 행하실 것이며 택하신 백성들에게는 은혜의 손길을 뻗치실 것이다. 이 약속은 어두운 시대를 살아가고 있는 미가에게 확신을 주었으며, 또 이것은 오늘날 하나님을 믿는 자들에게도 역시 위로의 근거가 되는 것이다.

참고 문헌

- Allen, Leslie C. *The Books of Joel, Obadiah, Jonah and Micah*. The New International Commentary on the Old Testament. Grand Rapids : Wm. B. Eerdmans Publishing Co., 1976.
- Bennett, T. Miles, *The Book of Micah : A study Mannual*, Grand Rapids : Baker Book House, 1968.
- Cohen, A. *The Twelve Prophets*. London : Soncino Press, 1948.
- Feinberg, Charles L. *The Minor Prophets*. Chicago : Moody Press, 1976.
- Hillers, Dellbert R. *Micah*. Philadelphia, Fortress, 1984.
- Keil, C.F. "Micah." *In Commentary on the Old Testament in Ten Volumes*. Vol 10. Reprint(25 vols. in 10). Grand Rapids : Wm. B. Eerdmans Publishing Co., 1982.
- Laetsch, Theo. *The Minor Prophets*. St. Louise : Concordia Publishing House, 1956.
- Mays, James Luther. *Micah : A Commentary*. Philadelphia : Westminster Press, 1976.
- Pusey, E. B. The Minor, *Prophets : A Commentary*, Vol. 2. Grand Rapids : Baker Book House, 1970.

- Smith, John M.P., Ward, William H., and Bewer, Julius A. *A Critical and exegetical Commentary on Micah, Zephaniah, Nahum, Habakkuk, Obadiah and Joel*, The International Critical Commentary. Edinburgh : T.&T. Clark, 1974.
- Snaith, Norman H. *Amos, Hosea, and Micah*. London : Epworth Press, 1954.
- Tatford, Frederik A. *The Minor Prophets*, Vol.2. Reprint(3 vols.). Minneapolis : Klock & klock Christian Publishers, 1982.
- Wolff, Hans Walter. *Macah the Prophet*. Translated by Ralph D. Gehrke. Philadelphia : Fortress Press, 1981.

מַשָּׂא נִינְוֵה סֵפֶר חֲזוֹן נַחוּם הָאֶלְקֹשִׁי
אֵל קַנּוֹא וְנֹקֵם יְהוָה נֹקֵם יְהוָה וּבַעַל חֵמָה נֹקֵם יְהוָה לְצָרָיו וְנוֹטֵר הוּא לְאֹיְבָיו
יְהוָה אֶרֶךְ אַפַּיִם וּגְדָל־כֹּחַ וְנַקֵּה לֹא יְנַקֶּה יְהוָה בְּסוּפָה וּבִשְׂעָרָה דַּרְכּוֹ וְעָנָן אֲבַק רַגְלָיו
גּוֹעֵר בַּיָּם וַיַּבְּשֵׁהוּ וְכָל־הַנְּהָרוֹת הֶחֱרִיב אֻמְלַל בָּשָׁן וְכַרְמֶל וּפֶרַח לְבָנוֹן אֻמְלָל

The Bible Knowledge Commentary 17

Nahum
서론

서론

선지자 나훔

이 소선지서의 저자에 관해서는 그가 엘고스 사람 나훔이라는 것 외에는 더 알려진 것이 없다(나 1:1). 그의 이름은 '위로', '위안'이라는 뜻을 갖고 있는데, 이것은 유다를 향한 그의 사역의 성격과 딱 들어맞는 것이다. 니느웨가 멸망할 것이라는 그의 메시지는 유다에게 커다란 위로가 되었을 것이다. 니느웨는 당시 많은 나라들의 두려움의 대상이 되고 있었다.

'엘고스 사람'이라는 말에서 우리는 나훔의 고향이 엘고스라는 것을 알 수 있다. 그러나 이 지방의 위치가 어디인지에 대해서는 정확히 알려진 바가 없다. 제롬(Jerome)은 갈릴리의 한 지방일 거라고 말했고, 또 오늘날의 모술(Mosul) 북부에 해당되는 티그리스 강변의 니느웨 근처 어디였을 것이라고 말하는 사람들도 있다. 그런가 하면 어떤 사람들은 엘고스가 요단 동편이라고 하기도 하고, 혹자는 엘고스는 가버나움의 옛 이름이었을 것이라고 주장하기도 한다.

결론을 내려줄 만한 증거는 없다. 그럼에도 불구하고 엘고스의 위치를 유다 남부로 생각하는 것이 가장 무난할 것 같다. 이것은 유다에 대한 나훔의 관심을 설명하는 데에도 도움이 될 것이다(나 1:12, 15). 나훔의 메시

지의 기록 대상은 바로 유다였다.

도성 니느웨

이 예언서의 주제는 니느웨다(나 1:1). 앗수르의 수도 위에 무거운 운명의 짐('경고')이 놓여지고 있다. 이밖에도 구약에는 앗수르의 멸망을 언급하고 있는 구절들이 여러 군데 등장한다(사 10:12~19; 14:24~25; 30:31~33; 31:8~9; 겔 32:22~23; 습 2:13~15; 슥 10:11).

성경에서 니느웨라는 지명이 맨 처음 나오는 곳은 창세기 10장 11~12절이다. 니므롯은 메소포타미아 남쪽 지역에 여러 도시를 건축한 다음(참조, 창 10:8~10), "그 땅에서 앗수르로 나아가 니느웨와 르호보딜과 갈라와 … 레센을 건설하였으니." 라고 기록되어 있다.

돌에 새겨놓은 고대의 기록들에 의하면 구데아(Gudea)가 니느웨의 여신 이스달(Ishtar)의 신전을 복구했다는 이야기가 나오는데, 거기서 구데아는 그 신전이 건축된 것이 BC 2300년경이었다고 말하고 있다.

바벨론 왕 함무라비(BC 1792~1750년경)도 니느웨 이야기를 한 적이 있다. 니느웨가 큰 도시로 확장된 것은 앗수르 왕 디글랏빌레셀 1세(BC

1115~1071년)에 의해서였다. 그는 '온 세상의 왕'을 자칭하던 사람이다. 앗수르나실팔 2세(BC 883~859년)와 사르곤 2세(BC 722~705년)도 니느웨에 왕궁을 짓고 살았다.

BC 9세기부터 7세기에 걸쳐서 앗수르 제국은 매우 강성했고, 동서남북 할 것 없이 끊임없이 제국(諸國)들에 대한 침략을 감행했다. 물론 거기엔 이스라엘도 포함되었다(요나서 주석의 서문 부분에 나오는 '중기 앗수르와 신 앗수르의 왕들' 도표를 참조하라).

살만에셀 3세(BC 859~824년)는 도성 니느웨를 군사 작전의 기지로 삼았다. 이스라엘이 니느웨와 접촉하기 시작한 것이 바로 그의 통치 기간 중이었다. 그의 기록에 보면 그가 아람 및 다른 나라들-이스라엘 왕 아합도 포함하여-의 제왕 연합군과 더불어 전투를 벌였다고 되어 있다(BC 853년).

이후에 그는 다시 자신이 '오므리의 아들 예후'로부터 공물을 받았다고 기록하고 있다. 예후는 살만에셀의 오벨리스크 그림에도 모습이 나타나 있다.

성경에는 이 두 사건 모두 기록되어 있지 않다. 유다 왕 아사랴(BC 790~739년)는 디글랏빌레셀 3세(BC 745~727년)에게 조공을 바쳤다. 이스라엘 왕 므나헴(BC 752~742년)도 같은 왕에게 조공을 바쳤다(왕하 15:14~23). 요나가 니느웨에 가서 말씀을 선포했던 것은 앗수르단 3세(BC 772~754년) 통치 기간 때였다(요나서 주석 서문 참조).

BC 731년에 유다 왕 아하스(BC 732~715년)는 디글랏빌레셀 3세의 속국 신하가 되었다. 앗수르는 또한 수리아 에브라임 간 전쟁을 틈타 다메섹을 침공했다. 살만에셀 5세(BC 727~722년)는 BC 722년에 사마리아를 포위, 함락시켰다. 이로써 북 왕국 이스라엘이 멸망하게 되었다(왕하

17:3~6; 18:9~10).

그로부터 21년 후(BC 701년), 산헤립(BC 705~681년)은 유다를 침공하여 46개의 유다 도시 및 성읍을 파괴했다. 그러나 예루살렘을 둘러쌌던 185,000명의 산헤립 군대는 하룻밤 사이에 다 도륙을 당했고, 그렇게 되자 산헤립은 니느웨로 철군하고 만다(참조, 왕하 18:17~18; 19:32~36; 사 37:36).

에살핫돈(BC 681~669년)도 유다를 속국으로 취급했다. 이는 그가 한 건축물의 새김 글씨에 "나는 헷 땅(아람)의 왕과 바다 건너 제왕들과 두로 왕 발루와 및 유다 왕 므낫세를 소환했다"라고 기록한 것을 보면 잘 알 수 있다(Daniel David Luckenbill, *Ancient Records of Assyria and Babylonia*, 2 vols. Chicago : University of Chicago Press, 1926~7, 2 : 265).

BC 669년에 앗수르바니팔은 그의 부친 에살핫돈에 이어 앗수르 왕위에 등극했다. 유다 왕 므낫세를 풀어준 왕이 바로 이 사람일 가능성도 있다(대하 33:10~13). 앗수르바니팔은 BC 663년에 애굽의 테베를 함락시킨 뒤 테베, 바벨론, 수사 등지에서 갖은 보물들을 니느웨로 취해 왔다. 그는 또한 니느웨에 대규모 도서관을 건립하기도 했다.

도성 니느웨는 결국 BC 612년에 바벨론, 메대, 스구디아에 의해 멸망당하게 된다. 니느웨의 위치는 티그리스 강 서편이다(욘 1:1 부근에 있는 '앗수르 왕국'의 지도를 참조하라). 산헤립은 시의 방어벽을 구축한 뒤 자신의 영광이 '대적을 파멸시키리라'고 자랑했다.

니느웨의 인구에 대해서는 요나서 서문에 나오는 '정경성 및 역사성' 부분과 욘 4:11 부분의 주해를 참조하라. 요나는 니느웨를 '큰 성읍'이라고 불렀다(참조, 욘 1:2; 3:2~4; 4:11).

니느웨의 잔해는 오늘날에도 남아 있다. 도시 한복판으로는 고스르 강이 흐르고 있었는데, 그 강이 둑을 넘어 범람하자 니느웨는 쉽게 함락되고 말았다(나 1:8; 2:6, 8).

앗수르는 가장 잔인하고, 가장 부도덕하고, 가장 강력한 힘을 갖고 있었으며, 세상에서 가장 우상숭배가 심했던 제국들 중 하나였다. 니느웨는 바로 그 제국의 수도였다. 한 예를 들면 자신의 정복 기사를 기록하는 가운데 앗수르나실팔 2세(BC 883~859년)는 이렇게 자랑을 늘어 놓았다. "나는 산꼭대기를 강습하여 탈취했다. 그 막강한 산지 요새 한복판에서 나는 적들을 무수히 목베었다. 그들의 피로 온 산을 염색하니 마치 붉은 천같이 되었다. … 나는 적군들의 머리를 베어 그 도성 도처에 기둥처럼 쌓아놓았다. 어린 아이들과 여자들은 불 속에 제물로 만들어 주었다"(Luckenbill, *Ancient Records of Assyria and Babylonia*, 1:148).

포로로 잡힌 한 적장에 대한 부분에서는 이렇게 기록했다. "나는 그 친구의 살가죽을 벗겨서 성벽에 쭉 깔아 붙였다 …." 그는 또한 포로들의 몸을 산 채로 동강낸 일이며 시체들을 낟가리처럼 쌓아올린 일 따위를 기록하고 있다.

살만에셀 2세(BC 859~824년)도 출정 중 자신의 잔인함을 뽐내고 있다. "나는 도시 앞에 잘린 목들로 피라미드를 쌓았다. 어린애들과 여자들은 불살라 없애 버렸다"(앞의 책., 1:213).

산헤립(BC 705~681년)도 잔인하기는 마찬가지였다. "나는 양을 잡듯이 그들의 목구멍을 절단해 버렸다. 그들의 소중한 생명을 고무줄 끊듯이 끊어 버렸다. 홍수가 범람하는 것처럼 나는 그들의 식도며 내장의 모든 내용물들이 온 나라 여기저기에 흘러다니게 만들었다.… 그리고 손들도 다 잘라 버렸다"(앞의 책., 2:127).

앗수르바니팔(BC 669~626년)은 자기가 한 포로 적장을 어떻게 손봐 주었는지에 대해 이렇게 기록했다. "예리한 손칼을 그 친구의 턱에 쑤셔 넣었다. 그 구멍으로 줄을 집어넣어 개줄에 연결시킨 다음, 개집에 갖다 처박아 놓았다."(앞의 책., 2:319) 그는 또한 애굽 출정 시 자기 수하의 장수들이 애굽인 시체들을 '말뚝에 매단 뒤, 살갗을 다 벗겨 그 살갗으로 성벽을 덮어놓았던' 일도 자랑스레 떠벌리고 있다(앞의 책., 2:295).

나훔이 니느웨를 '피의 성'이요(3:1), '행패'(cruelty)로 유명한 성이라(3:19)고 부른 것도 무리가 아니다.

앗수르바니팔은 극도로 자기중심적인 사람이었다. "나 앗수르바니팔은 천하의 대왕, 위대한 왕, 강력한 왕, 앗수르의 왕이니…위대한 신들조차도 내 이름을 칭송하며, 내 통치에 힘을 더하여 주는도다"(앞의 책., 2:323~324).

에살핫돈은 여기서 한 술 더 뜨고 있다. "나는 강력하다. 내게 불가능은 없다. 나는 영웅이다. 나는 위대하다. 나는 거대하다. 나는 엄위하다. 나는 장엄하다. 이 세상 모든 왕 중에 나 같은 왕은 없다. 나는 앗수르 신과 나부 신과 마르둑 신에 의해 피택된 하나뿐인 왕이다"(앞의 책., 2:226).

니느웨는 물론 앗수르 전역에서는 말할 수 없는 우상숭배가 행해지고 있었다. 앗수르의 종교는 그 기원은 바벨론이었지만, 앗수르 내에서의 국가 신(神)은 앗수르였다. 그리고 앗수르 신의 대제사장 및 중보자는 바로 왕이었다.

기록 연대

앗수르바니팔에 의한 테베(또는 노아몬)의 멸망 사건이 나훔 3장 8절에 기록되어 있다. 그 사건이 일어난 것은 BC 663년이므로 이 책의 기록 연대는 그 이후가 된다.

나훔서에서 예언되는 니느웨의 멸망이 실제로 실현되는 것은 BC 612년이다. 그러므로 이 책은 BC 663년에서 612년 사이 어느 시점에서 쓰였다는 것을 알 수 있다. 월터 메이어(Walter A. Maier)는 나훔이 예언한 것은 테베가 멸망한 지 얼마 되지 않은 BC 663년에서 654년 사이일 것이라고 말하고 있다(The Book of Nahum. p. 30, 34~37). 그의 이론에는 다음과 같은 근거들이 제시되어 있다.

1. 앗수르는 앗수르바니팔의 아들들인 앗수르 에틸 일라니(BC 626~623년)와 신샬이쉬쿤(BC 623~612년) 치하 때 쇠퇴하게 된다. 그런데 나훔서에 묘사되고 있는 니느웨의 모습(1:12; 3:1; 4, 16)은 그 쇠퇴기의 모습과 일치하지 않는다.

2. 나훔이 예언을 하던 당시, 유다는 앗수르의 멍에 아래 있었다(1:13, 15; 2:1, 3). 그것은 요시야 왕 통치 때(BC 640~609년)보다 므낫세 왕 통치 때(BC 697~642년)와 더 잘 맞아떨어진다.

3. 메대가 독립 국가로써 득세하게 되는 것은 BC 645년 경이고 신 바벨론 제국은 BC 626년에 시작된다. 만일 나훔서가 니느웨의 함락 직전에 기록되었다면(니느웨는 이 두 신흥 국가에 의해서 BC 612년에 함락됐다), 이 두 나라에 대한 언급이 충분히 가능했을 것이다. 그런데도 나훔이 메대나 바벨론을 언급하지 않은 것으로 보아, 이 예언서는 BC 645년 이전에 쓰였을 가능성이 높다.

4. 그러나 무엇보다도 가장 중요한 것은, 테베가 함락된 지 9년 만에 다시 회복되었다는 사실이다(BC 654년). 그렇다면 만일 이 예언서가 BC 654년 이후에 쓰인 것이라면, 3장 8절에 나오는 나훔의 수사적인 반문은 그 의미를 거의 혹은 전부 다 상실해 버리고 만다.

본문의 통일성

학자들 가운데 나훔서는 2장 4절부터 3장 19절 사이의 대부분은 나훔이 기록했지만 중간 몇몇 구절들은 다른 작가(들)에 의해 첨가되었고, 1장 1절에서 2장 3절 부분은 아예 나훔 아닌 다른 사람이 쓴 것이라고 주장하는 사람들도 있다.

심지어 1장 1절의 진실성에 이의를 제기하는 사람들도 있다. 그것은 그들 말에 따르면 1장 1절이 이중 제목(하나는 '니느웨에 대한 경고', 또 하나는 '엘고스 사람 나훔의 묵시의 글')을 달고 있기 때문이라는 것이다. 그러나 이 두 문구는 실은 서로 보완해 주는 것에 지나지 않는다. 전자는 주제를 말해 주고 있고 후자는 저자를 말해 주고 있는 것이다. 이와 유사한 형태는 이사야 13장 1절, 아모스 1장 1절, 미가 1장 1절에서도 찾아볼 수 있다(이사야 13:1과 아모스 1:1에 나타나는 '받은'이라는 말은 '묵시로 받은'이라는 뜻이다).

또한 나훔 1장 2~10절 부분이 원래 있던 부분이 아니고 후대에 부가된 하나의 두운(頭韻)시라는 주장을 피력해 온 학자들도 있다. 이 부분이 과연 두운을 이루는지에 대해서도 문제가 남아 있지만, 설사 그렇다 하더라도 그 부분이 나훔 아닌 다른 사람에 의해 쓰였다는 것을 입증해 주지는 않는다.

본문의 문학적 형식

학자들 가운데 나훔서가 선지서가 아니라 전례문이라고 주장하는 사람들도 있다. 즉 이것은 BC 612년 니느웨가 멸망한 이후, 해마다 예루살렘에서 행해지던 주의 '왕좌 즉위제'의 전례문이라는 것이다.

이들의 분석에 따르면 나훔서는 다양한 문학적 장르와 특성들, 질문과 대답들, 독창과 합창이 번갈아 화답하는 내용 본문들 등으로 잘게 분해되어 이루어져 있다. 이 전체가 다 모여서 니느웨의 파멸을 기념하는 전례문을 완성하는 것이다.

그러나 이 이론은 나훔서의 내용이 '경고'요 '묵시'라고 밝히고 있는 1장 1절의 제목과 정면으로 어긋나는 것이다. 이렇듯 나훔서를 전례문으로 보는 견해는 이 책의 예언적 특성을 완전히 무시하는 것이다.

나훔서가 한 저자에 의해 쓰인 한 단위의 작품이긴 하지만, 거기엔 여러 가지 문학적 형식들이 같이 사용되고 있다.

서문 부분은 하나님의 속성에 대한 찬양이고(1:2~8), 이어 니느웨와 유다에 대한 경고의 메시지가 선포되고 있다(1:9~15). 니느웨의 멸망에 대한 생생한 예언적 묘사가 뒤따른 다음(2장), 끝으로 니느웨가 저지른 죄들에 대한 강력한 탄핵이 등장한다(3장). 각 부분들은 일련의 수사적인 질문들로 중간중간 서로 엮여 있다(1:6; 3:7~8, 19).

은유와 직유 면에서 살펴 보면 니느웨는 지푸라기(1:10)와 사자(2:12)와 음녀와 마술사(3:4) 등으로 비유되고 있다. 도시의 산성은 갓 익은 무화과 열매에 견주어졌고(3:12), 방백들과 대장은 메뚜기에 빗대어 있다(3:17). 나훔의 문체는 힘차고 간결하다. 그것은 한 도시가 스러져 가는 전투를 묘사하는 데 아주 안성맞춤이다(2:8~10, 3:2~3, 14).

기록 목적

이 책의 기록 목적에 대한 최초의 단서는 바로 '경고'라는 제목 속에 들어 있다(이 단어는 '짐'[burden]이라고 번역될 수 있다. 1:1 부분의 주해와 슥 9:1 부분의 주해를 참조하라). 나훔은 니느웨 위에 하나의 짐을 올려 놓았다. 즉 그는 위협적인 성질을 띠는 예언의 말을 기록했던 것이다.

나훔이 주로 언급했던 것이 니느웨인 것은 사실이지만(1:8, 11, 14, 2:1, 8, 3:7), 그는 또한 유다의 위로에 대해서도 언급하고 있다(1:12, 15, 2:2). 니느웨에 다가오고 있는 심판은(이것은 많은 나라들에게 자행했던 극악무도한 잔학 행위에 대한 보상이다. 그 나라들 가운데 하나가 BC 722년 그들 손에 멸망한 북 왕국 이스라엘이다) 고통당하는 유다에게는 커다란 위로가 되었을 것이다(1:12).

유다는 이미 앗수르 제국의 위협으로 궁지에 몰리고 있었다. 사실 앗수르는 이미 유다의 많은 부분을 함락시켰던 적이 있었고, BC 701년에는 예루살렘을 포위하기까지 했다. 또한 므낫세 통치 기간 중에 유다는 오랫동안 앗수르에 조공을 바쳐야 하기도 했다. 그러므로 나훔서의 기록 목적은 니느웨의 멸망 선포와 아울러, 그로 인해 모든 것은 하나님의 손 안에 있다는 확신을 심어 줌으로써 유다에게 위로를 주기 위한 것이었다고 할 수 있다.

나훔의 예언과 그 성취	
나훔의 예언	역사적인 성취
1. 니느웨를 둘러싸고 있는 앗수르의 요새들은 허망하게 점령당할 것이다(3:12).	1. 바벨론 사기(史記)에 의하면 니느웨 주위의 요새를 갖춘 성읍들은 BC 614년부터 함락되기 시작했다. 그 성읍들 가운데에는 니느웨에서 북서쪽으로 3.4km 정도 떨어져 있는 타브리스(오늘날의 샤리프칸)도 포함된다.
2. 포위당한 니느웨인들은 벽돌을 굽고 흙을 밟아 비상 방어벽을 구축할 것이다(3:14).	2. 옴스테드(A. T. Olmstead)는 이렇게 발표했다. "성문 남쪽의 해자(垓字)는 지금도 성벽이 무너져 내린 찰흙 벽돌 및 돌 조각들로 가득 차 있다. 성벽이 돌파될 때 무너져 쌓였던 벽돌들이다"(*History of Assyria*, Chicago : University of Chicago Press, 1951, p. 637).
3. 성문이 훼파될 것이다(3:13).	3. 계속해서 옴스테드의 보고를 보면 "주요 공격은 북서쪽 방향에서 행해졌고, 그 바람에 그쪽에 있던 하탐티 문 위로 주력 부대의 공격이 가해졌다.… 그 문 안쪽으로는 주민들이 살아남기 위해 최후까지 안간힘을 다해 쌓아올렸던 또 한 켜의 방벽의 잔해가 남아 있다(*History of Assyria*, p. 637).
4. 공격이 종반부에 다다를 무렵, 니느웨 사람들은 술에 취하게 될 것이다(1:10, 3:11).	4. 디오도루스 씨쿨루스(BC 약 20년 경)는 이런 기록을 남겼다. "앗수르 왕은 자기 병사들에게 고기와 술과 일용품들을 원하는 대로 내주었다.… 온 군대는 술을 마시며 흥청대고 있었다. 이때 몇몇 탈영자들이 있었는데 바벨론 속에서는 이들의 제보를 통해 적진이 지금 태만과 술취함이 만연해 있다는 사실을 알고 야간 기습 공격을 감행하기도 했다"(*Bibliotheca Historica*, 2. 26. 4).
5. 니느웨는 홍수로 멸망할 것이다(1:8, 2:6, 8).	5. 디오도루스의 기록에 의하면 포위 3년째 되던 해에 폭우가 내려 인근 강이 범람하여 도시 일부가 잠기고 성벽 일부가 유실되었다(*Bibliotheca Historica*, 2. 26. 9; 2. 27. 13). 크세노폰은 도시가 포위되었을 당시 엄청난 천둥(폭우를 수반했을 것으로 보이는)이 있었다고 기록했다(*Anabasis*, 3. 4. 12). 또한 고스르 강도 폭우로 범람했거나, 아니면 적들에 의해 수문이 파괴되었을 가능성도 있다. 고스르 강은 북서쪽 닌릴(Ninlil) 문을 통해 시로 들어와 남서쪽 방향으로 도시를 관통하여 흐르던 강이었다.

6. 니느웨는 불로 멸망할 것이다(1:10, 2:13, 3:15).	6. 고고학자들의 발굴 결과 니느웨에서는 숯, 목탄, 재 등이 발견되었다. "신전"(산헤립의 왕궁 안에 있었음)이 불탔다는 것에 대해서는 잔해가 너무도 명확하여 더 이상의 의문이 있을 수 없다. 즉 사르곤 왕조 때의 포장 도로 주변 남동쪽에 위치한 여러 지역에서 5cm 정도 두께의 재의 층이 고스란히 남아 있는 것이 발굴되었기 때문이다(R. Cambell Thompson and R. W. Hutchinson, *A Century of Exploration at Nineveh*, London : Luzac, 1929, p. 45, 77).
7. 도시가 포위되면, 이에 엄청난 대학살이 뒤따를 것이다(3:3).	7. "두 번의 도시 전면(前面) 평지 전투에서 적군들이 앗수르인들을 살육했다.… 살륙 당한 자의 수가 너무 많아, 시냇물들이 그 피로 물들어 멀리서 보아도 확연히 그 색깔의 변화를 알 수 있을 정도였다"(Diodorus, *Bibliotheca Historica*, 2. 26. p. 6~7).
8. 또한 약탈과 노략질이 뒤따를 것이다 (2:9~10).	8. 바벨론 사기에 따르면 "그들은 니느웨에서 숫자로 헤아릴 수 없는 엄청난 양의 약탈을 행했다. 아예 도시 자체를 흙무더기 내지는 파멸의 무더기로 만들어 버렸다(Luckenbill, *Ancient Records of Assyria and Babylonia*, 2:420).
9. 니느웨가 에워쌓이게 되면, 사람들은 도망가려고 몸부림을 칠 것이다(2:8).	9. "사르다나팔루스(신샬이쉬쿤 왕의 다른 이름)는 자기의 두 딸과 세 아들을 많은 보물과 함께 파플라고니아에게로 피신시켰다. 파플라고니아는 카토스의 총독으로서, 자기의 신하들 중 가장 충직한 사람이었다(Diodorus, *Bibliotheca Historica*, 2. 26. 8).
10. 장수들도 힘을 잃고 도망칠 것이다 (3:17).	10. 바벨론 사기에는 "앗수르 군대가 왕을 버렸다(왕을 놔두고 도망가버렸다)"고 기록되어 있다(Luckenbill, *Ancient Records of Assyria and Babylonia*, 2:420).
11. 니느웨의 신상과 우상들이 다 훼파될 것이다(1:14).	11. 캠벨 톰슨과 허친슨의 연구 결과에 따르면 여신 이스달의 신상이 니느웨의 파괴된 잔해들 속에 머리가 잘린 채로 나뒹굴고 있었다("The British Museum Excavations on the Temple of Ishtar at Nineveh, 1930~1," *Annals of Archaelogy and Anthropology*, 19, p. 55~56).
12. 니느웨의 멸망은 이번으로 끝이다(1:9, 14).	12. 고대 근동의 많은 도시들이 파괴된 후 다시 건설되곤 했지만(예컨대, 사마리아, 예루살렘, 바벨론 등), 니느웨만큼은 재건되지 않았다.

개요

Ⅰ. 제목(1:1)

Ⅱ. 니느웨에 대한 하나님의 심판의 확실성(1:2~15)

    1. 하나님의 진노는 니느웨로 향하고 하나님의 선하심은 자기 백성에게로 향하신다(1:2~8).
    2. 여호와를 대적하는 니느웨의 책략은 곧 끝장날 것이다(1:9~11).
    3. 니느웨가 멸망 당함으로 말미암아 유다의 고통도 끝나게 된다(1:12~15).

Ⅲ. 니느웨에 대한 하나님의 심판의 묘사(2장)

    1. 공격(2:1~6).
    2. 멸망과 약탈(2:7~13)

Ⅳ. 니느웨에 대한 하나님의 심판의 이유(3장)

1. 니느웨의 폭력과 속임수가 수치를 가져올 것이다(3:1~7)
2. 테베(노아몬)에 대한 니느웨의 태도가 자신의 패망을 불러올 것이다 (3:8~11)
3. 니느웨의 방어 노력은 무용지물이 될 것이다(3:12~19)

מַשָּׂא נִינְוֵה סֵפֶר חֲזוֹן נַחוּם הָאֶלְקֹשִׁי
נֹקֵם יְהוָה וּבַעַל חֵמָה נֹקֵם יְהוָה לְצָרָיו וְנוֹטֵר הוּא לְאֹיְבָיו
אֵל קַנּוֹא וְנֹקֵם יְהוָה
וְנַקֵּה לֹא יְנַקֶּה יְהוָה בְּסוּפָה וּבִשְׂעָרָה דַּרְכּוֹ וְעָנָן אֲבַק רַגְלָיו
יְהוָה אֶרֶךְ אַפַּיִם (וּגְדוֹל־)[וּגְדָל־]כֹּחַ
וְכָל־הַנְּהָרוֹת הֶחֱרִיב אֻמְלַל בָּשָׁן וְכַרְמֶל וּפֶרַח לְבָנוֹן אֻמְלָל

The Bible Knowledge Commentary 17

Nahum 주해

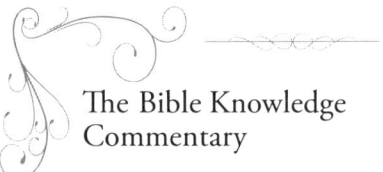

주해

I. 제목(1:1)

1:1 이 책은 니느웨에 대한 경고다. 경고라는 말은 짐(burden)이라는 말로도 번역될 수 있다(이사야 13:1과 스가랴 9:1 부분의 주해를 참조하라). 즉 니느웨의 운명에 대한 위협적인 메시지였던 것이다.

이것은 또한 묵시(하존 [חזון]), 즉 선지자가 정신적, 영적으로 직접 '보았던' 메시지다(참조, 사 1:1, 옵 1절, 미 1:1, 슥 1:8). 엘고스 사람 나훔에 관해서는 서문의 '선지자 나훔' 부분을 보라.

II. 니느웨에 대한 하나님의 심판의 확실성(1:2~15)

나훔은 니느웨의 종말은 참으로 임박해 있다고 기록하고 있다. 여호와께 악을 꾀한 것에 대한 대가로(1:9~11) 이제 니느웨는 그분의 진노를 받아야만 한다(2~6, 8절). 그러나 하나님은 당신을 의뢰하는 자들에게는 여전히 피난처가 되어 주신다(1:7). 니느웨의 파멸은 그동안 앗수르의 위협 속에서 고통을 당해 온 유다에게는 위로가 될 것이다(1:12~15).

1. 하나님의 진노는 니느웨로 향하고 하나님의 선하심은 자기 백성에게로 향하신다(1:2~8).

1:2 여호와는 의로우신 분이다. 그것은 당신의 언약의 백성과의 관계에서나, 그 백성을 괴롭히는 사악한 압제자들과의 관계에서나 언제나 동일하다. 하나님은 의로우신 분이기 때문에, 당신께 속한 것 즉 유다를 보호하시는 것에 열심을 품고 계시며 그래서 그분은 질투하시는 하나님이 된다(신 6:15. 참조, 신 4:24; 5:9; 32:16, 21). 그분은 자신에게 어떤 경쟁자도 허락하지 않으신다.

그분은 또한 보복하시는 하나님이다. 나훔은 이 사실을 매우 강조하고 있다. '보복'(노쾜 [נָקָם])이라는 말이 이 절에만 세 번이나 나오는 것을 보면 잘 알 수 있다. 하나님이 말씀하시기를 "보복은 내 것이라" 하셨고, 또 "내 대적들에게 복수하며 나를 미워하는 자에게 보응할 것이라"고 하셨다(신 32:35, 41).

하나님이 그 백성을 위해 보복하신다는 의미는 곧 그 백성의 대적들 앞에서 그 백성의 권익을 옹호해 주신다는 말이다. 그분이 그렇게 하시는 이유는 그분이 자기 백성에 대해 질투하시는 분이며, 자기 백성을 보호해 주시려는 분이기 때문이다. 즉 하나님의 보복은 당신의 백성을 위한 것이요, 당신의 대적을 향한 것이다.

유다의 적은 곧 그분의 적이다. 그분은 진노에 가득 차 있다(글자 그대로 하면, '그분의 진노의 바알[주인]이다') '뜨거워진다'는 뜻의 동사와 상관이 있는 헤마(חֵמָה: 진노)라는 말은 죄에 대한 하나님의 불타오르는 분노와 강렬한 격분을 잘 표현해 주고 있다.

1:3상 하나님은 대적을 향해서는 보복하시는 분이지만, 그분은 또한 노하기를 더디하시는 분이다(글자 그대로는, '좀처럼 화를 내지 않는다'는 뜻). 즉, 그분은 오래오래 심판을 유보하신다(참조, 출 34:6; 민 14:18; 느 9:17; 시 86:15; 103:8; 145:8; 욜 2:13; 욘 4:2).

유다의 입장에서 보면 하나님의 이 '좀처럼 분을 내지 않는' 성품이, 앗수르로 하여금 이토록 제멋대로 욕망 가운데 행동하도록 허용하신 하나님의 표면적인 지연에 대한 설명의 근거가 된다. 그러나 하나님이 약하신 분이라는 의미는 조금도 아니다. 그분이 오래 참으시고 인내하시는 이유는 자기 백성이 회개에 이르기를 간절히 바라시기 때문이다(참조, 벧후 3:9). 이것은 나훔의 예언이 있기 이미 100년 전에 요나를 니느웨로 보내셨던 것을 보아도 잘 알 수 있다.

여호와는 권능이 크신 분이다. 그분은 오래오래 자비로우신 분이지만, 그분의 전능하심은 여전히 그대로다. 권능이라는 말은 코하(כֹּחַ)라는 단어인데, 거기엔 견디는 능력, 창조하는 능력이라는 의미가 들어 있다. 거기서부터 상황에 대처하는 능력이라는 개념이 나오게 된다(참조, 신 8:17~18).

그 능력은 하나님의 심판의 행위에서 볼 수 있다. 나훔은 하나님이 죄인을 결코 사하지 아니하시는 분이라고 덧붙이고 있다(참조, 민 14:18). 그분은 니느웨의 죄에 대해 심판자로 서실 것이다. 그분은 그들을 결코 죄 없는 자처럼 취급하지 않으실 것이다. 니느웨 사람들은 요나의 설교를 들을 때 회개했지만, 그 후로 온 도시는 다시 불의에 빠져 버렸다. 그리하여 이제 그들은 여호와의 진노를 피할 수 없게 된 것이다.

1:3하~5 하나님의 위대하신 능력(3절상)은 자연에 대한 그분의 통치에서 분명히 드러난다. 그분은 자연의 무생물계를 능력으로 지배하는 분이시기에, 니느웨에 대해서도 충분히 대처하실 수 있고 심판하실 수 있다.

그분은 회오리바람과 위협적인 광풍을 불러일으키신다(참조, 욥 9:17상). 이 둘은 자연계에서는 두렵고 파괴적인 힘이라 할 수 있다. 이제 니느웨를 다루심에 있어서 하나님은 모든 것을 황폐케 하는 회오리바람과 광풍같이 파괴하시는 분이 될 것이다.

그분의 위대하심은 또 구름이 그 발의 티끌이 돼 버리는 것에서도 나타난다(참조, 삼하 22:10; 시 18:9). "그분의 걸음은 그 엄청난 구름의 거대한 영역을 다 뒤덮는다. 그분이 한번 움직이시면 회리바람이 온 땅을 휩쓸고 폭설이 세상을 뒤덮어 하늘은 온통 어두움에 휩싸이고 만다"(Maier, *The Book of Nahum: A Commentary*, p. 158~159).

그분은 능력이신지라 그분이 그저 말씀만 하시면(꾸짖으시면), 바다며 강들은 말라 버리고 만다. 나훔은 지금 하나님이 애굽의 굴레에서 이스라엘을 건져내신 일을 얘기하고 있다(출 14:21; 시 66:6; 106:9, 사 50:2; 51:10; 시 18:15).

애굽을 그렇게 무찌르신 분이라면 이제 니느웨를 멸하시는 일도 어렵지 않다. 바산과 갈멜과 레바논은 다 비옥한 지역이다(사 33:9. 참조, 암 1:2; 미 7:14). 바사는 긴네렛(갈릴리) 호수의 동편 지역이었고, 갈멜은 오늘날의 하이파(Haifa) 근처의 산지였으며, 레바논은 이스라엘 북부 지역이었다.

푸른 초지조차 쇠하게 하시는 하나님의 능력은 그분께 니느웨를 심판할 능력도 있다는 사실을 보여 주고 있다. 안정의 상징이라 할 수 있는 산들마저도 그분의 능력 앞에서는 진동하고 만다. 시내 산이 바로 그러했다(출 19:18). 또한 작은 산들도 녹아 버린다(미 1:4). 아예 온 땅과 그 백성들-니느웨 사람들이 포함되는 것은 물론이다-이 다 그분의 두려워할 능력 앞에서 무서워 떨 것이다.

1:6 두 개의 수사적인 반문-누가…서며, 누가…감당하랴-이 인간의 악에 진노하신 하나님 앞에 설 자는 과연 아무도 없다는 사실을 강력하게 못 박고 있다. 산헤립의 군대 장관(왕하 18:17)은 다음과 같은 질문들로 히스기야를 모욕했다. "민족의 모든 신들 중에 누가 그의 땅을 내 손에서 건졌기에 여호와가 예루살렘을 내 손에서 건지겠느냐?"(왕하 18:35) 그러나 앗수르는 최후의 승리자가 앗수르가 아니라 여호와 하나님이라는 사실을 이제 머지 않아 배우게 될 것이다.

여기에 사용된 분노라는 단어는 마이오즈(מָעוֹז)에서 온 것으로, 물에 거품이 이는 것처럼 그렇게 노한다는 의미다. 분노와 비슷한 뜻의 두 단어가 이미 앞에서 사용되었다(2절의 진노[헤마; חֵמָה], 3절의 노).

하나님의 진노는 불과도 같이 모든 것을 파괴하며 황폐케 한다. 그분이 심판하러 오실 때, 바위들마저도 그분 앞에서 깨지고 만다(왕상

19:11 참조).

1:7~8 여호와는 당신을 대적하는 사람들을 향하여 진노하시고 권능을 발하시는 분이지만, 그분은 당신을 의뢰하는 자들에게 선하신 분이다(참조, 출 34:6; 시 106:1; 107:1; 136:1; 렘 33:11). 그분은 선하시기에 자기 백성을 향하여 신실하시고 자비로우시며, 그들을 보호하시고(환난 날의 산성이 되심) 도우시며, 잘 돌봐 주신다.

여기 나오는 '산성'이라는 말의 히브리어는 마이오즈(מָעוֹז)다. 이 말은 시편(시 27:1; 37:39; 43:2; 52:7)에서는 '요새'라고 번역되어 있는데(개정개역에는 각각 '능력', '산성', '힘'으로 번역되어 있음-역자 주), 그 뜻은 아주 철통같고 견고한 곳을 의미한다.

니느웨 사람들은 자기들이 요새 안에 있으니 매우 안전하다고 생각했다. 그러나 하나님이 당신의 백성에게 베풀어 주시는 그 위로와 안전함에 비한다면 그들의 안전이라는 것은 그야말로 잠시잠깐의 것에 지나지 않았다.

하나님의 대적들은 이제 그분의 심판을 겪게 될 것이다. 하나님은 범람하는 물로써 니느웨를 진멸할(끝장을 낼) 것이다(1:9). 여기 '니느웨'는 끝자 그대로는 '그 지역'(흠정역엔 그곳[개역개정에도 그곳-역자 주])으로 표현되어 있으나, 니느웨를 두고 한 말이 분명하다(1:11, 14, 2:1의 경우에도 '니느웨'라는 말이 암시적으로 들어가 있다고 봐야 한다).

여기 범람하는 물이라는 것을 상징적으로 본다면 인산인해 같은 군대의 침입으로 볼 수도 있다(참조, 사 8:7~8; 렘 47:2; 단 9:26; 11:40). 그러나 그것은 글자 그대로 물에 의한 파괴를 뜻할 수도 있다. 실제로 티그리스 강과 고스르 강이 범람하여 니느웨 성벽의 일부가 유실되었다(2:6, 8. 참조, 서문 부분의 '나훔의 예언과 역사적인 성취'를 같이 보라).

나훔은 또한 하나님이 "자기 대적들을 흑암으로 쫓아내시리라"고 말하고 있다. 어둠이란 하나님 없이 살아 가는 인간들의 영적 상태, 그들의 피할 수 없는 패배 그리고 궁극적인 영원한 심판 등에 대한 상징이다(욥 17:13; 시 82:5; 88:12; 잠 4:19; 20:20; 사 8:22; 42:7; 렘 23:12; 마 4:16; 8:12; 요 3:19; 골 1:13; 벧전 2:9; 유 6절; 계 16:10).

2. 여호와를 대적하는 니느웨의 책략은 곧 끝장날 것이다 (1:9~11).

니느웨의 종말을 명확히 선포하고 있는 나훔은 니느웨에 대한 단도직입적인 예언(1:9~10), 유다에 대한 약속(1:12~13), 니느웨에 대한 명령과 예언(1:14), 유다를 향한 부르심(1:15) 순으로 이야기를 진행하고 있다.

1:9 앗수르 왕 산헤립이 예루살렘을 멸망시키려던 자신의 계획에 실패한 것은 사실이지만, 니느웨 사람들은 아직도 예루살렘 전복을 위한 책략을 꾀하고 있었다. 그들이 하나님의 백성을 향해 꾀하고 있던 그 악과 전쟁은 사실 여호와를 대적하여 꾸미는 책략과 같았다(1:11). 그러나 그들의 계략은 수포로 돌아가고 말 것이다. 하나님이 그 계획들이 수행되는 것을 막을 것이기 때문이다(1:8절의 진멸[혹은 끝장]이라는 단어 참조).

과연 앗수르에게는 예루살렘을 공격할 기회가 두 번 다시 주어지지 않았다. 하나님의 말씀 그대로, 이 거룩한 도시 예루살렘 안에서 앗수르로 말미암은 재난은 다시 일어나지 않았다. 니느웨의 멸망을 정하신 여호와의 선포에 대한 그 어떤 도전들도 결국은 다 수포로 돌아가고 말 것이다 (1:8).

1:10~11 니느웨가 "가시덤불 같이 엉크러졌다"는 얘기는 몇 가지 다른 의미로 해석되어 왔다. (1) 에스겔 2장 6절의 경우와 같이, 가시덤불이 적군을 상징하는 것으로 해석할 수 있으나 이것은 그리 적절한 풀이가 못된다. (2) 가시덤불이란 곧 사자들의 서식처를 의미한다. 그러나 본문에는 이와 관련이 있을 만한 단서가 아무것도 없다. (3) 가시덤불같이 엉크러졌다는 얘기는 니느웨 사람들이 BC 612년 신흥국들의 공격을 받았을 때 겪었던 커다란 혼란을 의미할 수 있다. 이 세 번째 견해가 가장 타당성 있다.

자신들의 술 취함으로 말미암은 이 혼란이 완전한 파멸을 초래하고 만다. 즉 백성들은 마른 지푸라기가 모두 타버리는 것같이 순식간에 완전히 소멸되고 말 것이다(참조, 사 10:12, 17). 히브리어로 '엉클어졌다'(스뷔킴[סְבֻכִים])는 단어와 '취한'(스뷔임[סְבוּאִים])이라는 단어가 발음이 매우 유사한 것을 볼 때, 저자가 여기서 익살스러운 단어 사용을 시도하고 있다고 생각할 수도 있다.

여호와께 악(즉, 전쟁)을 꾀하는 한 사람은 바로 앗수르 왕(산헤립이거나 혹은 그 이후의 다른 왕)이다(1:9, 11). 사악이라는 말은 쁘리아알(בְּלִיַעַל)로 무용지물이라고도 번역할 수도 있다(1장 15절에서는 '악'으로 번역됨).

악을 꾀한 그 한 사람의 도모는 과연 무용지물이기도 했고, 악하기도 했다(참조, 욥 34:18). 이 단어는 NIV 사무엘하 16장 7절과 잠언 16장 27절에서는 '악당'으로 번역되어 있다(개역개정에서는 각각 '사악한', '불량한'으로 번역됨-역자 주).

3. 니느웨가 멸망당함으로 말미암아 유다의 고통도 끝나게 된다(1:12~15)

1:12~13 이 두 절에 나타나는 유다에 대한 약속은 '여호와께서 이같이 말씀하시기를'이라는 문구로 시작되고 있다. 나훔서에서 오직 이곳 한 군데만 나타나는 이 문구는 그분이 예언하신 바가 과연 완전히 이루어질 것이라는 사실을 보증해 주고 있다. 지금까지 수세기 동안 니느웨는 아무런 상처 없이 강건하게 지내왔다. 그 어떤 적도 니느웨의 성벽을 무너뜨리지 못했다. 거민은 여전히 많았고, 그런대로 도성 니느웨를 잘 방어할 수 있었다.

하지만 하나님은 분명히 약속하셨다. 니느웨는 멸절될(패망할) 것이며 없어져 버릴(자취를 감출) 것이라고. 하나님은 앗수르가 몇 가지 방법으로 유다에게 고통을 주는 것을 허용하셨다. BC 701년 산헤립의 공격, 므낫세 통치 기간 중 유다의 조공 납세, 유다 왕 므낫세가 포로로 송환된 것이 유다가 당한 고통이다(참조, 대하 33:11).

이제 앗수르의 그 압제는 마치 짐승의 목의 멍에가 끊어지듯이 니느웨의 멸망과 더불어 깨뜨려지고 말 것이다.

1:14~15 니느웨에는 상속자도 없고 예배 처소도 없을 것이다(1:14). 유다는 다가오는 구원을 바라보면서 여호와께 예배를 드리라는 부르심을 받고 있다(1:15).

니느웨를 향한 여호와의 명(차와[צִוָּה])은 니느웨가 하나님의 명령에 종속되어 있다는 사실을 나타내 준다. 이 도시를 향한 하나님의 심판은 니느웨의 번성과 우상숭배에도 이르게 될 것이다. 겨우 살아남아

뭔가를 숭배하게 될 사람도 하나도 없게 될 것이며, 남겨져 계속 숭배받게 될 우상도 하나도 없게 될 것이다.

지금까지 니느웨는 자기가 정복하는 나라의 제단과 성전을 모독하고 거기에 자기가 새긴 우상과 부은 우상을 갖다 세우는 악행을 수도 없이 일삼았다. 점령국의 성전과 제단을 무시하는 것이 자기의 신들이 더 우세해지는 것이라고 앗수르인들은 생각했다.

니느웨인들은 자기들이 다른 사람들에게 남겨 준 그 똑같은 운명을 자기가 직접 경험하게 될 것이다. 그들의 신들의 집은 이스달의 신전이거나 혹은 나부 신의 신전이었다.

하나님은 니느웨가 무덤에 묻힐 것을 알고 계셨는데('네 무덤을 예비하리니'. 참조, 겔 32:22~23), 그것은 니느웨가 비루했기(콰랄[קָלַל]: 볼 것 없게 되다, 쓸모없게 되다. 참조, 욥 40:4) 때문이다.

니느웨의 멸망과는 대조적으로(1:14), 유다는 자유를 누리게 될 것이다(1:15). 선지자는 마치 니느웨의 멸망이 이미 일어났고, 사자(使者)가 지금 예루살렘 산 위에 이르러 아름다운 소식을 전해 주고 있는 것처럼 말하고 있다.

잔인한 나라 앗수르와 그 수도 니느웨의 멸망은 유다에게는 화평의 메시지가 될 것이다. 유다는 다시 예배를 시작할 수 있을 것이며, 다시 절기(무교절, 맥추절 혹은 오순절, 수장절 혹은 초막절. 참조, 출 23:14~17)를 지켜 하나님께 감사를 표현하고 서원을 갚을 수 있게 될 것이다(레 22:21; 27:2, 8).

악인(쁘리야 알[בְּלִיַּעַל]: 나훔 1장 11절 부분의 주해 참조)이 더 이상 유다를 통행하지도 않을 것이니, 그것은 그가 완전히 진멸된 것이기 때문이다(1:10). 니느웨는 다시는 재건되지 못했다. 그 파괴의 정도가 얼마나 완벽했던지, 약 200년 후에 크세노폰이 그 지역을 찾아갔을 즈음에는 그 흙무더기가 최근의 다른 도시의 잔해로 생각되었을 정도다. 후일 그 근처에서 전투를 하게 된 알렉산더 대제도 자기가 그때 니느웨의 잔해 근처에 있었다는 사실은 꿈에도 생각하지 못했다고 한다.

Ⅲ. 니느웨에 대한 하나님의 심판의 묘사(2장)

지금까지 1장에는 당신의 대적을 향한 여호와의 심판에 대해 비교적 일반적인 진술들이 기록되어 있었다. 이제 나훔은 이 도시가 당할 공격과 약탈에 대해 보다 구체적인 묘사로 들어가고 있다. 니느웨는 공격을 받아(2:1; 3~6) 멸망하고(2:7~8) 약탈당할 것이지만(2:9~13), 유다의 영광은 다시 회복될 것이다(2:2).

이렇게 묘사의 강조점이 달라진 것과 아울러 이야기의 톤에도 변화가 찾아온다. 즉 조용하고 위엄 있던 톤에서 점점 더 감정적으로 생생한 묘사의 톤으로 옮겨가고 있는 것이다. 전쟁 장면에 대한 시제 구사 및 시각적 묘사와 관련해 레이몬드 캘킨즈(Raymond Calkins)는 이렇게 말했다. "나훔은 포위 장면을 그림처럼 묘사하고 그 공포와 야만성과 잔인함과 무자비함을 표현하는 데 있어서 어찌나 실감나는 언어를 사용하고 있는지, 읽는 이가 눈으로 보고 피부로 느낄 수 있을 정도다. 우선 외곽 전투 얘기가 나오고 이어 성벽 공격이 이어진다. 그리고 도시는 마침내 사로잡혀 멸망하게 된다"(*The Modern Message of the Minor Prophets*, New York : Harper & Brothers, 1947, p. 82).

1. 공격(2:1~6)

2:1 공격받는 니느웨에게 하나님은 스스로 방어하라고 말씀하셨다. 나훔은 니느웨와 유다를 번갈아 언급하는 교차 표현 형식을 사용하고 있다. 즉 1장 11, 14절, 2장 1절에서는 니느웨가 언급되고 그 사이사이 1장 12~13, 15절에서는 유다 이야기가 나온다.

이름은 밝혀지지 않았지만, '니느웨를 치러 파괴하는 자'(메피츠 [מֵפִיץ]: 도망가게 하는 자 혹은 흩어놓는 자. 참조, 2:8하; 3:18)가 올라온다는 사실은 너무도 분명했기에 나훔은 여기에 현재 시제를 사용하고 있다(NIV는 현재 완료, 개역개정은 과거 시제로 옮김-역자 주). '올라온다'는 동사는 글자 그대로 '올라간다'(얄라[עָלָה])는 뜻인데, 주로 적의에 찬 군사 행동에 사용되는 말이다(예: 삿 1:1의 '올라가서', 삼상 7:7의 '올라온지라', 왕상 20:22의 '치러 오리이다', 사 7:1의 '올라와서', 사 7:6의 '올라가', 사 21:2의 '올라가고' 등). 여기 파괴하는 자란 메대의 시아크세레스와 함께 니느웨를 정복한 바벨론 왕 나보폴라살을 말한다.

이어 네 개의 간결한 명령이 뒤따른다. 여기서 우리는 그 거대한 도시를 혼자서 방어하느라고 정신이 없는 니느웨 사람들의 허둥대는 몸짓을 엿볼 수 있다. 신랄한 역설과 미묘한 조롱의 형태를 빌어 나훔은 니느웨에게 임박한 포위에 스스로 대처할 것을 촉구하고 있다. 제시된 네 가지 방법은 산성을 지키는 것과 길을 파수하는 것과, 허리를 견고히 묶는 것(즉, 물리적, 정신적으로 힘을 다하는 것)과 힘(코하[כֹּחַ]. 참조, 1:3 부분의 주해)을 크고 굳게하는 것이다.

물론 이런 노력을 한다고 해서 니느웨의 포위가 좌절되거나 결과에 영향을 끼치고 변화가 오는 것은 아니라는 것을 선지자는 잘 알고 있었다. 니느웨의 모든 자기 방어 노력은 수포로 돌아가고 말 것이다. 왜냐하면 하나님의 말씀대로 니느웨는 진멸될 것이기 때문이다(1:15).

2:2 공격에 대한 묘사는 야곱과 이스라엘에 관한 언급에 의해 잠시 중단된다. 야곱은 남 왕국, 이스라엘은 북 왕국을 가리킬 수 있는 가능성

도 있지만, 어쨌든 야곱과 이스라엘, 이 두 단어는 백성 전체를 지칭하는 유사한 의미를 나타내는 단어다.

니느웨의 멸망은 하나님의 백성이 낮아지고 겸비해진 자리에서 취함을 받아 회복된 영광(가온[גאון]: 뛰어남 혹은 위엄)의 자리로 나아가는 것을 가능하게 해준다. 이것이 완전히 실현되는 것은 이스라엘이 메시아가 세울 천년왕국의 땅에 들어가게 되는 그날이 될 것이다.

이 회복은 약탈자들이 포도나무 가지를 없애 버린 것을 포함하여 이스라엘이 약탈자들에게 당했던 그 약탈(BC 722년 앗수르에 의한 북왕국의 멸망)과 잘 대비를 이루고 있다.

2:3~4 나훔은 '파괴하는 자'(2:1)와 그의 용사들 및 병거들의 자비와 속도에 대한 이야기를 하고 있다. 3절 맨 앞의 '그의'라는 말은 앗수르 왕을 나타내는 말이 아니라 이름이 밝혀지지 않은 그 '파괴하는 자'를 지칭하는 말이다.

메대와 바벨론의 방패들은 붉은 색이었는데, 그것은 피가 묻어 그렇게 됐을 가능성도 있고, 아니면 나무 방패에 구리를 입혔거나 붉게 염색된 가죽을 입혀서 그렇게 됐을 가능성도 있다. 무사들의 붉은(참조, 겔 23:14) 옷은 아마도 그들의 용모에 두려움을 자아내게 해 주었을 것이다(크세노폰의 기록에 보면 바사 군인들도 붉은 옷을 입었음을 알 수 있다. *Cyropaedia*, 6. 4. 1.).

무사들의 나무창이 거친 공격 때문에 요동할(흔들릴) 때마다 병거의 철은 햇빛을 받아 번쩍거렸다. 포위군의 달리는 병거는 격분할 대로 격분하여 미친 듯이 달리는 것 같았다(참조, 렘 46:9). 그들의 움직임의 속도가 어찌나 빠르던지 마치 번개 같아 보일 정도였다.

거리라는 말에는 니느웨 주변 및 니느웨 시로 진입하는 크고 작은 길들과 외곽 도로들이 포함될 것이다. 왜냐하면 문맥상 적의 공격이 외곽에서 점점 더 성벽 쪽으로 진격해 들어가고 있기 때문이다(Maier, *The Book of Nahum : A Commentary*. p. 243). 대로는 도시 안의 보다 넓게 트인 공간들을 말한다(잠 5:16, 7:12, 렘 5:1, 9:21의 거리. 광장 및 넓은 거리).

2:5~6 5절의 그는 앗수르 왕을 가리킨다. 존귀한 자(군사들)를 불러 성벽을 방어하고 막을 것을 준비하게 하는 것을 보면 알 수 있다. 이 방어 작전의 정확한 성격은 알려져 있지 않았다. 어쨌든 공격자들의 돌과 창과 활에서 아군들을 보호하는 차원의 것이었음을 추측할 수 있다.

수문에 대해서는 몇 가지 가능한 해석들이 제의되어 왔다. (1) 요새가 구축된 다리, (2) 티그리스 강 제방 근처에 있는 성문, (3) 시의 해자 안에 막아 놓은 물의 수문(이에 대해선 아무런 고고학적 증거가 없다), (4) 물의 급격한 와류로 성벽에 생겨난 균열, (5) 도시를 통과하는 코셀 강의 유량을 조절하기 위해 있던 수문 등이다.

표현상 가장 자연스러운 의미로 보나 고고학적 증거로 보나 다섯 번째 견해가 가장 유력한 것으로 생각된다. "산헤립 왕은 도시 외곽의 고스르 강에 물을 막아 두는 둑 방을 설치하고 그곳을 저수지로 삼았다. 톰슨과 허친슨의 보고에 따르면, 니느웨에서 조금 떨어진 곳에 설치된 두 개의 두꺼운 강상(江上) 성벽이 딸린 웅장한 이중 둑방으로써 니느웨 시는 강물의 유량을 조절했다. 그들은 시의 잔해를 발굴하면서 바로 그 원래의 둑 문 또는 수문을 찾아냈는데, 그것은 도시로 들어오는 물의 유입량 증감 조절을 하기 위한 것이다"(Maier, *The Book of*

Nahum : A Commentary, p. 253).

이런 가능성을 생각해 볼 수 있다. 적군은 포위하기 시작하면서 수문을 다 닫았다. 그러다가 저수지에 물이 완전히 다 차자, 그들은 일제히 수문을 열었고, 그 바람에 왕궁은 소멸되고 말았다. 디오도루스 씨쿨루스(Diodorus Siculus)가 기록한 것과 같이 물은 폭우로 인해 불어났을 수도 있다(서문 부분의 도표 '나훔의 예언과 역사적 성취' 5번을 참조하라). 그곳은 니느웨 시내 북쪽에 있던 앗수르바니팔의 왕궁이었을 것이다. 많은 나라들의 왕궁들을 소멸시켰던 이 나라가 이제 자기 왕궁이 소멸되는 것을 지켜 보게 되었다.

2. 멸망과 약탈(2:7~13)

2:7 니느웨의 운명은 하나님에 의해 정명(定名)되었다. 즉 니느웨는 끌려가야만 했던 것이다. 여기 '정명되었다'고 번역된 단어는 히브리어로 후차브(הֻצַּב)인데, 흠정역은 이것을 "Huzzab"라고 그대로 표기하고 있다. 그리고 이 절의 앞 부분을 "후잡이 포로로 끌려가게 될 것이다"로 기록했다. '후잡'이라는 이름의 왕후가 포로로 사로잡혀가는 것을 생각하고 한 번역인 듯하다. 그러나 어떤 역사 기록에도 그런 이름의 왕후가 있다는 얘기는 나타나지 않는다.

'정명대로'라고 번역한 NIV(개역개정은 정한 대로임) 역이 보다 타당하다. 이 단어가 언뜻 보기에는 생각의 흐름을 끊어놓는 것처럼 보일지 모르지만, 실은 니느웨가 끌려가게 되는 그 사건이 하나님에 의해 정해진 것이라는 사실을 아주 명백히 못 박기 위해서 사용되고 있다. 하나님께로부터 비롯된 것이라는 이런 단어들은 계속 반복하여 나타나고 있다(1:13~14; 2:2; 13; 3:5~6).

시녀들은 비둘기 같이 슬피 울었다. 비둘기의 울음소리는 흡사 애도와도 같이 느껴진다(참조, 사 38:14; 59:11). 또한 그들은 슬픔에 잠겨 가슴을 쳤다. 곧 끌려가게 될 것을 알았기 때문이다.

2:8~10 도시가 홍수에 잠기게 되자, 니느웨 사람들은 모든 소유를 버려둔 채 도망가기에 급급했다. 못이라는 단어는—아마 저수지를 뜻하는 것 같다—물난리를 겪고 있는 니느웨의 상황을 아주 잘 묘사해 주고 있다(2장 6절 부분 주해 참조). 못에서 터져 나오는 물처럼 사람들은 이제 "걸음아 날 살려라" 하고 도망가느라 혼비백산할 것이다. 공포 가운데 내리달음으로 달려가는 그들을 보고 누군가가 "서라 서라" 하고 소리를 지르겠지만, 아무도 돌아보는 자가 없을 것이다. "서라 서라"고 말하는 자가 누구일지는 밝혀지지 않고 있다. 도시의 지도자 아니면 군대의 지휘관일 수도 있겠고, 어쩌면 침략해 들어온 적군일런지도 모른다.

나훔은 승전하는 침입자들에게 전리품을 수확하라고 촉구하고 있다. 참으로 오랜 세월 동안 니느웨는 적국으로부터 엄청난 전리품을 강탈해 왔다. 그래서 니느웨의 은금 보유량은 그야말로 무한대의 수준이었다. 니느웨는 공물과 무역을 통해 부도 엄청나게 축적했다. 앗수르바니팔의 연대기에 보면 그는 타국에서 들여온 공물들의 목록에서 은과 금을 27번이나 언급하고 있다. 루켄빌(Luckenbill)의 연구에 따르면, 앗수르바니팔, 살만에셀 3세, 산헤립, 에살핫돈 등 앗수르 제왕들은 속국들로부터 엄청난 양의 부를 탈취했고 또 그것을 기록으로 보고하게 했다(*Ancient Records of Assyria Babylonia*, 1:181, 211, 263, 276,

2:20, 133, 205).

노략, 늑탈, 공허, 이 세 단어(개역개정에는 노략과 공허, 두 단어만 나옴-편집자 주)는 히브리어 발음이 매우 비슷하다. 각각 부카(בוקה), 므부카(מבוקה), 므뷔라카(מבלקה)다. 부가 약탈당하고 목숨이 위험에 처하게 되자, 니느웨인들은 공포에 질려 낙담하고 말 것이다.

2:11~12 나훔은 니느웨의 계획된 파멸에 대해 조롱 섞인 물음으로 반응하고 있다. "이제 사자의 굴이 어디냐?" 이 수사적인 질문이 암시하는 바는 이제 도성 니느웨가 더 이상 존재하지 않게 되었다는 사실이다. 사자의 굴(그리고 수사자, 암사자, 새끼 사자, 2장 13절 참조)이 상징하는 바는 너무도 적절하게 딱 어울린다. 즉 사자가 자기의 암사자 및 새끼 사자들을 위해 먹이를 사냥하듯이, 앗수르도 다른 나라들을 그렇게 노략질해 왔던 것이다.

앗수르의 왕들은 사자 사냥을 즐겨했다. 사자를 죽이는 자신들의 능력에 대한 자만심이 대단했다. 자신의 사나움과 용맹을 사자의 그것에 비유하곤 했다. 예를 들면, 산헤립은 자신의 전쟁 무용담을 자랑하면서 "내가 사자처럼 포효했노라"고 이야기하고 있다. 앗수르의 부조와 장식품들에서 사자를 찾아 보는 것은 그리 어려운 일이 아니다.

그러니 나훔이 니느웨를 사자의 굴에 빗대어 말한 것은 얼마나 적절한 일인가! 이제 그 굴은 텅 비어 버렸다. 더 이상 사자나 새끼 사자가 거하는 일도, 식물을 찢고 움켜 채울 일도 없게 될 것이다.

2:13 니느웨를 향한 하나님의 적의가 아주 강력한 말로 표현되고 있다. "내가 네 대적이 되어(참조, 3:5; 렘 21:13; 50:31; 51:25; 겔 5:8; 13:8;

26:3; 28:22; 39:1)." 불이 병거들을 사를 것이고, 칼로 군사들(젊은 사자들)을 멸할 것이며, 이제 니느웨는 힘없는 나라들(노략한 것)과 무력한 속국들의 피를 빨아먹는 일이 두 번 다시 허락되지 않을 것이다.

또한 이 교만한 도시는 항복을 요구하거나 공물을 수탈하기 위해(또는 여호와를 훼방하기 위해. 참조, 왕하 19:22, 사 37:4, 6) 두 번 다시는 파견자나 보발꾼(왕하 18:17~25에 나오는 산헤립의 수하 장수들 같은)을 보낼 일도 없어진 것이다.

Ⅳ. 하나님이 니느웨를 심판하신 이유(3장)

이 책의 마지막 장에서도 2장의 격양된 감정과 강렬한 톤이 계속되고 있다. 다만 이야기의 초점이 심판의 사실에서 심판의 이유 쪽으로 옮겨지고 있다. 선지자는 한때 번창했던 이 오만한 도시의 영적인 부패 상황을 드러낸다.

1. 니느웨의 폭력과 속임수가 수치를 가져올 것이다(3:1~7)

3:1 "화 있을진저"라는 말은 큰 슬픔이나 임박한 죽음(이 경우가 임박한 죽음에 해당, 사 3:9의 주해 참조)을 선포할 때 사용하는 감탄사다. 니느웨는 과연 피의 성이었다. 걷잡을 수 없는 욕망과 살인으로 그 성은 피에 물들어 있었던 것이다. 이런 불명예스러운 별명이 왜 붙게 되었는가?

"니느웨는 포로들에게 온갖 잔학 행위를 떡 먹듯 일삼았다. 손발을 자르고, 귀와 코를 도려내고, 눈을 뽑아내고, 목을 쳐서 떨구는가 하면, 시체를 나무에 매달아 두거나 성문 앞에 쌓아두었고, 심지어 산 사람에게 말뚝을 박고, 아주 천천히 최후의 한 조각까지 온 몸의 껍질을 벗겨내는 등 마성(魔性)을 드러냈다"(Maier, *The Book of Nahum : A Commentary*, p. 292).

니느웨는 궤휼(속임수, 거짓말)의 도시였다. 예루살렘을 포위했을 때 앗수르가 써먹은 책략을 보면 궤휼의 특성이 아주 명백히 드러난다(왕하 18:31. 니느웨의 약탈(늑탈)에 대해서는 2:9 부분의 주해를 참조하라).

3:2~4 나훔은 3장 1절에서 니느웨의 죄를 개괄적으로 지적한 다음, 이어 몇 가지 신랄한 묘사로 이 도시에 대한 마지막 죄목을 폭로해 가고 있다. 그는 점층법을 사용해 묘사하고 있다. 즉 채찍에서 병거 바퀴로, 다시 말로, 병거로, 기병과 칼과 창으로, 그리고 살육당한 떼와 큰 무더기 주검(무수한 시체)으로 강도가 더해가고 있다.

이런 묘사는 곧 니느웨가 당할 공격(2:3~4)을 뜻하는데, 놀랍게도 이는 다 니느웨가 자신들이 전술로 써먹던 방법들이다. 니느웨는 많은 시체 무더기를 쌓았으나, 이제 자기 시체들이 무더기로 쌓이게 될 차례가 되었다.

이런 살육이 임하게 되는 이유는 마치 음녀가 음행을 탐하는 것처럼 니느웨가 권력을 탐해 왔기 때문이다. 니느웨는 열국을 자기 수하로 유혹하기 위해 군사적인 지원과 권력을 팔아 왔다.

이 부분에서 나훔은 앗수르와 바벨론의 섹스와 전쟁의 여신 이스달을 은근히 빗대어 말하고 있는지도 모른다. 그 여신이 바로 여기 나오는 기생이며, 그 여신이 하는 일은 대부분이 야만적인 행위들이다.

열국에 대한 니느웨의 통제력 행사는 마법과 마술에 의해 이루어졌다. 앗수르인들은 미래를 점치고, 다른 사람들의 삶에 영향을 미치기 위해 수도 없이 많은 주문(呪文)들을 사용하고 있었다. 그들은 또한 새나 동물이나 구름의 움직임, 간밤에 꾼 꿈 등에서도 징조를 읽곤 했다.

3:5~7 니느웨가 다른 나라들은 대적하여 저질렀던 염치없는 행위들은 이제 그 부끄러움과 수치가 백일하에 노출됨으로써 종국을 맞게 될 것이다. 하나님은 니느웨의 대적이 되신다(2:13 부분의 주해 참조). 어떤 나라든 그 나라가 아무리 부하고 힘세고 잘났다 하더라도 하나님의

권위를 무시하고 인간의 생명을 짓밟는다면 하나님은 그 나라의 대적이 되실 것이다.

하나님은 '치마를 걷어 올릴 것'이라고 말씀하신다(각각 사 47:1~3과 겔 16:37에 나타나는 바벨론과 예루살렘의 비슷한 운명을 참조하라). 니느웨는 자기의 음행을 통해 열국의 불명예와 수치(벌거벗은 것과 부끄러운 곳)를 드러냈다. 그러나 이제 자기가 수치를 당할 차례가 되었다. 이 모욕으로도 양이 안차, 니느웨는 더러운 것(인간의 배설물을 말함)과 능욕으로 불명예와 망신을 당하게 될 것이다. 더럽다는 말의 히브리어는 모든 혐오스러운 것들을 가리켜 사용되던 말이다. 특히 우상을 지칭하여 쓰인 경우가 많다(참조, 신 29:17; 렘 4:1; 겔 20:7~8). 이제 니느웨의 영광은 더러운 것으로 탈바꿈하고 말 것이다.

니느웨의 수치는, 마침내 황무하게 되고도 위로할 자가 전혀 없게 되는 그날 절정에 달할 것이다. 얼마나 잔인했던지 이제 그토록 큰 피해를 입고 있어도 누구 하나 와서 거들떠 보는 사람도 없는 것이다. 한때 매력을 뽐내던 기생이 이제 그 수치가 다 드러나 버렸고 더 이상 누구에게도 매력을 주지 못하는 존재가 되어 버린 것이다.

2. 테베(노아몬)에 대한 니느웨의 태도가 자신의 패망을 불러올 것이다(3:8~11)

3:8 니느웨의 힘은 앗수르가 BC 663년에 정복했던 애굽의 도시 테베(노아몬)의 힘보다 하나도 나을 것이 없을 것이라고 하나님은 말씀하신다. 그 정복의 날 전에 예레미야(렘 46:25)와 에스겔(겔 30:14, 16)은 테베의 멸망을 예언했었다. 히브리인들은 이 도시를 노아몬(아문

신[神]의 도시)이라고 불렀다. 테베는 지금의 카이로에서 남쪽으로 600km 정도 떨어져 있는 카르낙(Karnak)과 룩소(Luxor) 부근에 있던 도시다. 이 도시는 나일 강의 동편 제방 위에 건설되었으나 그 외곽 지역은 양쪽 해안에 퍼져 있었다.

테베의 한 가지 장점은 전략적인 위치였다. 테베는 사방에 물이 둘려 있었다. 즉 해자와 운하와 수로가 도시 여기저기 많은 지역을 관통하고 있었던 것이다. 이것이 도시 방어에 큰 도움이 되었다. 적군들은 도시 심장부에 들어가려면 수많은 운하를 건너야만 했는데, 그것이 어디 있는지를 찾기조차 쉽지 않았던 것이다.

물들이 성벽이 되었다. 이런 면에서 니느웨와 테베는 서로 비슷했다(참조, 2:8).

3:9 테베의 또 하나의 강점은 유력한 동맹국들의 지지와 그 나라들의 거의 무한한 자원이었다. 이와는 대조적으로 니느웨는 아무런 동맹국도 없었다. 테베는 구스에서 가장 유명한 도시였다. 구스는 나일 강 상류 지역을 일컫는 이름으로, 오늘날로 따지면 이집트 남부, 수단, 에티오피아 북부에 해당되는 지역이다.

나일 강 하류 지역은 애굽으로 알려져 있었는데, 당시 이 지역 영토는 구스에 종속되어 있었다. 붓과 루빔은 때로 같은 이름으로 혼용되기도 하지만, 여기서처럼 같이 언급될 때는 붓이 홍해와 맞닿는 해안을 가리키는 경우가 많다. 그 남방 끝은 오늘날의 소말리아까지 이른다. 루빔 사람들은 애굽의 서쪽 영토에 거주했다. 그러므로, 테베의 동맹국(돕는 자)은 동서남북 사방에 퍼져 있었다. 그런데도 전에는 그 동맹국이 다 모이고도 니느웨의 힘을 막아낼 수 없었다.

3:10 이런 강점들에도 불구하고 테베는 수치스러운 종말을 겪어야만 했다. 테베의 정복에 대해서는 앗수르의 사기에 상세히 묘사되어 있다. 테베의 백성 대부분은 포로가 되어 사로잡혀 갔다(니느웨인들의 장래 운명과 흡사하다, 2:7). 앗수르 사람들은 테베의 어린 아이들을 포로로 잡혀가지 않고 무자비하게 학살했다(호 13:16. 참조, 같은 일을 저지른 다른 나라들; 시 137:9; 사 13:16, 18; 호 10:14).

앗수르는 테베 사람들 누구나 다 볼 수 있도록 길 모퉁이 모퉁이마다 이 일을 자행했다. 백성들 사이엔 극도의 공포와 고통이 하늘에 사무쳤고, 테베의 대를 이를 후 세대의 씨가 마르게 될 형편이었다.

이런 극악한 잔학 행위들이 니느웨에 한층 더 깊은 죄를 더해 주었다. 포로로 잡혀간 테베인들 중에 일반 백성들은 그대로 포로 상태로 집단 거주하게 된 반면, 존귀한 자들은 제비 뽑혀 나뉘어졌다. 아마도 니느웨인들의 노예가 되었던 것 같다. 이것은 귀족들로서는 비굴한 경험이었다.

3:11 니느웨가 테베에게 한 일이 이제 니느웨에게 그대로 되돌아 올 것이었다. 니느웨 사람들은 공격을 받을 즈음 취한 사람들처럼 의식과 방향을 잃은 채 피난처를 찾아 우왕좌왕할 것이다. 사실 니느웨 사람들은 술에 취해 있었는데(참조, 1:10), 그 바람에 그들은 방어 능력을 상실한 채 향방 없이 좌충우돌하여 큰 피해를 보았다.

3. 니느웨의 방어 노력은 무용지물이 될 것이다(3:12~19)

3:12 메대와 스구디아와 바빌론이 공격을 감행해 올 때, 니느웨는 자

기 모든 산성이 허약해 있는 것을 발견하게 될 것이다. 봄에 맺히는 무화과나무의 처음 익은 열매는(민 13:20 참조, 수확은 좀 더 있다 하게 된다. 아 2:13 부분의 주해 참조) 나무를 살짝 흔들기만 해도 땅에 우수수 떨어진다. 조금만 손을 대도 먹는 자의 입으로 무화과가 떨어지는 것이다. 니느웨의 수비도 침략자의 발 앞에 이렇게 쉽고 빠르게 무릎을 꿇게 되고 말 것이다. 과연 이 일은 BC 612년에 글자 그대로 이루어지게 된다.

3:13 침략자들을 보는 순간, 성 방비에 힘쓰고 있던 장정들이 일시에 용기를 잃고 여인같이 되어 버릴 것이다. 여자는 두려움이 많고 방어 능력이 없다(참조, 사 19:16; 렘 50:37; 51:30). 한때 사자처럼 날뛰던 앗수르인들이 두려움에 질려 무력해지고 말 것이다. 범람하는 물에 의한 성벽 유실에 힘입어(2:6 부분의 주해 참조) 적군들은 도시 안으로 쉽게 들어갈 수 있었다. 그러자 그들은 성문과 빗장(참조, 사 10:16~17)에 불을 지르고 물밀듯이 성 안으로 몰려 들어갔다.

3:14 니느웨가 아무리 수비책을 찾아 용쓴다 해도 여호와의 심판을 막을 도리는 결코 없을 것이다. 이제 파멸의 장면은 산성과 성문에서(3:12~13) 성 내부로 옮겨진다(3:14~17). 조롱조의 아이러니를 사용하여(2:1. 참조, 3:15) 나훔은 니느웨에게 한번 수비를 잘 해보라고 명령하고 있다. 도시가 포위를 당하게(에워싸이게) 되면, 가장 시급한 필요 가운데 하나는 깨끗한 먹을 물을 충분히 공급하는 일이다.

그리고 적군이 도시의 성벽을 허물게 되면(앗수르가 자주 했던 일이다), 수비하는 도시는 새 벽돌과 진흙으로 성벽의 허물어진 부분들을 수

리해야만 한다. 여기 견고케 하다로 번역된 히브리어의 과거 시제가 느헤미야 3장 19절에서는 '수리했다'의 의미로 사용되고 있다. 고고학자들은 니느웨의 잔해 속에서 적군이 성벽의 안부를 무너뜨렸을 때 그 인근 지역을 방비하기 위해 주민들이 쌓았던 2차 방벽의 흔적들도 발견해 냈다.

3:15~17 모든 방비의 노력들이 수포로 돌아가고 이윽고 불과 칼을 동반한 재난이 니느웨를 강타해 온다. 불의 재앙에 대해서는 서문 부분의 도표 '나훔의 예언과 역사적 성취' 6번을 참조하라. 시내로 들어온 적군은 많은 사람들을 칼로 살육할 것이다. 그 군대는 마치 온 사면의 농작물들을 몽땅 다 먹어 치워버리는 느치와도 같을 것이다(느치와 메뚜기의 횡포에 대해서는 요엘 1:2~13 부근의 주해를 참조하라).

'느치와 메뚜기 같이 스스로 많게 하라'는 나훔의 명령은 니느웨인들에게 주어진 것일 수 있다. 즉 숫자를 늘려서(그것이 가능할까 모르겠지만) 어떻게든 방어를 해 보라는 얘기다. 또 이것을 적군들에게 주어지는 명령이라고 본다면, 이것은 숫자를 늘려서 니느웨 정복을 성공리에 끝내라는 의미가 될 것이다.

3장 16절에서 나훔은 또 다시 곤충(황충) 이야기를 하고 있다. 니느웨는 수많은 상인들과의 무역을 통해 엄청난 부를 축적했으나, 이제 그 상인들은 채소밭을 죄다 갉아먹는 많은 황충 떼와 같게 될 것이다.

니느웨는 무역으로 거대한 부를 축적했으나(아마도 대개는 속임수를 써서 그렇게 했을 것이다. 3장 4절 주해 참조), 이제 그 거래처 상인들이 부정 이득을 취하여 똑같은 방식으로 엄청난 양의 니느웨 상품들을 도로 취해 가게 될 것이다. 이제 군대(3:15)도, 부(3:16)도 니느웨 사람들을 구원해 낼 수 없게 될 것이다.

또 다른 성격의 비유에 메뚜기가 다시 한 번 등장한다(3:17). 니느웨가 공격을 당하게 되는 날, 방백과 장수는 너무나 두려워(참조, 3:13상) 야반도주할 것이다. 메뚜기는 저녁에 추울 때는 울타리에 달라붙어 있지만, 아침에 해가 뜨면 곧바로 날아가 버리고 만다. 이와 비슷하게 성벽(울타리)을 지키던 장수들도 공포에 질려 순식간에 사라지고 말 것이다.

3:18 18~19절에는 마치 장송곡 가사와도 같은 마지막 말이 나오고 있다. 여기 나오는 왕이 누구인가에 대해서는 두 가지 견해가 있다.

하나는 멸망 당시인 BC 612년에 앗수르를 통치했던 왕인 신샬이쉬쿤 왕이라 보는 견해이고, 또 하나는 니느웨가 함락된 지 3년 뒤인 BC 609년에 전 앗수르 제국이 완전히 멸망하게 될 때까지 하란(Haran)에 앗수르 제국을 다시 규합해 보려 애썼던 앗수르우발릿 왕(BC 612~609년)이라 보는 견해다. 대개 후자 쪽이 더 타당성 있는 것으로 여겨지고 있다.

앗수르우발릿은 황무하게 되어버린 제국을 둘러보면서, 그의 지도자들(목자와 귀족)은 다 죽었고(누워 쉬는 것으로 표현됨. 참조, 시 13:3; 76:6; 단 12:2), 포로로 잡혀가지 않은 백성들은 다 흩어져서, 그들을 다시 모은다는 것은 불가능하다는 사실을 깨닫게 될 것이다. 수세기 동안 난공불락을 자랑해 온 이 제국이 이제 완전히 절단이 나고 말 것이다.

3:19 불살라지고 약탈당한 도성 니느웨의 참상은 마치 다친 것처럼 보일 것이다(참조, 사 1:6~7).

도성의 함락된 정도가 심하여 고칠 수 없고 중하여, 니느웨의 재건은 영영 불가능한 일이 될 것이다. 이 사실은 고고학이 아주 잘 뒷받침해 주고 있다.

잔인하고 포학한 니느웨 사람들에게 압제를 당한 적이 있는 모든 열국들은 이제 니느웨가 궤멸되었다는 소식에 기뻐하게 될 것이다. 수세기 동안 계속되던 그 악행이 끝나지 않을 것만 같았는데, 이제 니느웨가 함락되어 그 악행도 끝장이 났다 하니(1:8~9), 누구보다도 유다에게 커다란 위로가 될 것이다.

이렇게 하여 여호와는 니느웨에게 당신의 진노(참조, 1:2~3, 6)를 쏟아 부으시고 계신다는 사실을 확증해 보이실 것이다(1:7). 오늘날 나훔서를 읽는 독자들은 하나님의 진노가 회개하지 않는 죄인들에게 결국 임하게 될 것이라는 사실을 깨닫게 된다. 아울러 그분께로 향하는 자들은 안전하다는 것을 확인하면서 큰 위로를 받게 된다.

참고 문헌

- Bennett, T. Miles. *The Books of Nahum and Zephaniah*. Grand Rapids : Baker Book House, 1968.
- Feinberg, Charles L. *The Minor Prophets*. Chicago : Moody Press, 1976.
- Freeman, Hobart E. *Nahum, Zephaniah, Habakkuk : Minor Prophets of the Seventh Century B. C.* Chicago : Moody Press, 1973.
- Keil, C. F. "Nahum." *In Commentary on the Old Testament in Ten Volumes*. Vol. 10. Reprint(25 vols. in 10). Grand Rapids : Wm. B. Eerdmans Publishing Co., 1982.
- Kohlenberger, John R., Ⅲ. *Jonah-Nahum. Everyman's Bible Commentary.* Chicago : Moody Press, 1984.
- Laetsch, Theo. *The Minor Prophets*. St. Louis : Concordie Publishing House, 1956.
- Maier, Walter A. *The Book of Nahum : A Commentary*. St. Louis : Concordia Publishing House, 1959. Reprint. Grand Rapids : Baker Book House, 1980.
- Tatford, Frederick A. *The Minor Prophets*. Vol. 2. Reprint(3 vols.). Minneapolis : Klock & Klock Christian Publishers, 1982.
- Watts, John D. W. *The Books of Joel, Obadiah, Jonah, Nahum, Habakkuk, and Zephaniah*. New YORK : Cambridge University Press, 1975.